全国职业院校课程改革规划新教材

汽车保险与理赔

（第二版）

北京运华天地科技有限公司　组织编写
荆叶平　主　编
李景芝　主　审

人民交通出版社股份有限公司
China Communications Press Co.,Ltd.

内 容 提 要

本书是全国职业院校课程改革规划新教材之一,主要内容包括汽车保险概述、汽车保险产品、汽车保险投保与承保实务、汽车保险理赔实务、汽车保险索赔实务,共五章。

本书可作为职业院校汽车整车与配件营销专业、汽车商务专业的教学用书,也可作为汽车保险业的岗位培训或自学用书,同时可供汽车4S店从事保险理赔工作的相关人员参考。

图书在版编目(CIP)数据

汽车保险与理赔 / 荆叶平主编. —2 版. —北京:
人民交通出版社股份有限公司,2016.12
ISBN 978-7-114-13395-4

Ⅰ. ①汽… Ⅱ. ①荆… Ⅲ. ①汽车保险—理赔—中国—中等专业学校—教材 Ⅳ. ①F842.63

中国版本图书馆 CIP 数据核字(2016)第 247921 号

书　　名:	汽车保险与理赔(第二版)
著 作 者:	荆叶平
责任编辑:	时　旭
出版发行:	人民交通出版社股份有限公司
地　　址:	(100011)北京市朝阳区安定门外外馆斜街 3 号
网　　址:	http://www.ccpress.com.cn
销售电话:	(010)59757973
总 经 销:	人民交通出版社股份有限公司发行部
经　　销:	各地新华书店
印　　刷:	北京市密东印刷有限公司
开　　本:	787×1092　1/16
印　　张:	16.75
字　　数:	392 千
版　　次:	2011 年 3 月　第 1 版 2016 年 12 月　第 2 版
印　　次:	2020 年 1 月　第 2 版　第 2 次印刷　总第 9 次印刷
书　　号:	ISBN 978-7-114-13395-4
定　　价:	36.00 元

(有印刷、装订质量问题的图书由本公司负责调换)

第二版前言

近年来,我国汽车生产量和销售量迅速增长。据统计,2015年我国汽车产销量均超过2450万辆,创全球历史新高,连续七年蝉联全球第一。我国汽车市场已经彻底由卖方市场转化为买方市场。在现阶段和未来,汽车的销售比汽车制造更加重要也更加困难,对汽车商务人才需求的也不断增加。汽车作为大件耐用消费品,其市场推广和营销方法不同于其他生活消费品,要求汽车营销人员掌握汽车营销、售后服务等各方面的知识。

本套全国职业院校课程改革规划新教材,作为汽车整车与配件营销专业、汽车商务专业的教学用书,自出版以来受到广大职业院校师生的好评。为了更好地适应汽车行业的快速发展,满足市场对汽车营销和销售服务人才的高要求,人民交通出版社股份有限公司组织相关专家、老师对本套教材进行了修订。本次修订力求与汽车营销的实际工作相结合,注重对学生技能的培养,以帮助学生尽快适应高难度、高技术、高技巧、高专业化的汽车营销岗位。

《汽车保险与理赔(第二版)》的修订工作,是以本书第一版为基础,吸收了教材使用院校教师的意见和建议,在修订方案的指导下完成的。修订内容主要体现在以下几个方面:

(1)删去汽车保险原理、常见的险种组合方案、自驾游家用轿车的投保方案、汽车保险的赔款计算的内容。

(2)更新保险公估人、保险价值、保险费率、构成保险责任的四个条件、退保、理赔流程的内容。

(3)增加机动车辆保险概念、车损险的三种投保方式、汽车保险的四大原则、2014版《商业车险行业示范条款》说明和解读、特殊责任、挂车的赔偿的内容。

(4)更新相关法规内容,更换部分图片,并纠正第一版教材中的错误。

本书由上海交通职业技术学院荆叶平担任主编,由山东交通学院李景芝担任主审。

限于编者的水平,书中难免有不妥之处,敬请广大读者批评指正。

编 者
2016年8月

目录

第一章 汽车保险概述 … 1
- 第一节 机动车辆的风险与保险 … 1
- 第二节 汽车保险的基本术语 … 6
- 第三节 汽车保险的四大原则 … 19
- 思考与练习 … 49

第二章 汽车保险产品 … 54
- 第一节 汽车保险产品概述 … 54
- 第二节 交强险 … 61
- 第三节 2014版商业险《示范条款》解读 … 79
- 思考与练习 … 100

第三章 汽车保险投保与承保实务 … 104
- 第一节 投保流程 … 104
- 第二节 汽车保险的承保实务 … 125
- 思考与练习 … 138

第四章 汽车保险理赔实务 … 141
- 第一节 汽车保险理赔概述 … 141
- 第二节 事故车辆的查勘与定损 … 147
- 第三节 汽车保险的核损与核赔 … 193
- 思考与练习 … 209

第五章 汽车保险索赔实务 … 210
- 第一节 交通事故索赔概述 … 210
- 第二节 保险索赔 … 229
- 第三节 保险事故的纠纷处理 … 238
- 思考与练习 … 257

参考文献 … 260

第一章 汽车保险概述

 学习目标

通过本章的学习,你应能:
1. 正确叙述汽车保险的常用术语;
2. 知道车辆风险的控制办法;
3. 分析汽车保险的四大原则;
4. 正确完成思考与练习。

第一节 机动车辆的风险与保险

一、车主面临的主要风险

1. 风险的含义

假如三件事情发生的大小概率分别为30%、50%和100%,你认为哪一件事情的风险最大呢?

假如你选择了100%,那么很遗憾,答案是错误的。试想,你结婚时就知道将来必然会离婚,你还会选择结婚吗?如果一件事情发生的概率是100%,那么它就不是风险,而是风险事故。

所谓风险是指在特定的情况和期间内,某种损失发生的可能性。

2. 风险的特征

(1)客观性。客观性是指风险是客观存在的,而不是人的头脑中的主观想象。人们只能在一定的范围内改变风险存在和发生的条件,降低风险事故发生的频率(概率)和损失幅度,而不能也不可能彻底消灭全部风险。

(2)偶然性。尽管车祸对你而言是否会发生、发生的时间及发生的后果都是不确定的,但车祸对整个有车族而言,其发生又具有必然性。所以,个体风险是否发生、发生时间及发生后果都是不确定的。即风险具有偶然性,但大量(总体)风险事故的发生又具有必然性。

(3)可变性。可变性是指风险在一定条件下可以发生转化。风险的变化,既有量的变化,也有质的变化,还有风险的消失到产生新风险的变化。风险变化的原因是风险因素的改变。这种改变主要来自科技的进步、经济体制与结构的转变和政治与社会结构的改变。

3. 风险的构成要素

风险由风险因素、风险事故和损失三部分组成。

1) 风险因素

风险因素是指引起或促使风险事故发生的条件和原因,是造成损失的间接或内在的原因。根据其性质,通常把风险因素分为实质风险因素、道德风险因素和心理风险因素等三种。

实质风险因素也称物质风险因素,是指有形的并能直接影响事物物理功能的因素,即某一标的本身所具有的足以引起或增加损失机会和损失幅度的客观原因和条件,如汽车制动系统失灵、地壳的异常变化、恶劣的气候、疾病传染和环境污染等。

道德风险因素是指与人的品德有关的无形因素,如欺诈、纵火、贪污、盗窃、偷工减料、抢道行驶和违规超车等。

心理风险因素是指与人的心理状态有关的无形因素,如酒后驾车、驾驶故障车辆、疲劳驾驶、依赖保险心理、外出忘记锁门、工程设计出了差错、电线陈旧未及时更换等。

2) 风险事故

风险事故是指造成损失的直接或外在的原因。风险事故意味着风险已经发生,它使风险的可能性转变成了现实性。

3) 损失

损失是指非故意的、非计划的、非预期的经济价值的减少。判断是否属于风险管理中的损失有两个要件:一是经济价值的减少必须以货币来衡量;二是该价值具有非故意、非计划和非预期的特征。损失可分为直接损失和间接损失。

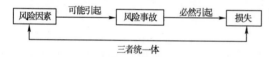

图1-1 风险因素、风险事故和损失三者关系示意图

风险因素、风险事故和损失三者的关系如图1-1所示,即风险因素可能引起风险事故,而风险事故必然导致损失的发生,三者之间是一个统一体,缺一不可。

> **想一想**
> 1. 道德风险因素与心理风险因素都与人有关,如何区分二者?
> 2. 判断是风险因素还是风险事故的关键是什么?
> 3. 折旧、馈赠属于损失吗?
> 4. 风险事故发生的频率与损失大小之间有什么关系?

4. 车主面临的主要风险的类型

(1) 自身车辆的损失。

(2) 车上和车下人员伤亡的损失。

(3) 自身车辆以外的财产损失。它包括车上人员的财产、车下第三者的财产和公共财产的损失。

二、风险处理的方法

1. 风险的代价

由于在社会经济活动中不可能没有风险,而风险又总是与损失相联系的,尤其是那些没有获利机会的风险,所以风险是有经济成本的,风险的经济成本即风险的代价。风险的代价包括风险事故的代价、风险因素的代价和处理风险的费用。

(1)风险事故的代价。风险事故一旦发生,必然导致损失的形成,有时这种损失是灾难性的。例如,某一车主由于在驾驶中的疏忽,导致车毁人亡,使一个好端端的家庭毁于一旦。

(2)风险因素的代价。由于风险因素未必导致风险事故,所以,损失尚处于潜在的状态,由此形成的代价是无形的、隐蔽的,但却是实实在在的,因此,人们总要应付未来可能发生的风险事故,而这是需要代价的。例如,车主在使用车辆的过程中,除了需要花费油费、车辆修理费等费用外,还要留有相当数量的准备金,以防发生交通事故,因而会导致车主生活质量的下降。

(3)处理风险的费用。由于人们意识到自己会面临风险,所以就会采取各种措施,于是费用便产生了。

由于风险的存在会给人们的生产和生活带来消极影响,因此,不仅个体需要为之付出代价,社会也必须为之付出代价。人们为了尽量减小风险的代价,必然会对风险进行管理。

2.风险管理的含义

风险管理就是以最小的成本获得最大安全保障的一种管理行为。

风险管理的基础是风险识别和风险衡量。风险管理的关键是选择风险控制的方法。风险管理的目标是以最小的成本获得最大的安全保障。

3.风险处理的方法

风险管理主要包括风险识别、风险衡量(风险评估)、风险处理、风险管理效果评价四个实质性阶段。其中,风险识别是风险管理的第一步(基础),而风险处理是风险管理中最为重要的环节。

风险处理方法分为控制型和财务型两大类,而每一类中又包含了若干个具体方法,如图1-2所示。需要注意的是,各种方法之间既有区别又相互联系,所以,在具体运用过程中,必须将其有机地结合起来,并灵活运用。

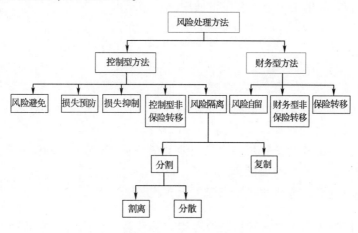

图1-2 风险处理方法关系图

(1)控制型方法。

①风险避免。风险避免是指设法回避损失发生的可能性,从根本上消除特定风险的措

施。它主要用于某特定风险所致损失频率和损失幅度相当高时或处理风险的成本大于其产生的效益时两种情况。

②损失预防。损失预防是指在风险损失发生之前，为了消除或减少可能引起损失的各种因素而采取的处理风险的具体措施。损失预防通常采用物质手段和行为教育两种方法。

③损失抑制。损失抑制是指在损失发生时或损失发生之后，为缩小损失幅度而采取的各项措施。它通常用于损失发生的可能性较高且风险又无法避免或转嫁的情况。损失抑制尽管表面上是在事故发生时或后使用的措施，但它包括事前措施(如安全气囊、发动机舱内的防火墙)和事后措施两种。

特别提示

风险避免、损失预防和损失抑制的区别：
1. 风险避免不需要其他技术辅助，后两者都是损失控制的方法。
2. 风险避免的目的是使损失发生的概率为零，损失预防的目的是减少损失发生的可能性，而损失抑制的目的是减少损失的程度。

④风险隔离。风险隔离单位包括分割和复制两种，而分割风险单位又包括割离(分离)和分散两种。

a. 割离：将风险单位割离成许多特殊的小单位，而不是将它们集中在都可能遭受同样损失的同一个地点，例如不把鸡蛋放在同一个篮子里。

b. 分散：分散就是通过加大风险单位的数量，将特定风险在更大的样本空间里进行分散，以此来减少单位的损失，即通过增加同类风险的数目来降低风险，例如兼并、扩张、联营等。

c. 复制：复制就是指再设置一份经济单位的所有财产或设备作为储备，这些复制品只有在原资产或设备被损坏的情况下才可以被使用。

特别提示

分割和复制的特点：
1. 分割和复制不像其他损失抑制措施那样力图减少风险单位本身损失的严重性，而在于减少总体损失的程度。
2. 分割和复制减少的是一次独立风险事故的损失，但同时增加了风险单位，也就会影响风险事故或损失发生的概率。
3. 复制风险单位可以减少平均或预期的年度损失。

⑤控制型非保险转移。控制型非保险转移即转移有风险的财产或活动，如出售、租赁、转让、转包、订合同和约定免责等。在一些场合，转移带有风险的财产或活动可能是不现实的。例如，医生不能因为害怕手术失败而拒绝施行手术。此时，如果签订免除责任协议就可转移风险。又如保险公司不能因为害怕高风险客户出车祸而拒绝承保，所以在保险合同中

约定免除责任,这样,保险公司并不转移有风险的活动(承保)而只是转移了部分可能的责任风险。

(2)财务型方法。

①风险自留。风险自留是指通过财务手段自我承担风险损害后果的方法。它有主动自留和被动自留之分,通常用在损失的频率和幅度低、损失在短期内可以预测且最大损失不会影响到财务稳定的场合。

②财务型非保险转移。财务型非保险转移就是指经济单位将自己可能的风险损失所导致的财务负担转移给保险人以外的其他经济单位的风险控制方法,如中和、保证书、公司化等。

a. 中和:在处理投机风险时,将损失机会与获利机会进行平衡的一种风险处理方法称为中和,如制造商因担心原材料价格波动而在期货市场进行与现货市场反方向的套购、出口商因担心外汇汇率波动而进行的期货买卖等。

b. 保证书:权利人因担心义务人有不忠实的行为或不履行某种明确的义务而导致权利人的损失,要求保证人提供担保品来担保义务人对权利人的忠实和有义务的履行的一种书面合同。

c. 公司化:企业通过发行股票,将企业经营的风险转移给多数股东承担。

③保险转移。保险转移是指将风险损失所导致的财务负担转移给保险人的风险控制方法。人们会面临各种风险损害,一部分可以通过控制的方法消除或减小,而另一部分只能通过风险转移的办法来解决。当出现靠自身的财力也难以解决的风险损害时,只有通过保险,人们才能以确定的小额支出将自己不确定的巨额损失转嫁给保险公司;只有保险才能做到以最小的成本获得最大的安全保障,所以,保险是处理风险的传统而有效的措施。

三、汽车保险的作用

(1)稳定公共秩序。因为汽车保险能有效地为交通事故的受害者提供经济上的补偿,所以对国家而言,汽车保险发挥了社会保障功能,维护了社会稳定。

(2)保障车主的人身安全和财产安全。因为保险可以将用车的风险转嫁给保险公司,对车主而言,汽车保险等于为车辆加上了一道护身符,给车主加上了一条无形的安全带。

(3)扩大汽车的市场需求。因为保险可以将用车的风险转嫁给保险公司,对车主而言,由于解除了后顾之忧,在一定程度上提高了购车欲望,扩大了汽车的市场需求。

(4)促进汽车安全。因为保险公司承担了用车的风险,它会想方设法投入人力和财力来主动参与、配合生产商开发更安全的汽车。

四、综合实训

1. 风险判别训练

当发生下列两种情况下的地震时,请分别写出风险因素、风险事故和损失各是什么,你从中可以得出什么结论?

(1)若地震发生在城市或农村时。

(2)若地震发生在沙漠或海洋底层时。

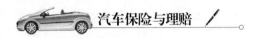

2. 风险处理训练

(1) 对于一个拥有私家车的三口之家,试列举出该家庭主要面临的风险有哪些,哪些风险适宜采用保险的方法处理?

(2) 试比较风险的分散、抑制及割离三者之间的关系。

第二节 汽车保险的基本术语

一、保险标的与保险

1. 保险标的的定义

通俗地讲,保险标的就是保险所保障的对象。

2. 保险的概念

(1) 保险。通俗地讲,保险就是转嫁风险的一种手段和方法;从法律角度讲,保险是一种合同行为;从经济角度讲,保险是分摊意外事故损失的一种财务安排。

(2) 强制保险和商业保险。通俗地讲,必须投保否则就违法的保险就是强制保险,如汽车保险中的交强险。此外,可以自愿投保的保险就是商业保险,如在汽车保险中,交强险以外的其他险种。

(3) 财产保险、人身保险和责任保险。财产保险就是以财产及其有关利益作为保险标的的保险,如车损险、全车盗抢险、车身划痕险等;人身保险就是以人的寿命和身体作为保险标的的保险,如人寿保险、健康保险、意外伤害保险;责任保险就是以被保险人的经济赔偿责任作为保险标的的保险,如商业第三者责任险、车上人员责任险等。

(4) 定值保险和不定值保险。

①定值保险是指在订立保险合同时,投保人和保险人事先确定保险标的的保险价值,并将其载明于合同中的保险合同,如人寿保险。

②不定值保险是指投保人和保险人在订立保险合同时,不预先确定保险标的的保险价值,仅载明保险金额作为保险事故发生后赔偿最高限额的保险合同,如财产保险、医疗保费等。

 特别提示

《最高人民法院关于审理保险纠纷案件若干问题的解释》第二十六条规定:

当事人根据《中华人民共和国保险法》(以下简称《保险法》)第四十条的规定,在合同中约定了保险价值与保险金额的,保险人以约定的保险价值高于保险标的的实际价值为由不承担保险责任的,人民法院不予支持。

当事人在合同中没有约定保险价值的,保险标的的实际价值按照保险事故发生地的市场价格确定。没有市场价格的,可以依评估价格确定。

(5) 原保险、再保险和共同保险。

①原保险。原保险是指投保人与保险人之间的直接保险。

②再保险。再保险是指保险人将其承担的保险业务以分保形式部分转移给其他保险人

的保险。

③共同保险。共同保险是指由几个保险人同时承保一笔业务的保险。

(6)机动车辆保险。

机动车辆保险就是以机动车本身及其相关利益作为保险标的的不定值保险。

值得注意的是汽车保险正式名称叫机动车辆保险。

 友情小贴示

机动车辆和非机动车辆的区别：

非机动车辆——以人力或畜力驱动，在道路上行驶的交通工具。或虽有动力装置驱动，但设计时速、空车质量及外形尺寸均符合国家标准的残疾人机动轮椅车、电动自行车等交通工具。

二、保险合同中的四种人

1. 投保人

投保人是指与保险人订立保险合同，并按照合同约定负有支付保险费义务的人。

 特别提示

《保险法司法解释(二)》第一条规定：财产保险中，不同投保人就同一保险标的分别投保，保险事故发生后，被保险人在其保险利益范围内依据保险合同主张保险赔偿的，人民法院应予支持。

2. 保险人

保险人是指与投保人订立保险合同，并按照合同的约定承担赔偿或者给付保险金责任的保险公司。

注意：因为保险合同是由投保人和保险人直接订立的，所以，投保人和保险人又称为合同的当事人。

 特别提示

保险公司有哪几种形式？

1. 财产保险公司

主要经营业务：财产损失险、责任保险和信用保险。

2. 人寿保险公司

主要经营业务：人寿保险、健康保险和意外伤害保险。

3. 再保险公司

主要经营业务：分出保险和分入保险。

3. 被保险人

被保险人是指其财产或者人身受保险合同保障,同时享有保险金请求权的人。投保人可以为被保险人。

 特别提示

1. 被保险人享有的保险金请求权是基于保险合同约定,在保险事故发生前,该请求权只是一种期待权,而只有在保险事故发生后,该请求权才成为一项现实存在的合同债权。

2. 保险金是否作遗产处理,人身保险与财产保险的规定是不同的。根据最高人民法院《关于保险金能否作为被保险人遗产的批复》(以下简称《批复》)规定:"人身保险金能否列入被保险人的遗产,取决于被保险人是否指定了受益人。指定受益人的,被保险人死亡后,其人身保险金应付给受益人;未指定受益人的,被保险人死亡后,其人身保险金应作为遗产处理,可以用来清偿债务或者赔偿"。同时,该《批复》还规定:"财产保险与人身保险不同。财产保险不存在指定受益人的问题。因而,财产保险金属于被保险人的遗产。"

3. 保险金是否属于夫妻的共同财产,则要看在保险理赔之前夫妻身份关系是否还续存。

4. 交强险中的被保险人是一个特例,只有在交通事故发生时才能确定。投保人在车上时就是被保险人,而在车下时应视为第三者。

4. 受益人

受益人是指人身保险合同中由被保险人或者投保人指定的享有保险金请求权的人。投保人、被保险人均可以为受益人。

受益人是人身保险合同中特有的,财产保险中没有受益人。

注意:因为被保险人与受益人没有直接参与订立保险合同,所以也称合同的关系人。

《保险法》第三十九条规定:人身保险的受益人由被保险人或者投保人指定。投保人指定受益人时须经被保险人同意。投保人为与其有劳动关系的劳动者投保人身保险,不得指定被保险人及其近亲属以外的人为受益人。被保险人为无民事行为能力人或者限制民事行为能力人的,可以由其监护人指定受益人。

《保险法》第四十条规定:被保险人或者投保人可以指定一人或者数人为受益人。受益人为数人的,被保险人或者投保人可以确定受益顺序和受益份额;未确定受益份额的,受益人按照相等份额享有受益权。

《保险法》第四十一条规定:被保险人或者投保人可以变更受益人并书面通知保险人。保险人收到变更受益人的书面通知后,应当在保险单或者其他保险凭证上批注或者附贴批单。投保人变更受益人时须经被保险人同意。

《保险法》第四十二条规定:被保险人死亡后,有下列情形之一的,保险金作为被保险人的遗产,由保险人依照《中华人民共和国继承法》的规定履行给付保险金的义务。(一)没有指定受益人,或者受益人指定不明而无法确定受益人的;(二)受益人先于被保险人死亡,没有其他受益人的;(三)受益人依法丧失受益权或者放弃受益权,没有其他受益人的。受益人与被保险人在同一事件中死亡,且不能确定死亡先后顺序的,推定受益人死亡在先。

《保险法》第四十三条第二款规定:受益人故意造成被保险人死亡、伤残、疾病的,或者故意杀害被保险人未遂的,该受益人丧失受益权。

 特别提示

受益人的指定方式:

1. 现行的《保险法》中并没有对指定受益人的方式做出具体的规定,它可以是具体指定也可以为关系指定,但不得填"法定"字样。

2. 用关系指定受益人的方式时(如"妻子"),可以让具体的受益人在保险事故发生时才得以真正确定,虽然这种指定方式更加灵活而且实用但容易产生法律纠纷。

3.《最高人民法院关于审理保险纠纷案件若干问题的解释》第四十八条规定:"人身保险合同的受益人栏中只填写'法定'字样,视为未指定受益人。法人或者其他组织为其职工订立的人身保险合同中未指定受益人的,推定职工为受益人。"

4.《最高人民法院关于审理保险纠纷案件若干问题的解释》第五十二条规定:"保险合同指定多个受益人的,其中一个受益人先于被保险人死亡,被保险人或者投保人未重新指定受益人的,对该受益人应得份额由其他受益人按照约定份额比例享有"。

三、保险合同的主要形式

1. 投保单

投保单是指投保人要求投保的书面要约,是保险合同的重要组成部分,也是保险公司进行核保及核定给付、赔付的重要原始资料。

注意:投保单只是投保人申请投保的一种书面凭证,在保险公司正式签发保单后会自动失效。

 特别提示

未经投保人授权而在保险合同中代签名问题:

《保险法司法解释(二)》第三条规定:"投保人或者投保人的代理人订立保险合同时没有亲自签字或者盖章,而由保险人或者保险人的代理人代为签字或者盖章的,对投保人不生效。但投保人已经缴纳保险费的,视为其对代签字或者盖章行为的追认。保险人或者保险人的代理人代为填写保险单证后经投保人签字或者盖章确认的,代为填写的内容视为投保人的真实意思表示。但有证据证明保险人或者保险人的代理人存在《保险法》第一百一十六条、第一百三十一条相关规定情形的除外。"

值得注意的是,《保险法司法解释(二)》第三条只是解决了代签字或盖章行为所引起的保险合同效力争议问题,但在实践中往往会影响投保人的如实告知义务和保险人的明确说明义务。(见最大诚信原则内容部分)

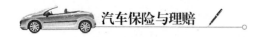

2. 保险单(保单)

通俗地讲,保险单就是保险公司根据投保人填写的投保单内容,经审查后同意投保而出具的一种保险合同。

注意:保险单是保险合同的正式书面凭证,也是索赔的凭证。目前,汽车保险的保单有交强险保单和商业险保单两种,分别如图1-3和图1-4所示。

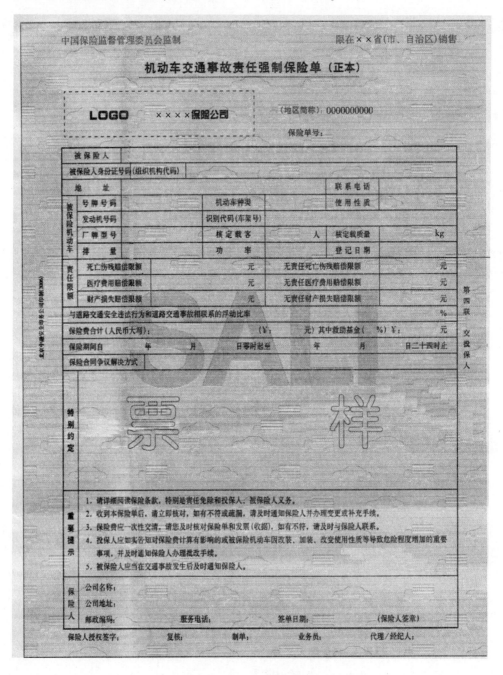

图1-3 某保险公司交强险保单

机动车保险单

保险单号：

鉴于投保人已向保险人提出投保申请，并同意按约定交付保险费，保险人依照承保险种及其对应条款和特别约定承担赔偿责任。

保险车辆情况	被保险人					
	号牌号码		厂牌号码			
	VIN		车架号		机动车种类	
	发动机号码		核定载客　　人		核定载质量　　kg	已使用年限　　年
	初次登记日期		年平均行驶里程　　km		使用性质	
	行驶区域				新车购置价	元
	承保险种	费率浮动(±)		保险金额/责任限额(元)		保险费(元)

保险费合计(人民币大写)：	(¥：　　元)
保险时间自　　年　　月　　日零时起至　　年　　月　　日二十四时止	

特别约定	

保险合同争议解决方式	

| 重要提示 | 1. 本保险合同由保险条款、保险单、投保单、批单和特别约定组成。
2. 收到本保险单承保险种对应的保险条款后，请立即核对，如有不符或疏漏，请在48h内通知保险人并办理变更或补办手续；超过48h未通知的，视为投保人无异议。
3. 请详细阅读承保险种对应的保险条款，特别是责任免除和投保人、被保险人义务。
4. 被保险机动车因改装、加装、改变使用性质等导致危险程度增加以及转卖、转让、赠送他人的，应书面通知保险人并办理变更手续。
5. 被保险人应当在交通事故发生后及时通知保险人。 |

保险人	公司名称：	公司地址：	
	联系电话：	网址：	
	邮政编码：	签单日期：	(保险人签章)

核保：　　　　　　　　　　制单：　　　　　　　　　　经办：

图1-4　某保险公司商业险保单

3. 暂保单

通俗地讲,暂保单是指保险公司在签发正式保单之前向投保人提供的临时保险凭证,如新车上牌前使用的提车暂保单。

注意:暂保单的法律效力与正式保单相同,但内容相对简单,且保险公司只按暂保单上的要约承担责任。

4. 保险凭证(小保单)

通俗地讲,保险凭证就是保险公司提供给车主随身携带或粘贴的一种简化保单,如保险卡、交强险标志。保险卡如图 1-5 所示,交强险标志如图 1-6 所示。

××财产保险股份有限公司机动车保险卡

(正面)	(反面)
××财产保险股份有限公司 机动车辆保险证 随身携带　　机构遍布全国　随时提供服务 就地报案 No.	保险单号_____ 被保险人_____ 号牌号码_____　厂牌型号_____ 发动机号_____　使用性质_____ 车架号_____　人/kg_____ 承保险种_____ 保险期限自__年__月__日时起　保险公司 至__年__月__日时止　盖　　章 报案服务电话:_____

图 1-5　某财产保险公司机动车辆保险卡

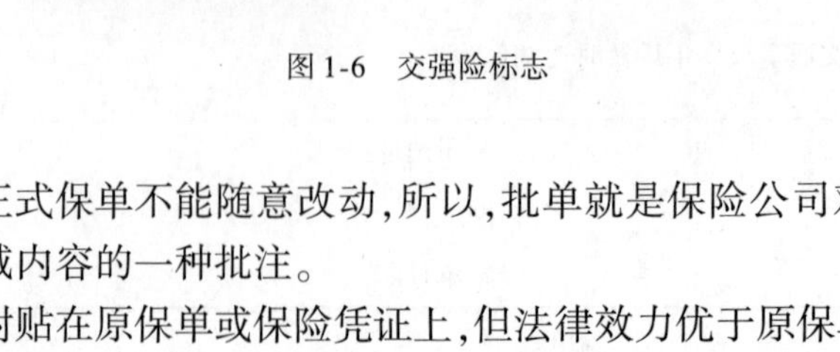

图 1-6　交强险标志

5. 批单(背书)

通俗地讲,由于正式保单不能随意改动,所以,批单就是保险公司对已签订的保险合同进行修改、补充或增减内容的一种批注。

注意:批单一般附贴在原保单或保险凭证上,但法律效力优于原保单中的同类款目。

批单如图 1-7 所示。

第一章 汽车保险概述

批 改 申 请 书

```
保险类别_____   保险单号码_____   批单号码_____
被保险人_____

申请事由:从____年___月___日起至____年___月___日止
     因_____
       _____
       _____
       _____

                          投保人签章:
                          申请日期:____年___月___日

(保险公司自用)
核保_____复核_____经办_____   收到日期:____年___月___日
```

图 1-7 某保险公司的批单

特别提示

《保险法司法解释(二)》第十四条规定:保险合同中记载的内容不一致的,按照下列规则认定:(一)投保单与保险单或者其他保险凭证不一致的,以投保单为准。但不一致的情形系经保险人说明并经投保人同意的,以投保人签收的保险单或者其他保险凭证载明的内容为准;(二)非格式条款与格式条款不一致的,以非格式条款为准;(三)保险凭证记载的时间不同的,以形成时间在后的为准;(四)保险凭证存在手写和打印两种方式的,以双方签字、盖章的手写部分的内容为准。

四、保险合同的中介人

保险中介是指活动于保险人和投保人之间,通过保险服务,把保险人与投保人联系起来并建立保险合同关系的人。保险中介包括保险代理人、保险经纪人和保险公估人三种。

1. 保险代理人

保险代理人是根据保险人的委托,向保险人收取佣金,并在保险人授权的范围内代为办理保险业务的机构或者个人。保险代理机构包括专门从事保险代理业务的保险专业代理机构和兼营保险代理业务的保险兼业代理机构。

注意:个人代理人也称保险营销员,而在专业代理人或兼业代理人中推销保单的员工称为保险代理业务人员。

《保险法》第一百二十七条规定:保险代理人根据保险人的授权代为办理保险业务的行为,由保险人承担责任。保险代理人没有代理权、超越代理权或者代理权终止后以保险人名义订立合同,使投保人有理由相信其有代理权的,该代理行为有效。保险人可以依法追究越权的保险代理人的责任。

> **特别提示**
>
> 表见代理。
>
> 《最高人民法院关于审理保险纠纷案件若干问题的解释》第五十七条规定:《保险法》第一百二十七条第二款中"投保人有理由相信其有代理权"的情形包括:(一)行为人持有保险公司工作证、空白保险合同、盖有保险公司印鉴的收据等;(二)行为人原为保险公司代理人并与投保人签订保险合同的,后行为人丧失代理权而保险人未及时通知投保人,行为人又以保险公司代理人身份与投保人进行了续期保险费收取等业务活动的;(三)保险公司的委托授权文件对代理人的授权不明的;(四)其他使相对人有理由相信行为人有代理权的情况。但上述证件、文件系伪造、变造的除外。

2. 保险经纪人

保险经纪人是指基于投保人的利益,为投保人与保险人订立保险合同提供中介服务,并依法收取佣金的机构。

《保险法》第一百二十八条规定:保险经纪人因过错给投保人、被保险人造成损失的,依法承担赔偿责任。

3. 保险公估人

保险公估人就是站在第三者的立场上,接受保险公司或投保人的委托,在订立保险合同时,对保险标的进行价值评估和风险评估,而在出险后,对损失的原因程度进行查勘、鉴定、估损及理算的单位。

注意:

(1)虽然公估报告的权威性较高,但它只能作为诉讼的凭据,并无法律效力(强制力)。

(2)如果保险人对保险公估人的公估报告不满意,保险人可以不予以接受;如果被保险人对保险公估人的公估报告不满意,被保险人可以与保险人继续协商或通过法律程序解决。

(3)在我国,保险公估机构的组织形式可以是合伙企业、有限责任公司或股份有限公司。

五、机动车辆保险的主险与附加险

商业保险的险种又可分为主险(基本险)和附加险。

1. 主险

通俗地讲,主险就是可以单独投保的险种。如车损险、商业第三者责任险等。

2. 附加险

通俗地讲,附加险就是不可以单独投保,只有先购买主险后才能投保的险种。如玻璃单独破碎险、自燃损失险、车身划痕险、不计免赔特约险等。

六、机动车辆的价值和投保方式

1. 保险价值

订立保险合同时,作为确定保险金额基础的保险标的的价值即保险价值。

通俗地讲,保险价值是指保险标的在某一特定时期的实际价值,是确定保险金额和确定损失赔偿的计算基础。在财产保险合同中,保险价值一般按出险时保险标的的实际价值确定(不定值保险中)。

在2009年10月1日《保险法》(2009版)实施前,在汽车保险中,保险公司的潜规则是将保险价值按出险时的新车购置价确定的,而不是由出险时的实际价值确定(投保人与保险人事先约定并在合同中载明保险价值的除外)。这显然违反了《保险法》的规定,而且,旧车若采用足额保险,投保人交的保费是按新车购置价计算的,赔偿却以实际价值为依据,高保低赔显然有失公平。为什么允许汽车保险对保险价值的规定可以不同于其他财产保险呢?原因有以下几点:

(1)因为出险时汽车已遭破坏(特别是全损时),所以实际价值评估难度大。

(2)若投保人以实际价值投保(即不足够投保)时,当车辆全损时仍可获得实际损失的赔偿,只有当车辆部分损失时才采用比例责任方式补偿,此时才对投保人构成不公平。但对投保人而言,在保险期内车辆是否会出险,一旦出险车辆是全损还是部分损失谁也不知道,从这一点上讲又是公平的。

(3)因为汽车在修理时,所替换的零件为新零件,而材料的新旧程度与价格有很大的关系。若投保人以实际价值投保(即不足够投保)时,更换零件车主理应承担以旧换新的损失,而且也有利于保险双方达成以"修复为主"的共识,所以当车辆部分损失时采用比例责任方式补偿是合理的。

在2009年10月1日《保险法》(2009版)实施后,尤其是2014版《商业车险行业示范条款》实施后,旧车投保不再按新车购置价确定,而是应按投保时机动车辆的实际价值确定。投保时,机动车辆的实际价值由投保人与保险人根据投保时的新车购置价减去折旧金额后的价格协商确定,或其他市场公允价值协商确定。折旧金额根据本保险合同列明的参考折旧系数表计算。全损时则按照保额赔付,而部分损失则在保额内按照实际损失金额赔付。

2. 保险金额(保额)

保险金额是指保险人承担赔偿或者给付保险金责任的最高限额,也是计算保费的依据。

3. 实际价值

实际价值是指保险标的实际值多少钱。车辆的实际价值是指同类型车辆市场新车购置价减去该车已使用期限折旧金额后的价格。

《保险法》第五十五条规定:投保人和保险人约定保险标的的保险价值并在合同中载明的,保险标的发生损失时,以约定的保险价值为赔偿计算标准。投保人和保险人未约定保险标的的保险价值的,保险标的发生损失时,以保险事故发生时保险标的的实际价值为赔偿计算标准。保险金额不得超过保险价值。超过保险价值的,超过部分无效,保险人应当退还相应的保险费。保险金额低于保险价值的,除合同另有约定外,保险人按照保险金额与保险价值的比例承担赔偿保险金的责任。

4. 车损险的三种投保方式

(1)投保方式:

①足额投保。足额投保是指保险金额等于保险价值的投保。

②不足额投保。不足额投保是指保险金额低于保险价值的投保。

③超额投保。超额投保是指保险金额高于保险价值的投保。

(2) 三种投保方式的赔付特点：

①足额投保的赔付特点。当标的全部损失时按实际价值补偿；而当标的部分损失时则按实际损失补偿。

注：因为实际赔偿时需扣除免赔额，所以用补偿两字（而不是赔偿）。

②不足额投保的赔付特点。当标的全部损失时则按保险金额补偿，而当标的部分损失时则按比例责任方式补偿。即：补偿金额 = 保险金额/保险价值 × 损失额。

③超额投保的赔付特点。无论标的是全部损失还是部分损失，超额部分无效，均以实际损失补偿。

【案例 1-1】

李先生 2007 年初在二手车市场买了一辆 2005 年生产的帕萨特轿车,车价为 12 万元。他去保险公司投保了车辆损失险,保险公司要求他按照当年新车价 20 万元投保,但李先生只肯按 12 万元车价投保。数月后李先生出了车祸,造成车损 3 万元,李先生去保险公司办理理赔,保险公司按规定赔付了 1.8 万元。李先生想不通为什么只能赔 1.8 万元。

【法理分析】

处理本案的关键性问题之一是保险价值的确定；关键性问题之二是车损险发生部分损失时如何赔偿。

因为该帕萨特轿车的新车购置价为 20 万元，实际价值为 12 万元，而李先生是以 12 万元投保的，所以李先生采用的是不足额投保方式。

若采用不足额保险，则当车辆发生部分损失时，应按比例方式补偿。即：

补偿金额 = 保险金额/保险价值 × 损失额 = 12/20 × 3 万元 = 1.8 万元。

故本案中保险公司的赔付完全正确，李先生不能获得全额赔付的原因是由于采用了不足额投保方式。

七、投保、承保、保险索赔与保险理赔

1. 投保

通俗地讲，投保是指投保人向保险公司购买保险的行为和过程。

2. 承保

承保即当投保人提出投保请求时，经审核其投保内容后，保险公司同意接受其投保申请，并负责按照有关保险条款承担保险责任的过程。

3. 保险索赔

通俗地讲，保险索赔是指发生保险事故后，被保险人就自己的事故损失向保险公司提出索赔请求的行为和过程。

4. 保险理赔

当标的发生保险事故时，因权利人提出索赔申请，保险人依据保险合同的约定及相关法律法规，审核、认定保险责任并给付赔偿金的行为。

八、绝对免赔额与绝对免赔率

为了提高投保方的防损责任心及免除小额赔款以提高保险公司的工作效率,在汽车保险中规定绝对免赔额和绝对免赔率。

1. 绝对免赔额

绝对免赔额是指在保单中约定一个数额,保险标的的每次损失必须超过这个数额时,保险人才负责赔偿其超过部分,而这个数额以下的损失由被保险人自行承担。如车损险中有300元、500元、1000元、2000元供投保人选择。

2. 绝对免赔率

绝对免赔率就是保险公司不予赔偿的损失部分与全部损失的百分比,即由被保险人自己承担的损失百分比。

特别提示

相对免赔额是指保险双方约定一个数额,保险标的的每次损失只要达到这个数额,保险人不作任何扣除而全部予以赔偿;如果损失没有达到这个数额,则保险人不予赔偿。

九、保险费和保险费率

1. 保险费(保费)

保险费是指投保人或被保险人根据保险合同的规定,为取得因约定事故发生所造成的经济损失补偿(或给付)权利而缴付给保险人的费用。

需要注意的是,由于保险费的计算较为严格和复杂,因而不像其他商品那样可以由买卖双方就价格进行协商,而是由保险公司单方面决定的,投保人接受才可以订立合同,投保人如果不接受则不订立合同。

2. 保险费率(费率)

保险费率是指保险人向被保险人收取的每单位保险金额的保险费,是计算保险费的依据,通常用百分率或千分率来表示。其公式为:保险费率=保险费/保险金额。

中国的车险费率在2002年前是由监管部门统一制定的,直到2003年实行车险产品管理制度的变革才由各保险公司自主制定费率,再到2006年实行行业条款至今,交强险费率始终全国统一,而商业车险的费率又经历了三次变化,即2006版、2007版和2009版。

自从2011年将"高保低赔"、"无责不赔"等作为社会关心的热点问题以来,商业车险的费率改革呼声越来越高,为此,在2011年10月,中国保监会《关于加强机动车辆商业保险条款费率管理的通知》(以下简称《通知》)的初稿公布在网站上,接受来自专家、媒体、社会公众等各方面的意见和建议,并据此对《通知》进行了修订。该《通知》从商业车险条款费率拟订原则、执行要求以及监管要求三方面对机动车辆商业保险条款费率改革进行了规定。截至2014年年末,行业车险保费收入已超过5000亿元,承保车超过1.5亿辆,车险占非寿险保费收入的比重已接近73%,而车险费率的市场化改革仍未正式实施。

2015年2月3日,保监会对外发布了《关于深化商业车险条款费率管理制度改革的意见》,随后保险行业协会又发布了示范条款,并在2015年6月1日首先在黑龙江、广西、山东、青岛、重庆和陕西等6个省(区、市)正式试点,从2016年1月1日起,天津、内蒙古、吉林、安徽、河南、湖北、湖南、广东、四川、青海、宁夏、新疆等12个保监局所辖地区将纳入商业车险改革第二批试点范围,从2016年7月1日起,在北京、河北、山西、辽宁、上海、江苏、浙江、福建、江西、海南、贵州、云南、西藏、甘肃、深圳、大连、宁波、厦门等18个保监局所辖地区有序开展商业车险改革相关工作。本次条款费率的改革方向和思路已非常明确,即:将选择权交给消费者,将定价权交给保险公司,建立市场化的条款费率形成机制。在条款方面,进一步完善现行的商业车险行业示范条款,支持保险公司开发创新型产品,形成以行业示范条款为主体,公司创新型条款为辅的商业车险条款体系;在费率方面,行业测算的商业车险纯风险保费表将作为财产保险公司科学厘定车险费率提供参考,由财产保险公司根据自身实际情况科学测算基准附加保费,合理确定自主费率调整系数及其调整标准。以后逐步扩大保险公司的费率拟定自主权,最终形成高度市场化的费率形成机制。

在此次商业车险费率改革中,"车型定价"是其中的一个重要内容。要解决"高保低赔"等问题的关键是必须从"保额定价"逐步过渡到"车型定价"。而我国车险市场一直未能引入并实施"车型定价"模式的关键原因在于缺乏实施的两个重要基础:一是缺乏一个规范和发达的二手车市场;二是缺乏一个统一的车型数据库。2014年10月29日,中国保险行业协会正式向财产保险行业发布了车型标准数据库,成为了中国保险业首个汽车车型标准数据库。到目前为止,该车型数据库已覆盖1895个汽车厂商的1915个品牌和16万款车型信息。

目前,我国车险费率的厘定主要是以新车购置价等因素为核心的粗放式定价方式,而如果采用国际车险市场上普遍采用的"车型定价"模式,则可以根据不同车型零配件价格、出险率及赔付率的差异,设计出差异化的费率标准,这样在一定程度上忽略新车购置价和实际价值的概念,从而使得投保人能够以与自己风险相匹配的费率购买风险保障,最大限度的实现公平;同时在客观上还会引导消费者选购风险更低的车型,这又倒逼汽车生产企业努力提高汽车质量、增加安全系数,从而间接促进汽车制造业的技术革新和发展。

十、保险事故和保险责任

1. 保险事故

保险事故是指保险合同约定的保险责任范围内的事故。

2. 保险责任

保险责任是指保险公司承担赔付保险金责任的项目。

十一、交通事故和单方肇事事故

1. 交通事故

交通事故是指车辆在道路上因过错或者意外造成的人身伤亡或财产损失的事件。

2. 单方肇事事故

单方肇事事故是指不涉及与第三者有关的损害赔偿的事故,但不包括自然灾害引起的事故。

第三节　汽车保险的四大原则

一、保险利益原则

1. 保险利益

（1）保险利益的含义:保险利益是指投保人或者被保险人对保险标的具有的法律上承认的利益。

（2）保险利益原则的含义:保险利益原则是指在签订保险合同时或履行保险合同过程中,投保人或者被保险人对保险标的必须具有保险利益的规定。

2. 保险利益的构成要件

1）保险利益必须是合法的利益

投保人或者被保险人对保险标的所具有的利益要为法律所承认,只有在法律上可以主张的合法利益才能受到国家法律的保护,因此,保险利益必须是符合法律规定的、符合社会公共秩序、为法律所认可并受到法律保护的利益。如为赃车投保或为毒品投保,则保险合同无效。

2）保险利益应为经济上有价的利益

因为保险保障是通过货币形式的经济补偿或给付来实现的,如果投保人或被保险人的利益不能用货币来反映,则保险人的承保和补偿就难以进行。因此,投保人对保险标的的保险利益在数量上应该可以用货币来计量,无法定量的利益不能成为可保利益。在财产保险中,保险利益一般可以精确计算,对例如纪念品、日记、账册等不能用货币计量其价值的财产,虽然这些东西对投保人有利益,但一般不作为可保财产。在人身保险中,保险利益有一定的特殊性,因为人的生命和健康都是无价的,所以只要求投保人与被保险人具有利害关系,就认为投保人对被保险人具有保险利益。

 特别提示

《最高人民法院关于审理保险纠纷案件若干问题的解释》第一条规定:《保险法》第十二条所称保险利益,即可保利益,应当是可以确定的经济利益。除《保险法》第五十三条规定外,投保人对因下列事由产生的经济利益具有保险利益:（一）物权;（二）合同;（三）依法应当承担的民事赔偿责任。不同投保人对同一保险标的具有保险利益的,可以在各自保险利益范围内投保。

3）保险利益应为确定的利益

投保人或被保险人对保险标的利益应在客观上或事实上已经存在或可以确定,这种利益是可以用货币形式估价,而且是客观存在的利益,不是当事人主观臆断的利益。这种客观存在的确定利益包括现有利益和期待利益,其中,期待利益是指在客观上或事实上尚未存在,但根据法律、法规、有效合同的约定等可以确定的将来某一时期内将会产生的经济利益,但在索赔时期待利益必须已成为现实利益时才属于索赔范围。

4)保险利益应为具有利害关系的利益

这里的利害关系是指保险标的的安全与损害直接关系到投保人的切身经济利益。而投保人与保险标的之间不存在利害关系时是不能签订保险合同的。

3. 财产保险的保险利益

因为财产保险中是将财产及其有关利益作为保险标的,所以凡因财产及其有关利益受损而遭受损失的人对保险标的具有保险利益。财产保险的保险利益有下列四种情况:

(1)财产的所有权人、经营管理人对该财产具有保险利益。因其所有或经营管理的财产,一旦损失就会给自己带来经济损失。例如,房屋所有权人可以为其房屋投保家庭财产险;货物所有人可为其货物投保运输保险。

(2)抵押权人与质权人对抵押、出质的财产均具有保险利益。因为当债权不能获得清偿时,抵押权人或质权人有从抵押或出质的财产价值中优先受偿的权利。例如,银行对抵押贷款的抵押品,在贷款未还之前,抵押品的损失会使银行蒙受损失,所以,银行对抵押品具有保险利益;但当借款人还款后,因银行对抵押品的抵押权消失,所以其保险利益也随之消失。

(3)负有经济责任的财产的保管人、承租人、承包人等对其所保管、使用的财产具有保险利益。因为财产的保管人、承租人、承包人等,对其所保管、使用的财产负有经济责任。

(4)合同双方当事人对合同标的具有保险利益。因为合同标的的损失会带给合同双方当事人损失。

4. 责任保险的保险利益

因为责任保险是将被保险人对第三者依法应负的赔偿责任作为保险标的的,所以被保险人对因承担经济赔偿责任而支付损害赔偿金和其他费用的人具有保险利益。责任保险的保险利益主要有下列三种情况:

(1)固定场所的所有权人或经营人对其顾客、观众等人具有保险利益。因为像饭店、商店、影剧院等对其顾客、观众等人身伤害或财产损失,依法承担经济赔偿责任,所以可投保公众责任险。

(2)各类专业人员对工作中造成损害的他人具有保险利益。因为像医师、律师、设计师等,由于工作上的疏忽或过失致使他人遭受损害时,依法承担经济赔偿责任,所以可投保职业责任险。

(3)制造商、销售商对消费者具有保险利益。因为商品质量或其他问题给消费者造成人身伤害或财产损失时,依法承担经济赔偿责任,所以可投保产品责任险。

【案例1-2】

2009年9月2日,某运输有限公司将秦某挂靠的蒙A牵引车、蒙B挂车向保险公司投保了车损险、商三险、车上人员责任险。保险合同载明,该运输公司系投保人和被保险人。

2010年3月15日,秦某雇佣的驾驶人袁某驾驶被保险车辆与另一案外人蔡某发生交通事故,造成两车不同程度损坏、两驾驶人受伤的损害后果。经交警部门认定,袁某负事故的全部责任。秦某因本次交通事故遭受的车辆损失费110008元、车辆鉴定费3350元、施救费

2568元、垫付给两驾驶人的赔偿款4590.76元,共计120516.76元。后秦某向法院起诉,要求保险公司支付赔偿金120516.76元。保险公司认为,秦某诉讼主体不合格,要求驳回起诉。

一审法院认为,秦某作为被保险车辆的实际车主,有权向保险公司索赔,其诉讼主体合格,判决保险公司向秦某支付保险赔偿款120516.76元。保险公司不服一审判决而提起上诉。后经二审法院主持调解,由保险公司支付秦某保险金85000元。

本案争议的焦点是车辆挂靠运营关系。从秦某提供的《汽车挂靠合同》和机动车保险单、行驶证可以看出,秦某系被保险车辆的实际车主,案外人运输公司系上述车辆的法定车主、投保人和被保险人。挂靠人在履行自己名义签订的运输合同中发生交通事故,造成受害人人身财产损失,秦某的诉讼主体是否合格,能否直接向保险公司起诉索赔?

【法理分析】

财产保险合同的当事人一般包括投保人、保险人与被保险人,且通常情形下投保人与被保险人为同一人。《保险法》第十二条第五款指出:被保险人是指其财产或者人身受保险合同保障,享有保险金请求权的人。

保险合同是合同的一种,合同作为一种民事法律关系,其不同于其他民事法律关系(如物权法律关系)的重要特点,在于合同的相对性。合同的相对性又称债的相对性,是指合同关系只能发生在合同明确的当事人之间,只有一方合同当事人能够基于合同约定的权利和义务,向另一方当事人提出请求或提出诉讼;与合同当事人没有发生合同上权利义务关系的第三方,不能依据合同向合同的当事人提出请求或提起诉讼,也不应承担合同的义务或责任。非法律规定或合同约定,第三方不能主张合同上的权利。某一特定保险合同只对在合同中约定的投保人、保险人和被保险人之间产生效力,而对于其他人不发生效力。故被保险人必须是受特定保险合同保障的人,其应当在保险合同中明确,并基于该合同享有保险金请求权。

因此,在法理上只有被保险人即被挂靠单位才享有保险金请求权,而实际车主即挂靠人无权向保险公司提出索赔,不具备诉讼主体资格。

在实践中,挂靠车辆发生交通事故,造成了第三者人身伤亡和财产损失,经协商或经法院判决,由挂靠车辆的实际车主对第三者进行了赔偿,第三者也向实际车主出具了赔偿凭证。如果由被挂靠单位向保险公司索赔,则保险理赔就会出现两种可能性:一种是保险公司会选择拒绝赔偿,其理由是,从相关赔偿凭证来看,履行赔偿义务的主体并非是被保险人即被挂靠单位,被保险人并未因事故的发生遭受任何损失,无损失即无需补偿,被挂靠单位不能向保险公司请求赔偿金;另一种是保险公司会选择赔偿,其理由是被挂靠单位为保险合同中的被保险人,被保险人享有保险金请求权。如果由实际车主向保险公司索赔,则保险理赔又会出现两种可能性:一种是保险公司会选择拒绝赔偿,其理由是,实际车主并非是被保险人,不能受到保险合同的保障,因此无权向保险公司请求保险金;另一种是保险公司会选择赔偿,其理由是,保险公司前期已收取了保险费,且车辆挂靠的情况保险公司前期也都是知悉的,而且保险事故已经发生,赔偿是肯定的,只是赔偿的主体有瑕疵。

在本案中,车辆以运输有限公司的名义登记入户,《中华人民共和国物权法》第二十四条规定:船舶、航空器和机动车等物权的设立、变更、转让和消灭,未经登记,不得对抗善意第三人。故当运输公司向保险公司投保时,保险公司根据车辆登记证明有理由相信,登记车主运输公司是车辆的所有者与经营者,并据此在保险单正本中明确列明其为被保险人。根据合同的相对性原理,该保险合同只应约束运输公司和保险公司,故有权请求保险金赔偿的只能是运输公司,即保单上的被保险人。至于运输公司是否向秦某转交保险赔偿金应基于他们之间的约定,与保险合同无关。秦某虽然在法理上无权向保险公司提出索赔,也不具备诉讼主体资格,但鉴于车辆挂靠经营在我国普遍存在,出于市场声誉的考虑,最终选择赔偿给秦某保险金85000元的做法是明智的。至于保险公司担心的可能存在向实际车主赔付,又遭法律文件上登记的、名义上的车主索赔的抗辩理由,保险公司可以通过由诉讼双方当事人向法院申请将挂靠的公司追加为第三人参与诉讼的方式来解决问题。

5. 人身保险中的保险利益

《保险法》第三十一条规定:投保人对下列人员具有保险利益:(一)本人;(二)配偶、子女、父母;(三)前项以外与投保人有抚养、赡养或者扶养关系的家庭其他成员、近亲属;(四)与投保人有劳动关系的劳动者。除前款规定外,被保险人同意投保人为其订立合同的,视为投保人对被保险人具有保险利益。

订立合同时,投保人对被保险人不具有保险利益的,合同无效。

 特别提示

《保险法司法解释(二)》第二条规定:人身保险中,因投保人对被保险人不具有保险利益导致保险合同无效,投保人主张保险人退还扣减相应手续费后的保险费的,人民法院应予支持。

6. 保险利益的时效

(1)旧《保险法》对保险利益时效的规定:投保人对保险标的应当具有保险利益。投保人对保险标的不具有保险利益的,保险合同无效。

因此,旧《保险法》要求投保人从保险合同订立到保险事故发生的全过程必须具有保险利益。只是在实际操作中对人身保险利益的时效只强调在订立合同时投保人必须具有保险利益。旧《保险法》只要求投保人对保险标的具有保险利益(被保险人×)。

 想一想

在2009年10月1日前,二手车转让后为什么要办理保险批改?

【案例1-3】

王先生在2007年购房时因资金不足,于是用自己的一辆广本雅阁作为抵押物向银行贷款15万元,贷款期为4年。

试问:①银行在进行抵押贷款时,能否对抵押品进行投保?

【法理分析】

因为,财产的抵押权人对抵押财产具有保险利益,所以,银行可以对雅阁轿车进行投保。

②若银行在第二年就收回了15万元贷款,但二年半后轿车受损,银行能否向保险公司索赔?

【法理分析】

因为当债务人清偿债务后,银行对轿车的权益消失,保险利益也随之消失,所以,银行得不到赔偿。

(2)新《保险法》对保险利益时效的规定。《保险法》第十二条第一、二款规定:人身保险的投保人在保险合同订立时,对被保险人应当具有保险利益。财产保险的被保险人在保险事故发生时,对保险标的应当具有保险利益。

《保险法》第三十一条规定:订立合同时,投保人对被保险人不具有保险利益的,合同无效。《保险法》第四十八条规定:保险事故发生时,被保险人对保险标的不具有保险利益的,不得向保险人请求赔偿保险金。

即:人身保险的投保人在保险合同订立时,对被保险人应当具有保险利益。订立合同时,投保人对被保险人不具有保险利益的,合同无效。

财产保险的被保险人在保险事故发生时,对保险标的应当具有保险利益。保险事故发生时,被保险人对保险标的不具有保险利益的,不得向保险人请求赔偿保险金。

特别提示

《最高人民法院关于审理保险纠纷案件若干问题的解释》第二条规定:财产保险合同订立时被保险人对保险标的具有保险利益但保险事故发生时不具有保险利益的,保险人不承担保险责任;财产保险合同订立时被保险人对保险标的不具有保险利益但发生保险事故时具有保险利益的,保险人应当依法承担保险责任。

人身保险合同订立时投保人对保险标的不具有保险利益的,保险合同无效;人身保险合同订立时投保人对保险标的具有保险利益但是保险事故发生时不具有保险利益的,不因此影响保险合同的效力。

【案例1-4】 抵押权人对抵押物有保险利益吗?

刘某与孔某同为公司业务员,1999年刘某从公司辞职后开始个体经营。开业之初,由于缺乏流动资金,刘某向孔某提出借款,并愿意按高于银行的利率计息,将自己的轿车作为抵押以保证按时还款。孔某觉得虽然刘某以汽车作为抵押,自己的债权较有保证,为以防万一,孔某要为车辆购买保险,刘某表示同意,双方到保险公司投保了车损险,为了方便,投保人和被保险人一栏中都写了孔某的名字。2000年初,刘某驾车外出,途中因驾驶不慎发生翻车,车辆遭到严重破坏几乎报废,刘某也身受重伤。得知事故后,孔某向保险公司提出索赔,认为该车的事故属于保险责任,保险公司应当赔偿。保险公司认为尽管该车的损失属于保险责任,但是被保险车辆并非孔某所有或使用的车辆,孔某对于车辆没有保险利益,根据《保险法》的规定,保险合同无效,保险公司应退还刘某所缴的保费,不承担赔偿责任。经过几天交涉未果,孔某将保险公司告上了法庭。试回答下列问题:

(1)本案中,孔某对车辆是否拥有保险利益?

【法理分析】

孔某对车辆具有保险利益。保险公司应当赔偿。

①孔某作为债权人,抵押的车辆是否完好将关系到抵押权能否实现,最终将决定债权能否得到清偿。

②保险车辆因意外事故已损毁(因刘某的原因损毁也行),导致了孔某的抵押权随之消灭。

(2)若抵押车辆是由于第三人原因导致灭失,并且刘某对第三人享有赔偿金请求权时,孔某对保险车辆有无保险利益?

【法理分析】

在这种情况下,孔某对投保车辆无保险利益,出险后也无权再向保险公司索赔。

根据《中华人民共和国担保法》第五十八条规定,孔某的抵押权已移至第三人的损害赔偿金上,对该损害赔偿金可优先受偿,即孔某的抵押权并没有灭失。

(3)对保险利益存在的时间,财产保险和人身保险要求有何不同?

【法理分析】

①财产保险的要求:财产保险的被保险人在保险事故发生时,对保险标的应当具有保险利益。

②人身保险的要求:人身保险的投保人在保险合同订立时,对被保险人应当具有保险利益。至于事故发生时有无保险利益并不重要。

7.保险标的转让中的保险利益

《保险法》第四十九条规定:保险标的转让的,保险标的的受让人承继被保险人的权利和义务。因保险标的转让导致危险程度显著增加的,保险人自收到前款规定的通知之日起30日内,可以按照合同约定增加保险费或者解除合同。保险人解除合同的,应当将已收取的保险费,按照合同约定扣除自保险责任开始之日起至合同解除之日止应收的部分后,退还投保人。保险标的转让的,被保险人或者受让人应当及时通知保险人,但货物运输保险合同和另有约定的合同除外。被保险人、受让人未履行通知义务的,因转让导致保险标的危险程度显著增加而发生的保险事故,保险人不承担赔偿保险金的责任。

特别提示

1.《最高人民法院关于审理保险纠纷案件若干问题的解释》第二十四条规定:《保险法》第四十九条中"转让"是指保险标的所有权的转移。但是被保险人转让保险标的而未实际交付的,保险合同继续有效。

2.《关于审理道路交通事故损害赔偿案件适用法律若干问题的解释》第四条规定:被多次转让但未办理转移登记的机动车发生交通事故造成损害,属于该机动车一方责任,当事人请求由最后一次转让并交付的受让人承担赔偿责任的,人民法院应予支持。

第六条又规定:拼装车、已达到报废标准的机动车或者依法禁止行驶的其他机动车被多次转让,并发生交通事故造成损害,当事人请求由所有的转让人和受让人承担连带责任的,人民法院应予支持。

(1) 新旧《保险法》对标的转让是否引起保险合同转让的规定的对比：

旧法：采用属人原则，即标的的转让未经保险人同意，原保险合同对受让人不生效。原车主在卖车前、后均可提出退保。

新法：采用绝对当然继受主义，即标的转让后原保险合同对受让人生效。原车主在卖车前可以提出退保，但在卖出后就不可以再提出退保申请。

(2) 新旧《保险法》对标的转让赋予保险人重新评价风险机会的时机对比：

旧法：赋予保险人重新评价风险的机会在事前，即保险标的转让发生前。导致过户后至批改前的保险真空期。

新法：赋予保险人重新评价风险的机会在事后，即保险标的转让发生后。事后评价不会发生保险真空期。

(3) 新旧《保险法》对标的转让保险人批改的时限规定对比：

旧法：保险人收到被保险人标的转让通知后的批改没有时限规定。

新法：保险人自收到被保险人标的转让通知后的批改，若仅变更被保险人，则批改没有时限规定；但若需增加保费或解除合同，则批改有时限规定，即30日内。

(4) 新旧《保险法》对标的转让批改增加保费或解除合同的条件对比：

旧法：增加保费或解除合同不需要条件。

新法：增加保费或解除合同必须满足转让导致标的危险程度显著增加。

【案例1-5】 车辆转让但未过户，是否有权索赔？

陈某就其所有的轿车向保险公司投保了机动车辆保险，被保险人为张某。2013年9月28日，张某将该车转让给李某，双方签订买卖合同但未办理车辆过户登记手续。2013年11月23日，李某驾驶该轿车撞到路边桥墩造成车辆受损。之后，李某向保险公司索赔。因为车辆未过户，保险公司内部对于该起事故应否赔偿产生分歧。一种意见认为应当赔偿。理由是虽然车辆未过户，但张某和李某已经签订买卖合同且车辆已经交付李某，车辆已经由李某控制。根据《保险法》第四十九条第一款规定："保险标的转让的，保险标的的受让人承继被保险人的权利和义务。"李某有权承继被保险人张某的权利向保险公司索赔。另一种意见认为：《保险法》第四十九条所称的"转让"，对于车辆来说，是指办理完毕车辆过户登记手续。本案双方虽然签订了买卖合同，但并未办理转移登记，所以本案不适用《保险法》第四十九条，李某无权向保险公司索赔。

【法理分析】

(1)《保险法》第四十九条"转让"是指以转移标的物所有权为目的的债权行为。

物权反映的是人对物的排他的绝对的支配权利，是人与物之间的一种静态的法律关系；而债权反映的是人与人之间基于物的流转而产生的涉及财产利益的动态法律关系。此处的"转让"应理解为"以转移标的物所有权为目的"的债权行为，是指债权合同当事人之间动态的财产流转关系。这种动态关系的主要外在表现：①合同关系的成立并生效；②实际履约行为（即"交付"）的存在，具体到保险合同关系，应重点考查"对标的物的占有状态"是否已发生改变，因为这涉及保险标的物所面临的危险程度会否增加的问题。由于所有权本身与其具体的占有、使用、收益和处分的权能可以相分离，即使财产所有权不变，相关财产的占有人也可能发生变化。所以，影响被保险标的物所面临危险程度的关键性、决定性因素，不是相关财产所有权的归属,而是对相关财产占有之事实状态的具体情形是否发生了变化。

此外,根据文义解释原则,如果该条第一款中的"转让"要表达或强调的是"财产所有权归属的变化"这一层意思,那么,应当表述为:"保险标的的物权发生变更的……"

(2)车辆转让以交付为标志。

《中华人民共和国物权法》第二十三条规定:"动产物权的设立和转让,自交付时发生效力,但法律另有规定的除外。"

《中华人民共和国物权法》第二十四条规定:"船舶、航空器和机动车等物权的设立、变更、转让和消灭,未经登记,不得对抗善意第三人。"

根据上述规定,动产所有权的移转,除法律另有规定或当事人另有约定外,以交付为标志。机动车辆虽有登记管理制度,但仍属于动产范畴,除非当事人另有约定(比如所有权保留)否则一经交付即产生转移所有权的法律效果。而登记行为只是产生对抗效力。经过登记的转让可以对抗善意的第三人,而未经登记的转让不产生对抗善意第三人的效力。

《最高人民法院关于审理道路交通事故损害赔偿案件适用法律若干问题的解释》第四条规定:"被多次转让但未办理转移登记的机动车发生交通事故造成损害,属于该机动车一方责任,当事人请求由最后一次转让并交付的受让人承担赔偿责任的,人民法院应予支持。"从该条规定看,"最后一次转让并交付的受让人"对转让标的物享有实际管领和控制的权利,便应依法承担相应法律义务。该条司法解释规定,也表明车辆转让虽未办理转移登记,但一经交付即产生转移所有权的法律效果。

(3)本案中,李某有权向保险公司索赔。

本案中,张某和李某签订买卖合同,李某支付了转让费用给张某,车辆已经交付李某,表明张某和李某之间有"以转移车辆所有权为目的"的债权行为。车辆交付后,所有权已经转移给李某。李某有权承继被保险人张某的权利向保险公司索赔。

特别提示

1. 过户未批改前,原保险合同对受让人已经生效,不存在保险真空期。

2. 因标的转让需增加保费或解除合同的,保险人必须在收到转让通知之日的30天内作出,否则视弃权。

3. 过户未批改的拒赔须满足转让导致保险标的危险程度显著增加。

二、最大诚信原则

任何一项民事活动,各方当事人都应遵循诚信原则,诚信原则是世界各国立法对民事、商事活动的基本要求。保险经营活动中信息的不对称,要求当事人具有"最大诚信"。

最大诚信原则的内容包括:告知、保证、弃权和禁止反言四项。其中,告知对合同双方均有约束,保证只约束投保人或被保险人,而弃权和禁止反言约束的是保险人。

1. 告知

投保人有如实告知义务,它包括合同订立时、标的的危险程度显著增加时、标的转让时、重复保险时和事故发生时的告知义务。保险人有说明义务。

1) 投保时的告知义务

投保人：有如实告知义务。在保险合同订立时，投保人应将那些足以影响保险人决定是否承保和确定费率的重要事实如实告知保险人。如在财产保险中，应将保险标的的价值、品质和风险状况等如实告知保险人。但我国采用的是"询问回答告知"方式。《保险法》第十六条第一款规定："订立保险合同，保险人就保险标的或者被保险人的有关情况提出询问的，投保人应当如实告知。"当然，询问的方式包括口头形式与书面形式。

友情小贴示

投保人应告知的内容：

1. 《保险法司法解释（二）》第五条规定：保险合同订立时，投保人明知的与保险标的或者被保险人有关的情况，属于《保险法》第十六条第一款规定的投保人"应当如实告知"的内容。

2. 《保险法司法解释（二）》第六条规定：投保人的告知义务限于保险人询问的范围和内容。当事人对询问范围及内容有争议的，保险人负举责任。保险人以投保人违反了对投保单询问表中所列概括性条款的如实告知义务为由请求解除合同的，人民法院不予支持。但该概括性条款有具体内容的除外。

3. 《最高人民法院关于审理保险纠纷案件若干问题的解释》第九条规定：《保险法》第十六条规定的投保人"如实告知义务"仅限于保险人"提出询问"的投保人知道或者应当知道的事项。保险人设计的投保单和风险询问表，视为保险人"提出询问"的书面形式。告知义务的履行限于保险合同成立前。保险合同成立后，投保人、被保险人履行告知义务的，保险人没有异议的，保险人不得因此解除合同。

特别提示

投保人未履行告知义务的后果：

1. 如果投保人故意或重大过失未履行如实告知并且足以影响保险人决定是否同意承保或者提高保险费率的，保险人有权解除合同。但《保险法司法解释（二）》第七条又规定：保险人在保险合同成立后知道或者应当知道投保人未履行如实告知义务，仍然收取保险费，又依照《保险法》第十六条第二款（上述条款）的规定主张解除合同的，人民法院不予支持。

2. 如果投保人故意未履行如实告知义务，对于合同解除前发生的保险事故，不承担赔偿或者给付保险金的责任，并不退还保险费；如果投保人因重大过失未履行如实告知义务并且对保险事故的发生有严重影响的，保险人对于合同解除前发生的保险事故，不承担赔偿或者给付保险金的责任，但应当退还保险费。但《保险法司法解释（二）》第八条又规定：保险人未行使合同解除权，直接以存在《保险法》第十六条第四款、第五款(上述条款)规定的情形为由拒绝赔偿的,人民法院不予支持。但当事人就拒绝赔偿事宜及保险合同存续另行达成一致的情况除外。

《最高人民法院关于审理保险纠纷案件若干问题的解释》第十条规定:《保险法》第十六条第五款(上述条款)规定的"严重影响",是指未告知的事项为发生保险事故主要的、决定性的原因。如果保险事故的发生并非投保人未告知的重大事项引起,可以认定该未告知的事项对保险事故的发生没有"严重影响",保险人不得以投保人未告知为由解除保险合同或者不承担保险责任。

3. 如果保险人在合同订立时已经知道投保人未如实告知的情况的,保险人不得解除合同;发生保险事故的,保险人应当承担赔偿或者给付保险金的责任。

4. 但保险公司的合同解除权,自保险人知道有解除事由之日起,超过30日不行使而消灭。自合同成立之日起超过2年的,保险人不得解除合同。

在保险实务中,应特别注意以下三种情况:

(1)保险代理人在投保单上的"代签名"行为是一种违规销售行为,可能影响投保人的如实告知义务。

(2)保险经纪人不得阻碍投保人履行如实告知义务或者诱导其不履行如实告知义务。

《保险法》第一百三十一条:"保险代理人、保险经纪人及其从业人员在办理保险业务活动中不得有下列行为:(三)阻碍投保人履行本法规定的如实告知义务,或者诱导其不履行本法规定的如实告知义务。"

《保险经纪机构管理规定》第九十五条:"保险经纪机构、保险经纪分支机构及其业务人员在开展经纪业务过程中,不得有下列欺骗保险公司、投保人、被保险人或者受益人的行为:(三)阻碍投保人履行如实告知义务或者诱导其不履行如实告知义务。"

(3)保险经纪人不能代替投保人履行如实告知义务。

保险经纪人不是如实告知义务的履行主体。从《保险法》第十六条的规定看,"如实告知"义务的履行主体是投保人,保险经纪人不是履行主体。保险经纪人虽为投保人的代表,但并不是投保人的所有义务都可以代为履行。如保险公司为调查标的风险状况所做的风险调查表,应当由投保人填写并加盖印章,不能由保险经纪人代为填写内容并加盖保险经纪公司印章。

对于保险标的的风险状况,较之于经纪人,投保人更为掌握。在履行如实告知义务时,由投保人直接向保险人告知有关事项,较之于投保人告知保险经纪人,再由保险经纪人转达给保险人,更为直接、全面、清晰,保险人能更好地进行风险状况分析并做出判断。

上述两点理由,可以解释为何《保险法》第一百三十一条和《保险经纪机构管理规定》第九十五条中,在涉及投保人履行如实告知义务时,使用的是保险经纪人不得有"阻碍投保人履行"或者"诱导其不履行如实告知义务"的措辞。

【案例1-6】 保险代理人"代签名"影响投保人如实告知。

投保人张某于2011年1月22日为其儿子张小某向某保险公司投保了一份重大疾病保险,保险金额为10万元。2012年11月1日张小某在学校早自习期间突然出现口吐白沫和抽搐现象,先后被送到东海县人民医院和连云港市第一人民医院抢救,在连云港市第一人民医院诊断为"左侧颞叶脑出血破入脑室形成脑疝",中枢功能衰竭身故。投保人向该保险公司申请索赔,保险公司经过核查后发现张小某存在脑血管畸形病史,并且在投保时没有如实告知,遂作出拒赔的决定。投保人张某则认为保险公司的拒赔没有理由,提出"投保时投保人没有看到投保单上的健康告知内容,只是交了保险费给代理人,投保单的告知项目不是投保人所填写,投保人签字一栏也不是投保人本人所签,所以投保人无法尽到如实告知的义务,是因为保险公司没有尽到询问义务",遂于2013年7月1日向法院起诉。

庭审中原告认为"投保人的告知义务是建立在保险公司的询问基础之上,也就是说没有询问就没有告知。投保人投保时没有看到投保单上的健康告知内容,只是交了保费给代理人且投保单上的告知项目和签字一栏均不是投保人本人所签。所以投保人无法尽到如实告知义务的原因是由于保险公司没有尽到询问的义务"。对原告提出的代签名说法,保险公司经核实对比,发现投保人的签字和投保单上的签字差别较大,所以放弃了笔迹鉴定申请。也就是说,保险公司承认了投保单上的签字为非投保人签名。

本案经法院调解双方达成了如下协议:一、被告保险公司于2013年11月20日前一次性赔偿原告张某7万元,原告自愿放弃其他诉讼请求;二、本案审结后,原、被告不再有其他任何纠纷。本案受理费1590元由原告自愿承担。

事后,因代理人违规代签名的行为致使保险公司承担了原本不应承担的责任,保险公司将代理人诉至法院,要求代理人赔偿损失。后经法院调解,该代理人愿意承担理赔款的50%,即赔偿保险公司35000元,双方达成了调解协议。

【法理分析】

本案的争议焦点在于投保人是否尽到了如实告知义务。

①本保险合同合法有效。

《保险法司法解释(二)》第三条规定:"投保人或者投保人的代理人订立保险合同时没有亲自签字或者盖章,而由保险人或者保险人的代理人代为签字或者盖章的,对投保人不生效。但投保人已经缴纳保险费的,视为其对代签字或者盖章行为的追认。保险人或者保险人的代理人代为填写保险单证后经投保人签字或者盖章确认的,代为填写的内容视为投保人的真实意思表示。"

本案中,因投保单签名栏处的签名是由代理人所签而非投保人本人所签,所以属于所谓的"代签名"问题。但由于投保人事后缴纳了保险费,根据法律规定,投保人张某缴纳保险费的行为属于事后对代签字的追认,所以,本保险合同合法有效。

②投保人在投保时的告知义务仅限于询问回答告知。

《保险法》第十六条第一款规定:"订立保险合同,保险人就保险标的或者被保险人的有关情况提出询问的,投保人应当如实告知。"据此规定,投保人的如实告知义务确实是建立在保险公司主动询问基础上的。保险公司不询问,投保人也就不存在告知义务,但海上保险除外。保险公司的询问方式分为口头和书面两种。

本案中,保险公司是否采用了口头询问方式,双方都无法举证。但书面询问方式结合本保险合同,体现在投保单上的健康告知一栏,但由于健康告知栏的填写及投保单签名栏处的签名均为保险代理人所为,所以,保险公司无法证明在投保时对投保人进行了相关的询问,相当于保险公司已免除了投保人的告知义务。

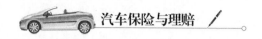

③带病投保,保险公司可以拒赔。

《保险法》第十六条第二款规定:"投保人故意或者因重大过失未履行前款规定的如实告知义务,足以影响保险人决定是否同意承保或者提高保险费率的,保险人有权解除合同。"第四款规定:"投保人故意不履行如实告知义务的,保险人对于合同解除前发生的保险事故,不承担赔偿或者给付保险金的责任,并不退还保险费。"据此规定,如果投保人明知被保险人在投保前存在既往病史而故意不如实告知的,保险公司当然有权拒绝承担保险责任。

④代签名行为可能影响投保人的如实告知义务。

由于我国《保险法》采用的是"询问回答"告知方式,而"询问回答告知"的责任和义务是双方面的,投保人的如实告知义务是建立在保险公司的询问基础之上,保险公司的询问主体是保险代理人等保险相关的销售人员,保险代理人是否规范开展业务直接决定了保险公司是否尽到了询问的义务。

本案中,虽然客户是带病投保,但健康告知栏的填写及投保单签名栏处的签名均为保险代理人所为而非投保人本人,因为保险公司无法证明在投保时对投保人进行了相关的询问,所以投保人也没有义务将既往病史告知保险公司,保险公司的拒赔理由不成立,由法院调解的调解协议是合理的。

保险人:有明确说明义务,即不仅要列明在合同中,而且要对主要条款、责任免除等作出提示解释。订立保险合同时如果保险人提供的是格式条款的,保险人向投保人提供的投保单应当附格式条款;保险人应当在投保单、保险单或其他保险凭证上作出足以引起投保人注意的提示;保险人应当向投保人说明合同的内容,对免责条款内容要求以书面或口头形式向投保人作明确说明,未作提示或者明确说明的,该条款不产生效力。

《最高人民法院关于审理保险纠纷案件若干问题的解释》第十一条规定:《保险法》第十七条(上述条款)中的"明确说明"是指,保险人在与投保人签订保险合同时,对于保险合同中所约定的有关保险人责任免除条款,应当在保险单上或者其他保险凭证上对有关免责条款作出能够足以引起投保人注意的提示,并且应当对有关免责条款的内容以书面或口头形式向投保人作出解释。保险人对是否履行了明确说明义务承担举证责任。保险合同中免责条款本身,不能证明保险人履行了说明义务。保险公司的分支机构与投保人订立保险合同时,不因其他分支机构已与该投保人订立有同类保险合同而可以不履行《保险法》第十八条规定的"明确说明"义务。

《最高人民法院关于审理保险纠纷案件若干问题的解释》第十三条规定:保险合同中约定有关保证条款的,保险人应当参照《保险法》第十七条的规定在订立合同时向投保人或者被保险人明确说明,未明确说明的,该条款不产生效力。

 特别提示

1.《保险法司法解释(二)》第九条规定:保险人提供的格式合同文本中的责任免除条款、免赔额、免赔率、比例赔付或者给付等免除或者减轻保险人责任的条款,可以认定为《保险法》第十七条第二款规定的"免除保险人责任的条款"。保险人因投保人、被保险人违反法定或者约定义务,享有解除合同权利的条款,不属于《保险法》第十七条第二款规定的"免除保险人责任的条款"。

2.《保险法司法解释(二)》第十条规定:保险人将法律、行政法规中的禁止性规定情形作为保险合同免责条款的免责事由,保险人对该条款作出提示后,投保人、被保险人或者受益人以保险人未履行明确说明义务为由主张该条款不生效的,人民法院不予支持。

3.《保险法司法解释(二)》第十一条规定:保险合同订立时,保险人在投保单或者保险单等其他保险凭证上,对保险合同中免除保险人责任的条款,以足以引起投保人注意的文字、字体、符号或者其他明显标志作出提示的,人民法院应当认定其履行了《保险法》第十七条第二款规定的提示义务(注:《保险法》只明确了保险人的提示义务,而《保险法司法解释二》则进一步明确了保险人提示的形式,即保险从可以用文字、字体、符号或者其他明显标志作出提示)。保险人对保险合同中有关免除保险人责任条款的概念、内容及其法律后果以书面或者口头形式向投保人作出常人能够理解的解释说明的,人民法院应当认定保险人履行了《保险法》第十七条第二款规定的明确说明义务(注:《保险法》只明确了保险人的提示和说明义务,而《保险法司法解释二》则进一步明确了保险人说明义务的具体含义及标准,即要作出解释说明且解释要做到常人能够理解,而不仅仅做到投保人能理解)。

4.《最高人民法院关于审理保险纠纷案件若干问题的解释》第八条规定:保险人根据《保险法》第十七条第一款的规定,向投保人说明保险合同条款内容时,应当以普通人能够理解的程度为限,但是可以根据投保人的投保经验作不同程度的解释。

想一想

如果仅有"投保人声明栏"中投保人的签名/盖章,保险公司是否已尽到了《保险法司法解释二》中规定的明确说明义务?

《保险法司法解释(二)》第十三条规定:"投保人对保险人履行了符合本解释第十一条第二款要求的明确说明义务在相关文书上签字、盖章或者以其他形式予以确认的,应当认定保险人履行了该项义务。但另有证据证明保险人未履行明确说明义务的除外。"因此,为了避免保险人以后的艰难举证,仅有"投保人声明栏"中投保人的签名/盖章是远远不够的,因为"投保人声明栏"中只有"保险人已将保险条款向本人做了明确说明"的字样,而并没有关于如何做了明确说明的内容,为此,保险公司最好制作一份"保险人免责条款说明"并一式两份,预留投保人签字的栏目并递交投保人签字后,保险人保留一份并附在保险合同中,以此作为保险公司已履行了明确说明义务的书面凭证。

在保险实务中,应特别注意电子保单中保险人的说明义务。随着信息技术的发展,网销逐渐成为一种重要的保险业务拓展形式和营销手段,电子保单应运而生。电子保单是借助电子签名软件和企业数字证书,以电子文书形式替代传统纸质保单,实现保险产品线上交易的现代化保险契约。目前,在车险业务中主要是采用将投保、缴费、核保和出单等全流程均在网上自助实现的一种网上业务。在网上业务中,当投保人进行网上投保操作时,网页会显示包含保险条款、免责说明等内容的投保须知,投保人必须点击"已阅读"后,才能进入到核保、缴费和保单生效等环节。在实际操作中,目前绝大多数保险公司在网上履行说明义务时多将保险条款和免责说明以"链接"的形式展现给投保人,如果投保人没有点击"链接"阅读具体内容,系统也允许直接点击"已阅读"进入后续操作。此举是否可以认定保险人履行了说明义务呢?未必。首先,链接阅读的方式使投保人并不必然经过保险条款和免责条款的阅读环节,无法引起投保人的充分重视;其次,保险条款的罗列并不能等同于条款的明确说明,保险人除提示投保人阅读外,还应主动就免责条款等具体内容作出进一步的解释;最后,"投保人声明"同样属于保险合同的格式内容,势必使投保人处于劣势地位,故不宜作为保险人已履行说明义务的证据。因此,现阶段大多数保险公司在开展电子保单业务时履行说明义务的方式并非十分合理,在机制设计方面有待改进。所以,保险公司应优化条款说明方式,强制投保人阅读保险条款与免责条款,将以往选择性阅读的"链接"方式变为投保流程中的必经环节,并在阅读页面设置强制停留一段合理的时间后才允许点击"继续"。

2013年6月8日起施行的《保险法司法解释(二)》第十二条规定:"通过网络、电话等方式订立的保险合同,保险人以网页、音频、视频等形式对免除保险人责任条款予以提示和明确说明的,人民法院可以认定其履行了提示和明确说明义务。"

【案例1-7】 保险公司履行了明确说明义务合同有效。

2011年4月20日,郑某为其所有的车辆向平安财险北京分公司投保了车辆保险,保险期限自2011年5月25日零时起至2012年5月24日24时止。2011年11月23日19时30分,郑某的母亲邵某驾驶保险车辆外出至G102线830km+150m时,因路面有冰雪造成车辆侧滑,撞到路边护栏上,导致车辆损坏、邵某受轻伤。铁岭县交警大队认定邵某承担全部责任。2011年11月24日,铁岭市汽车维修救援中心将保险车辆拖至北京五环某4S店,发生拖车费7500元。2012年1月24日,该店出具修车明细,预估修车总价为198047.27元。

郑某向保险公司申请索赔,保险公司经向当事人详细询问,了解到车辆出险时,驾驶人邵某所持驾驶证超过有效期,根据保险条款约定保险公司不承担赔偿责任,故不同意郑某的诉讼请求,向郑某送达了《机动车辆保险拒赔通知书》。郑某认为保险合同合法有效,保险公司的行为违反合同约定,故起诉要求保险公司向郑某给付车辆损失198047.27元、拖车费7500元、租车费12000元,并承担本案诉讼费用。

双方争议的焦点主要有两个,一是保险事故发生时,邵某持有的驾驶证是否在有效期内;二是郑某在投保时,保险公司是否对于包括免责条款在内的保险条款向郑某履行了明确说明义务。法院经审理查明:在保险公司提交的《机动车辆投保单》上,邵某代理郑某对于投保人声明栏内"本人确认已经收到了《平安机动车辆保险条款》,且贵公司已向本人详细介绍了条款的内容,特别就黑体字部分的条款内容和手写或打印版的特别规定内容做了明确说明,本人已完全理解并同意投保"的内容签字予以确认,且上述字体采取足以引起投保人注意的加粗加黑字体方式印刷,应当认定平安保险公司已经履行了法定的明确说明义务。法院认定,郑某与保险公司之间的保险合同为有效合同,包括免责条款在内的保险条款构成保险合同的组成部分,对各方当事人均具有约束力。

经法院调查,保险车辆驾驶人邵某持有的机动车驾驶证所载初次领证日期为2005年11月16日,驾驶证有效期为6年,于2011年11月16日到期。邵某于2011年11月25日换领新驾驶证,未按规定换领新驾驶证,而保险事故的发生时间为2011年11月23日。据此可以认定保险事故发生时,邵某持有的驾驶证已经超过有效期。保险公司根据条款中约定的"发生事故时,保险车辆驾驶人的驾驶证丢失、损毁、超过有效期或被依法扣留、暂扣期间或计分达到12分,仍驾驶机动车的,保险公司不负赔偿责任"的约定予以拒赔,法院予以支持。根据《保险法》第十条、第十七条之规定,判决驳回郑某的诉讼请求。

【法理分析】

《保险法》第十七条第二款规定:"对保险合同中免除保险人责任的条款,保险人在订立合同时应当在投保单、保险单或者其他保险凭证上作出足以引起投保人注意的提示,并对该条款的内容以书面或者口头形式向投保人作出明确说明;未作提示或者明确说明的,该条款不产生效力。"据此说明,保险人对"免责条款"在保险单或者其他保险凭证上有提示义务和采用口头或书面形式的说明义务,但法律并没有对保险人说明义务的具体含义及标准进行明确。

《最高人民法院研究室关于对〈保险法〉第17条规定的"明确说明"应如何理解的问题的答复》中明确规定,这里的"明确说明"是指保险人在与投保人签订保险合同之前或者签订保险合同之时,对于保险合同中所约定的免责条款,除了在保险单上提示投保人注意外,还应当对有关免责条款的概念、内容及其法律后果等,以书面或者口头形式向投保人或其代理人作出解释,以使投保人明了该条款的真实含义和法律后果。据此说明,《答复》规定了保险人对"免责条款"说明义务的具体含义,但仍未涉及说明的具体标准。

2013年6月8日起施行的《保险法司法解释(二)》第十一条第二款规定:"保险人对保险合同中有关免除保险人责任条款的概念、内容及其法律后果以书面或者口头形式向投保人作出常人能够理解的解释说明的,人民法院应当认定保险人履行了《保险法》第十七条第二款规定的明确说明义务。"据此说明,保险人的解释说明标准是既要作出解释说明且解释要做到常人能够理解,不仅仅做到投保人能理解。

本案中,由于郑某和保险公司签订保险合同的行为发生在2011年,显然只适用于2009版《保险法》中的规定,而不适用于《保险法司法解释(二)》。而邵某与郑某为母子关系,从邵某代理郑某在投保单的声明栏内签字确认的情况可以看出,保险公司在履行明确说明义务方面做得比较规范,所以法院认定保险公司已经履行了法定的明确说明义务是合理合法的。

但如果该保险合同的签订是发生在2013年6月8日实施的《保险法司法解释(二)》之后,投保单声明栏内邵某的签字行为并不意味着保险人已完全履行了明确说明义务,因为由邵某签过名的声明栏只代表保险公司对免责条款作过解释说明,但并没有关于如何做明确说明的内容,一旦发生争议,保险人将很难举证自身履行了该项义务。

2)合同成立后的告知义务

由于在保险实务中一般采用的是狭义的告知,所以,在保险合同成立后的告知一般被称为通知。

投保方:在下列四种情况下有通知义务。

(1)标的的危险程度显著增加时应及时通知保险人。

《保险法》第五十二条规定:在合同有效期内,保险标的的危险程度显著增加的,被保人应当按照合同约定及时通知保险人,保险人可以按照合同约定增加保险费或者解除合同。保险人解除合同的,应当将已收取的保险费,按照合同约定扣除自保险责任开始之日起至合同解除之日止应收的部分后,退还投保人。

被保险人未履行前款规定的通知义务的,因保险标的的危险程度显著增加而发生的保险事故,保险人不承担赔偿保险金的责任。

《最高人民法院关于审理保险纠纷案件若干问题的解释》第二十五条规定:在合同有效期内,保险标的的危险程度显著增加,被保险人未通知保险人的,保险人对与保险标的的危险程度显著增加无关的因素而发生的保险事故应承担保险责任,保险人不得依据《保险法》第五十二条的规定以被保险人未履行"通知"义务为由拒绝承担保险责任。

【案例1-8】 标的危险程度显著增加未尽通知义务遭拒赔。

余某为其所有的一辆丰田轿车向人保财险绍兴市分公司投保了交强险、家庭自备车车损险、商三险及不计免赔险。在保险期内,发生了由顾某驾驶的被保险车辆在慈溪某地与一骑二轮摩托车的熊某相撞的道路交通事故。后经交警认定,顾某负本次事故的主要责任。双方因赔偿问题的不一致而诉至慈溪市人民法院。

经一审法院审理,最终判决:由人保财险绍兴市分公司在交强险责任限额内赔付熊某12万元,顾某赔付38.55万元,余某支付了车辆维修费6.33万元。余某与熊某在向人保财险绍兴市分公司索赔车辆修理费和商三险赔款遭拒后,遂向上虞市人民法院提起上诉,要求保险公司在商业车损险内赔偿车辆修理费6.33万元,商三险内赔付38.55万元,合计44.88万元。

人保财险绍兴市分公司在接到诉讼案件后,立即收集有关证据材料,并聘请了律师出庭应诉。保险公司辩称:

①在一审法院审理案卷中,有余某提供的将车租赁给杜某使用的合同,属于以家庭自用车从事租赁业务,改变了车辆的使用性质而未通知保险公司,后杜某借车给顾某使用时出险,因危险程度显著增加而发生的保险事故,属于《保险法》和保险合同规定的免责理由,保险公司不承担赔偿责任;

②人保财险绍兴市分公司出具的保险单重要提示栏中,对投保人在保险期内因保险车辆危险程度显著增加应书面通知保险人的义务,已经以书面形式进行提示,履行了免责条款的告知义务,因此不必承担该车的修理费和商三险赔款。

二审法院认可了人保财险绍兴市分公司的答辩理由,认为余某的车辆使用性质变更导致了危险程度显著增加,而未通知保险公司,保险公司的拒赔理由成立,不必承担赔偿余某车辆的修理费和商三险赔款共计44.88万元。

(2)标的转让时被保险人或受让人应及时通知保险人。

(3)事故发生后应当及时通知保险人。

《保险法》第二十一条规定:投保人、被保险人或者受益人知道保险事故发生后,应当及时通知保险人。故意或者因重大过失未及时通知,致使保险事故的性质、原因、损失程度等难以确定的,保险人对无法确定的部分,不承担赔偿或者给付保险金的责任,但保险人通过其他途径已经及时知道或者应当及时知道保险事故发生的除外。

《最高人民法院关于审理保险纠纷案件若干问题的解释》第十五条规定:投保人、被保险人或者受益人知道保险事故发生后,在合理的时间内通知保险人,即履行了《保险法》第二十一条第一款规定的"及时通知"义务。未及时通知的,不影响保险人的保险责任,但保险合同另有约定的除外。保险人以未及时为由不承担责任的主张,人民法院不予支持。

【案例1-9】 协商处理轻微交通事故也应及时通知保险公司。

刘某就其所有的小轿车向甲地平安保险公司投保了车损险等,后因工作需要去乙地工作2个月,刘某将该车辆也带到乙地使用。在保险期限内的2013年5月4日,刘某驾车和对面张某驾驶的长途货运车辆相撞,两车受损,刘某车辆损失明显比张某车辆损失严重。双方对于事故的成因无异议,在撤离现场后,双方协商处理赔偿事宜,同意双方负事故同等责任,各自维修自己的车辆。

刘某于2013年6月3日回到甲地后向A保险公司提出要求赔偿修理费4000元。保险公司认为,刘某通过协商处理事故,没有及时通知保险人,而张某已经无法联系到,本次事故的真实性证据欠缺,因此刘某承担同等责任是否恰当无法客观认定,故不同意赔偿。而刘某认为,根据有关法律规定,自己有权和张某协商处理交通事故,自己车辆损失是客观存在的,所以保险公司应当赔偿。后经沟通协商,保险公司在车损险项下赔偿刘某1000元。

【法理分析】

①协商处理交通事故损害赔偿的法律依据。

《中华人民共和国道路交通安全法》(以下简称《道路交通安全法》)第七十条第二款规定:"在道路上发生交通事故,未造成人身伤亡,当事人对事实及成因无争议的,可以即行撤离现场,恢复交通,自行协商处理损害赔偿事宜;不即行撤离现场的,应当迅速报告执勤的交通警察或者公安机关交通管理部门。在道路上发生交通事故,仅造成轻微财产损失,并且基本事实清楚的,当事人应当先撤离现场再进行协商处理。"

《道路交通安全法实施条例》第八十六条第二款规定:"机动车与机动车、机动车与非机动车在道路上发生未造成人身伤亡的交通事故,当事人对事实及成因无争议的,在记录交通事故的时间、地点、对方当事人的姓名和联系方式、机动车牌号、驾驶证号、保险凭证号、碰撞部位并共同签名后,撤离现场,自行协商损害赔偿事宜。"

本案中,刘某驾车和对面张某驾车相撞发生交通事故,仅车辆损失而无人身伤亡,刘某、张某同意对于事故负同等责任则表明双方对于事故成因无争议。所以,刘某和张某可以自行协商损害赔偿事宜。

②相关义务人通知保险公司既是法定义务又是合同义务。

a. 履行保险事故发生时的通知义务,是《保险法》的要求。《保险法》第二十一条规定:"投保人、被保险人或者受益人知道保险事故发生后,应当及时通知保险人。故意或者因重大过失未及时通知,致使保险事故的性质、原因、损失程度等难以确定的,保险人对无法确定的部分,不承担赔偿或者给付保险金的责任,但保险人通过其他途径已经及时知道或者应当及时知道保险事故发生的除外。"

b. 及时通知保险人自行协商处理事故,是保险合同的约定义务。保险条款作为保险合同的组成部分,对于当事人选择自行协商方式处理事故的,明确被保险人应及时通知保险人。《09-B款车损险》条款第二十五条规定:"发生的保险事故根据有关法律法规规定可以由当事人选择以自行协商方式处理的,被保险人应当及时通知保险人,保险人对被保险人自行承诺或支付的金额有权重新核定,并有权对其中无法核实的部分拒绝赔偿。"根据这一条款,当事人选择以自行协商方式处理保险事故,被保险人负有及时通知保险人的义务。

c.通知保险公司的必要性。

(a)利于保险公司确认事故真实性。《保险法》第二十一条给投保人、被保险人或者受益人设定了保险事故发生的通知义多,投保人、被保险人或者受益人履行通知义务可以使得保险人迅速调查事实真相,确认事故真实性、确认各方损失,为保险理赔做准备。

(b)有利于防止保险欺诈。当前,机动车辆保险理赔中的欺诈情况比比皆是。例如,制造虚假交通事故骗取保险金,事故发生后隐瞒无证驾车或酒后驾车等情况,由他人顶替违法驾驶等。打击保险欺诈行为,在相关义务人履行保险事故发生通知义务的基础上,保险人通过调查获取第一手资料,显然是最为基础性的工作。

(c)避免保险公司客户自行承诺或支付不应由其承担的费用,最终损害保险公司利益。交通事故发生后,一方当事人的强势或威胁,另一方因为要赶时间或者为息事宁人等原因,均可能使得事故责任划分的结果与客观事实不符合,双方自行协商的赔偿处理结果也可能不符合客观事实。这样一来,责任承担方无论是出于本意或者非本意,如果一旦自行承诺或者支付了不应由其承担的金额,则自己的承保公司就很可能需要在保险项下多承担赔偿责任。

本案中,刘某和张某协商处理损害赔偿事宜前,未及时通知保险公司,给保险公司进行事故真实性调查和损失认定造成障碍,就这一点刘某违反了合同约定。对于此类可以通过协商处理的交通事故,保险人应更加重视通过调查确认事故相关信息,避免因为客户自行协商而给保险人或自身利益造成损害。

(4)重复保险时应将有关情况通知保险人。

《保险法》第五十六条第一款规定:"重复保险的投保人应当将重复保险的有关情况通知各保险人。"

保险人:在下列三种情况下有告知义务。

①对于不属于保险责任的,保险人在拒赔时应当在作出核定之日3天内向被保险人或受益人发出拒赔通知书,并说明拒赔理由。

《保险法》第二十四条规定:"保险人依照本法第二十三条的规定作出核定后,对不属于保险责任的,应当自作出核定之日起3日内向被保险人或者受益人发出拒绝赔偿或者拒绝给付保险金通知书,并说明理由。"

②要求被保险人补充的索赔材料必须及时一次性明确告知。

《保险法》第二十二条第二款规定:"保险人按照合同的约定,认为有关的证明和资料不完整的,应当及时一次性通知投保人、被保险人或者受益人补充提供。"

③保险公司解除合同时应当书面通知对方。

《最高人民法院关于审理保险纠纷案件若干问题的解释》第七条规定:保险合同成立后,当事人一方依据保险法和本解释主张解除合同的,应当书面通知对方,保险合同自通知书送达对方时解除。协议解除的,保险合同自达成解除合同的协议时解除。合同另有约定的,依约定。

2.保证

所谓保证是指保险人要求投保人或被保险人对某一事项的作为或不作为或对某种事态

的存在或不存在作出许诺。保证是保险人签发保险单或承担保险义务,要求投保人或被保险人必须履行某种义务的条件,其目的在于控制风险,确保保险标的及周围环境处于良好的状态中。保证的内容属于保险合同的重要条款之一。

根据保证存在的形式可分为明示保证和默示保证两种,在大多数保险中均采用明示保证方式,即以文字或书面的形式直接在合同中载明。而默示保证在海上保险中运用比较多。如海上保险的默示保证有三项:船舶的适航保证、不得绕航保证和航行合法保证。

违反保证的法律后果:在保险活动中,由于保证的事项均属于重要事实,因而被保险人一旦违反保证的事项,保险合同即告失效,或保险人拒绝赔偿损失或给付保险金,而且除人寿保险外,保险人一般不退还保险费。

《最高人民法院关于审理保险纠纷案件若干问题的解释》第十二条规定:保险合同的当事人可以根据《保险法》第五条(注:保险活动当事人行使权利、履行义务应当遵循诚实信用原则)和第二十条第一款(注:投保人和保险人可以协商变更合同内容)的规定,在保险合同中约定,被保险人违反保险合同中的保证条款时,保险人可以自被保险人违反保证条款之时解除保险合同,也可以要求修改承保条件,增加保险费,或者免除保险责任或者减轻保险责任。保险合同中投保人、被保险人以书面承诺为一定行为或不行为或者保持某种状况的内容视为保险合同中的保证条款。被保险人为无民事行为能力人和限制民事行为能力人的,不受该保险合同中保证条款约束。但是,被保险人的监护人有过错的,应当免除或者减轻保险人的责任。

3. 弃权与禁止反言

1) 弃权

弃权是指保险人放弃法律或合同中规定可以主张的某种权利(通常是合同解除权与抗辩权)。构成弃权的要件是:保险人有弃权的意思表示、保险人必须知道有权利存在。

2) 禁止反言

禁止反言是指保险人已放弃某种权利,日后不得再向被保险人主张这种权利。

【案例1-10】 进口车以国产车收保费的责任。

某建筑公司以奔驰轿车(苏H×××××)向江苏省盐城市某保险代办处投保机动车辆保险。承保时,保险代理人误将该车以国产车计收保费,少收保费482元。合同生效后,保险公司发现这一情况,立即通知投保人补缴保费,但被拒绝。无奈下,保险公司单方面向投保人出具了保险批单,批注:"如果出险,我司按比例赔偿。"合同有效期内,该车出险,投保人向保险公司申请全额赔偿。

(1)投保人是否履行了如实告知义务?

因为投保人是以奔驰轿车为标的进行投保的,而少收保费是由于保险代理人误将奔驰车当成了国产车,所以,投保人已履行了如实告知义务,其责任在于代理人而非投保人。

(2)保险代理人明知是奔驰车却不以进口车收费,而是以国产车收取保费。其行为在法律上属于最大诚信原则中的弃权。

(3)保险人单方出具批单的反悔行为在法律上属于违反最大诚信原则中的禁止反言。

(4)保险公司应该以全额还是比例形式赔偿?

保险公司应全额赔偿。因为:①该合同自始至终具有法律效力;②该代理属于表见代理,其代理人的行为应由保险人承担责任;③保险人单方出具保险批单的反悔行为属于违反最大诚信原则中的禁止反言,没有法律效力,不影响合同的履行;④保险费率是保险代理人在业务操作中所必须准确掌握的,保险代理人具有准确适用费率的义务。

所以,法律上,保险人少收保费的损失应由负有过错的保险代理人承担,不能因投保人少缴保费而按比例赔偿。否则,有违民事法律中的过错责任原则,使责任主体与损失承担主体错位。

三、损失补偿原则

损失补偿原则既是保险的四大基本原则之一,又是财产保险特有的原则。

1. 损失补偿原则概述

1) 何为损失补偿原则

保险合同生效后,当保险标的发生保险责任范围内的损失时,通过保险赔偿,使被保险人恢复到受灾前的经济原状,但不能因损失而获得额外收益。

保险补偿就是在保险金额范围内,对被保险人因保险事故所遭受损失的全部赔偿。所以,补偿应以被保险人的实际损失及有关费用为限,即以被保险人恢复到受损失前的经济状态为限。

2) 损失补偿的项目

(1) 保险标的实际损失。保险标的实际损失是指保险标的在受损前的实际价值。

(2) 施救费用、诉讼费用等。它不仅包括对保险车辆本身进行抢救和保护所发生的费用,还包括向第三者进行追偿所发生的协商与诉讼费用。

施救费用应是直接的、必要的,并符合国家有关政策规定的。具体应遵循以下几点原则:

①保险车辆在发生火灾时,被保险人或其允许的合格驾驶人使用他人非专业消防单位的消防设备,施救保险车辆所消耗的合理费用及设备损失应当赔偿。

②保险车辆出险后,失去正常的行驶能力,被保险人雇用吊车及其他车辆进行抢救的费用,以及将出险车辆拖运到修理厂的运输费用,保险人应当按当地物价部门核准的收费标准予以负责。

③在抢救过程中,因抢救而损坏他人的财产,如果应由被保险人赔偿的,可予以赔偿。但在抢救时,抢救人员个人物品的丢失,不予赔偿。

④抢救车辆在拖运受损保险车辆途中发生意外事故造成保险车辆的损失扩大部分和费用支出增加部分,如果该抢救车辆是被保险人自己或他人义务派来抢救的,应予赔偿;如果该抢救车辆是受雇的,则不予赔偿。

⑤保险车辆出险后,被保险人或其允许的驾驶人或其代表奔赴肇事现场处理所支出的费用,不予负责。

⑥保险人只对保险车辆的施救费用负责。例如:受损保险车辆与其所装货物同时被施救,应按保险车辆与货物的实际价值进行比例分摊赔偿。

⑦保险车辆为进口车或特种车,发生保险事故后,当地确实不能修理,经保险人同意后去外地修理的移送费,可予适当负责。但护送保险车辆者的工资和差旅费,不予负责。

⑧施救费用与修理费用应分别理算。一般来说,施救前,如果施救、保护费用与修理费用相加,估计已达到或超过保险金额时,则可推定全损予以赔偿。

⑨保险车辆发生保险事故后,对其停车费、保管费、扣车费及各种罚款,保险人不予负责。

3)赔偿的责任限额(损失补偿原则的限制条件)

(1)以实际损失为限。

例如:一辆旧车的实际价值为15万元,但新车购置价为20万元,保险金额也为20万元,则车辆全损时只能赔偿15万元。

(2)以保险金额为限。

例如:上例中若保险金额为12万元,则车辆在全损时尽管实际损失为15万元,但只赔12万元。

(3)以保险利益为限。

例如:王某以实际价值为20万元的汽车作为抵押物向银行贷款15万元,而银行又将该车以新车购置价25万元的价格向保险公司投保,那么汽车出险全损时,保险公司只赔15万元,因为银行对汽车的保险利益只有15万元。

4)损失补偿原则的派生原则

(1)代位追偿原则。

(2)重复保险的损失分摊原则。

2.代位追偿原则

1)代位求偿权(权利代位)

保险代位求偿权是保险人在保险事故发生后,向被保险人支付赔偿后而取得的一项权利。其意义在于防止被保险人获得双重赔偿,弥补保险人损失及追究第三者的应负责任等。近年来,随着保险业的发展,保险代位求偿权的行使日益普遍,而与此相关的争议亦随之增加。

(1)行使代位求偿权的前提条件。

①损害事故发生的原因及受损的标的,都属于保险责任范围。只有保险责任范围内的事故造成的保险标的的损失,保险人才负责赔偿,否则受害人只能向有关责任方索赔或自己承担损失,与保险人无关,也不存在保险人代位追偿问题。

②被保险人对第三者依法享有赔偿请求权。保险事故的发生是由于第三者的过错造成的。至于第三者在保险事故中的过错程度,可以是由第三者负全部责任,也可以是由第三者负部分责任。例如:在道路交通事故中,第三者负事故的全责、主责、同责或次责均可。

③被保险人未放弃向第三者的求偿权。

④保险人已履行了赔偿义务。

(2)被保险人对第三者的赔偿请求权的范围。

①第三者对被保险人的侵权行为。因第三者的侵权行为导致保险标的遭受损失的,应依法应承担损害赔偿责任。例如:因第三者的违章行驶造成交通事故,致使被保险车辆遭受损失的,则第三者应依法承担侵权的民事损害赔偿责任;因产品质量不合格,造成保险标的的损失,则产品的制造商、销售商应对被保险人承担侵权的民事损害赔偿责任。

②被保险人与第三者的合同行为。因第三者不履行合同规定的义务,造成保险标的的损失,根据合同的约定,第三者应对保险标的的损失承担民事损害赔偿责任。例如:保管合同中因保管人未尽到保管义务致使保管物毁损的;在货物运输保险中,由于承运人的野蛮装卸,造成运输货物的损毁,根据运输合同的规定,承运人应对被保险人承担损害赔偿责任。

③第三者不当得利行为。因第三者不当得利行为,造成保险标的的损失,依法应承担损害赔偿责任。例如:第三者盗窃行为,非法占有保险标的,造成被保险人的损失,根据法律,如果案件破获,应当向第三者即窃贼进行追偿。

④其他依据法律规定,第三者应承担的赔偿责任。例如:共同海损的受益人对共同海损负有分摊损失的责任。

(3)保险人取得权益的方式。权益取得的方式一般有两种,一是法定方式,即权益的取得无须经过任何人的确认;二是约定方式,即权益的取得必须经过当事人的磋商、确认。

《保险法》第六十条第一款规定:"因第三者对保险标的的损害而造成保险事故的,保险人自向被保险人赔偿保险金之日起,在赔偿金额范围内代位行使被保险人对第三者请求赔偿的权利。"由此可知,保险人代位求偿权的取得是采用法定方式,即保险人自向被保险人赔偿保险金之日起就已经取得了代位求偿权而无需经过被保险人的确认。

但在保险实务中,保险人支付保险赔款后,通常要求被保险人出具"权益转让书"。从法律规定上看,"权益转让书"并非权益转移的要件,所以被保险人是否出具"权益转让书"并不影响保险人取得代位求偿权。

虽然保险人支付保险赔款后即依法取得了代位求偿权,但"权益转让书"有如下几个优点:

①它能起到确认保险赔款的时间和赔款金额,这样就可以确认保险人取得代位求偿权的时间和向第三者追偿所能获得的最高赔偿额;

②防止被保险人放弃对第三者的请求赔偿权。由于代位求偿权是被保险人转移其债权的结果,因此被保险人与第三者之间债的关系如何,对保险人能否顺利履行和实现其代位求偿权是至关重要的。若被保险人放弃了对第三者的请求赔偿权,则应承担相应的法律责任。《保险法》第六十一条第一款、第二款规定:"保险事故发生后,保险人未赔偿保险金之前,被保险人放弃对第三者请求赔偿的权利的,保险人不承担赔偿保险金的责任。保险人向被保险人赔偿保险金后,被保险人未经保险人同意放弃对第三者请求赔偿的权利的,该行为无效。"

【案例1-11】 保险公司向城管部门代位求偿。

2011年4月8日21时50分许,石某驾驶小型普通客车在宁波市某城市道路上行驶时,撞上了行车道上的石块发生事故,造成车损3万多元,保险公司根据石某的申请,对损失进行了理赔。后保险公司以某城管部门没有及时发现并清除散落在路面上的石块导致事故的发生为由起诉至法院,要求某城管部门赔偿其已支付的保险赔偿金。某城管部门称,根据《中华人民共和国公路法》(以下简称《公路法》)的规定,公路的养护管理、保持畅通系公路交通主管部门的职责,而非城管部门的法定职责,即便是城管的职责,城管也不可能做到随时清除路上散落物,特别是在夜间。事发路段夜间有路灯照明,石某作为机动车驾驶人负有认真观察路面的义务,此次事故是其疏忽大意造成的。

法院经审理后认为,事发路段属城市道路,不属于《公路法》调整的路种。经查证,某城管部门确系事发路段的养护管理人,但其未提供证据证明其全面履行了为通行车辆提供安全、正常行驶路况的法定义务,致使石某驾驶的车辆在道路上发生交通事故,应承担相应的赔偿责任。考虑到石某驾驶机动车辆未注意观察路面,以致轧到路面石块造成车辆损坏,其过错行为是造成车辆损坏的直接原因等情况,并结合事故发生时间及道路管理人预防控制损害的成本等因素,酌情认定某城管部门应对石某的损失承担20%的赔偿责任。保险公司向石某履行赔偿义务后,依法有权在其保险理赔金额范围内向责任方代位求偿。据此,法院判决某城管部门支付损失理赔款的20%,即6000余元。

(4)代位求偿的对象。保险代位求偿的对象为对保险事故的发生和保险标的的损失负有民事赔偿责任的第三者,它可以是法人,也可以是自然人。

(5)保险人在代位追偿中的权益范围。根据《保险法》第六十条第一款的规定,保险人在代位追偿中的权益范围仅限于赔偿金额范围内。由于第三者对被保险人的损害赔偿责任属于民事损害赔偿责任,其赔偿额应依法裁定;而保险人对被保险人的赔偿责任属于保险合同责任,所以两者的金额不一定相等。

当第三者承担的民事损害赔偿责任的金额大于保险人支付的保险赔偿金额时,若保险人先于第三者赔付,则应注意以下两种情况:

①被保险人有权就未取得的赔偿部分对第三者请求赔偿。

《保险法》第六十条第三款的规定:"保险人依照本条第一款规定行使代位请求赔偿的权利,不影响被保险人就未取得赔偿的部分向第三者请求赔偿的权利。"

②保险人应将代位追偿所得大于其向被保险人的赔偿金额部分归还被保险人。

当第三者承担的民事损害赔偿责任的金额小于保险人支付的保险赔偿金额时,则应注意以下两种情况:

①若第三者先于保险人赔付,则保险人赔偿保险金时,应扣减被保险人从第三者处已取得的赔偿金额。也即若被保险人已从第三者处取得损害赔偿但赔偿不足时,保险人可以在保额限度内予以补足。

《保险法》第六十条第二款的规定:"前款规定的保险事故发生后,被保险人已经从第三者取得损害赔偿的,保险人赔偿保险金时,可以相应扣减被保险人从第三者已取得的赔偿金额。"

《保险法司法解释(二)》第十九条第二款规定:"财产保险事故发生后,被保险人就其所受损失从第三者取得赔偿后的不足部分提起诉讼,请求保险人赔偿的,人民法院应予依法受理。"

②若保险人先于第三者赔付,则保险人可以代位追偿第三者应承担的民事损害赔偿责任部分。

【案例1-12】 车损事故中第三人赔偿不足,被保险人有权向保险人主张权利。

2012年10月19日,刘某驾驶牌号为鲁D9×××号重型半挂牵引车/鲁D×××号重型半挂车,沿京福高速由南向北行驶,因操作不当,车辆剧撞同方向赵某驾驶的苏H3×××号轿车的尾部,造成车辆损坏,经公安机关认定,刘某负此次事故全部责任。鲁D9×××号重型半挂牵引车/鲁D×××号重型半挂车登记所有人为山东省滕州市某汽车运输有限公司，车辆在某保险公司滕州支公司投保了交强险。2013年1月份，赵某以交通事故责任纠纷为由将滕州市某汽车运输有限公司、某保险公司滕州支公司诉至事故发生地人民法院，该法院于2013年3月23日判决：原告赵某因此次事故产生的车辆损失128756元，由被告某保险公司滕州支公司在交强险限额内赔偿4000元，滕州市某汽车运输有限公司赔偿124756元。后赵某向法院申请执行，某保险公司滕州支公司履行赔偿义务4000元，滕州市某汽车运输有限公司赔偿124756元的义务未履行。2012年5月，赵某为苏H3×××号轿车在某保险公司淮安支公司投保了机动车保险，其中机动车损失险保险金额为182700元，事故发生在保险责任期间内。

原告赵某诉称：苏H3×××号轿车于2012年5月23日在被告保险公司处投保了第三者责任险、机动车损失保险等险种，保险期间为2012年5月23日至2013年5月22日止。2012年10月19日，投保车辆被刘某驾车追尾，原告将肇事车辆车主及车辆投保保险公司诉至法院，经法院判决认定车辆损失为128756元，判决生效后，仅获得赔偿4000元，余款原告未能获得赔偿。后原告要求保险公司理赔遭拒，遂诉至法院要求判决保险公司赔偿其车辆损失124756元。

被告保险公司辩称：原、被告之间具有保险合同关系是事实，原告已经依据侵权法律关系向第三人主张赔偿，并且已经判决滕州市某汽车运输有限公司为赔偿义务人，原告现又依据保险合同关系向保险公司主张权力系重复诉讼，原告已经无权再起诉被告。

法院经审理认为，被保险人对保险人的赔偿请求权和对第三人的赔偿请求权发生重合时，被保险人既可以请求第三人赔偿，也可以请求保险人赔偿，还可以在第三人赔偿不足时，请求保险人予以赔偿。本案中，原告向第三人主张赔偿，并获得法院生效判决，但第三人并未实际履行，原告未实际获得赔偿，故其要求被告赔偿保险金应予支持。被告在向原告赔偿保险金之后，其依法获得保险代位求偿权。综上，判决被告保险公司赔偿原告赵某车辆损失124756元。

【法理分析】

本案涉及的法律问题是：车损事故发生后，投保人已经依据侵权关系向法院起诉第三人（侵权人）主张权利，但并未获得实际赔偿，投保人能否再依据保险合同关系向保险公司主张权利。

车损事故发生后，在第三人（侵权人）原因造成被保险人车辆损失的情况下，发生保险合同关系与侵权关系的竞合。对于车辆所有人来讲，其既可以依据侵权关系要求第三人（侵权人）承担侵权赔偿责任，也可以依据保险合同关系要求保险公司承担保险责任。车辆所有人依据侵权关系向第三人（侵权人）主张权利后，在第三人（侵权人）赔偿不足时，仍有权请求保险公司予以赔偿。对此最高人民法院关于适用《中华人民共和国保险法》若干问题的解释（二）第十九条第二款明确规定：财产保险事故发生后，被保险人就其所受损失从第三者取得赔偿后的不足部分提起诉讼，请求保险人赔偿的，人民法院应予依法受理。

本案中，原告赵某向第三人主张赔偿，并获得法院生效判决，第三人应向原告履行赔偿义务，但原告仅获得4000元赔偿，余款124756元未实际获得赔偿，故其要求被告保险公司赔偿车损124756元应予支持。

当然,本案中保险公司并非终局的赔偿义务人,《保险法》第六十条规定了保险代位求偿权制度,具体是指财产保险中保险人赔偿被保险人的损失后,可以在已付保险金金额范围内要求第三人直接向其履行赔偿义务,而被保险人不得再要求第三人向其履行已付保险金金额范围内的赔偿义务。本案中,保险公司向赵某履行支付保险金义务后,其获得对侵权人滕州市某汽车运输有限公司的保险代位求偿权。

(6) 被保险人在请求赔偿时的权利选择。

被保险在请求赔偿时有两种选择,或者请求第三人承担赔偿责任,或者请求保险人承担赔偿责任,即不分先后次序。

《保险法司法解释(二)》第十九条第一款规定:"保险事故发生后,被保险人或者受益人起诉保险人,保险人以被保险人或者受益人未要求第三者承担责任为由抗辩不承担保险责任的,人民法院不予支持。"

若保险人要求第三者先于保险人予以赔付的,则必须事先与被保险人约定。但即使事先约定了由第三者先于赔付的,也不影响被保险人仍然选择由保险人先予赔付。

《最高人民法院关于审理保险纠纷案件若干问题的解释》第二十九条第一款规定:"因第三者对保险标的的损害而造成保险事故的,保险人可以按照约定要求被保险人对第三者先向法院提起诉讼。但是保险人不得以被保险人未起诉为由拒绝承担保险责任。被保险人不起诉影响追偿权的行使,依照《保险法》第六十一条第三款(注:被保险人故意或者因重大过失致使保险人不能行使代位请求赔偿的权利的,保险人可以扣减或者要求返还相应的保险金)的处理。"

(7) 代位追偿权的行使。

①保险人可以采用诉讼方式向第三者追偿。

《保险法司法解释(二)》第十六条规定:"保险人应以自己的名义行使保险代位求偿权。根据《保险法》第六十条第一款的规定,保险人代位求偿权的诉讼时效期间应自其取得代位求偿权之日起算。"

《最高人民法院关于审理保险纠纷案件若干问题的解释》第二十八条规定:"保险人向第三者行使代位权的诉讼时效期间与被保险人向第三者行使赔偿请求权的诉讼期间相同。"

《最高人民法院关于审理保险纠纷案件若干问题的解释》第二十七条规定:"保险人因行使代位权向人民法院提起诉讼的,保险人为原告,第三者为被告,被保险人可以作为第三人参加。被保险人取得的保险赔偿不能弥补第三者造成的全部损失的,被保险人可以向第三者请求赔偿;保险人同时起诉的,作为共同原告。根据《保险法》第六十条第三款的规定,被保险人的损失优先赔偿。"

②被保险人有协助保险人向第三者追偿的法定义务,否则可能承担相应的法律责任。

《保险法》第六十三条规定:保险人向第三者行使代位请求赔偿的权利时,被保险人应当向保险人提供必要的文件和所知道的有关情况。

《保险法》第六十一条第三款规定:被保险人故意或者因重大过失致使保险人不能行使代位请求赔偿的权利的,保险人可以扣减或者要求返还相应的保险金。

(8)保险人行使代位求偿权的限制。

①保险人不得向被保险人的家庭成员或其组成人员行使代位追偿权。(除非是这些成员故意造成的)

《保险法》第六十二条规定:除被保险人的家庭成员或者其组成人员故意造成本法第六十条第一款规定的保险事故外,保险人不得对被保险人的家庭成员或者其组成人员行使代位请求赔偿的权利。

《最高人民法院关于审理保险纠纷案件若干问题的解释》第三十条规定:"人民法院在审理案件中,对于被保险人是自然人的,应当依据《保险法》六十二条的规定,认定家庭成员包括被保险人的近亲属和与其共同生活的其他亲属。没有亲属关系但在同一家庭长期共同生活的人视为《保险法》第六十二条规定的家庭成员。"

②在理赔程序中发生的公估费、鉴定费、检验费等费用属于保险人开展业务的正常支出,不得向第三者追偿,更不能由被保险人承担。

因为公估费、鉴定费、检验费等费用不属于保险人向被保险人支付的保险赔偿范围,也不属于第三者所造成的保险标的损失范围;况且,如果被保险人直接向第三者索赔时,双方可能协商赔偿金额而无需经过公估、检验等。因此,对于第三者来说,该费用并非必然支出的费用;即使确实需要进行检验等程序,还可以通过筛选机构、协商价格等方式自行决定具体费用。因此,该费用不属于保险代位求偿权的范围,不应由第三者承担,保险人也无权向第三者追偿。

《保险法》第六十四条规定:"保险人、被保险人为查明和确定保险事故的性质、原因和保险标的的损失程度所支付的必要的、合理的费用,由保险人承担。"

③保险赔偿金的利息,不得向第三者追偿,除非第三者无正当理由故意拖延赔付时,保险人才可以向第三者追偿:超过合理支付期限后所产生的利息。

保险人向被保险人支付赔偿金后,开始行使向第三者的代位求偿权,但由于第三者往往对损害赔偿及保险人的权利存在诸多异议,所以,保险人一般都需要通过诉讼甚至强制执行的途径才能取得保险代位求偿权。在此期间保险金必然会产生相应的利息。

由于保险人行使代位求偿权的范围仅限于所支付的保险赔偿金;且第三者在保险人向其提出追偿请求前,并不知道其应向保险人履行赔偿义务,因此并不属于迟延给付的行为,所以,从保险人支付保险赔偿金之日起至实际取得代位求偿权期间所产生的利息应由保险公司自己承担,要求第三者承担该利息显失公平。只有第三者在没有正当理由拒绝支付时,自第三者应支付赔款之日起后所产生的利息,才由第三者承担,以避免恶意拖欠等情况发生。

【案例 1-13】

2010 年 10 月 20 日,王某向某保险公司投保了机动车辆保险附加盗抢险等险种,投保期限为 2010 年 10 月 21 日起至 2011 年 10 月 20 日止,保险金额为 10 万元。王某除平时用车外,均将车停放在自家小区院内,并于 2010 年 10 月 22 日与小区某物业公司签订了《车位使用合同》,期限为 2 年。合同中约定,物业公司负责提供车辆停放车位,并负有维护停放车辆安全的义务。2010 年 12 月 30 日,王某的车辆在自家小区内被盗,王某随即向物业公司、公安机关以及保险公司报案。公安机关经立案侦查发现,因车辆丢失当天,设在王某停车位上方的该小区监控摄像设备存在故障,未有当天的监控录像记录,经数月查找,公安机关一直未能找到丢失的车辆。2011年4月20日,保险公司先行赔偿了王某车辆损失10万元,王某向保险公司出具了权益转让书,将保险车辆的追偿权转让给了保险公司,保险公司遂向法院提起了诉讼,以物业公司未尽到安全管理责任为由,要求物业公司向保险公司赔偿车辆损失10万元。那么,本案中,保险公司是否有代位求偿权呢?

【法理分析】

《保险法》第六十条第一款规定:"因第三者对保险标的的损害而造成保险事故的,保险人自向被保险人赔偿保险金之日起,在赔偿金额范围内代位行使被保险人对第三者请求赔偿的权利。"根据该款的规定,可分析出保险人行使代位求偿权的构成要件及行使代位求偿权的限制。

(1)保险代位求偿权的构成要件。

①保险事故的发生是由于第三者的过错所致,即二者存在直接因果关系。实践中,保险事故的发生可能是出于意外、被保险人自身原因或者第三者的原因,只有是因第三者的行为造成保险事故发生时,被保险人才可能因同一损害事实享有两项赔偿请求权:一是向第三者请求赔偿的权利;一是向保险公司请求赔偿保险金的权利,否则就不具有成立保险代位求偿权的可能。

②第三者的过错行为给被保险人造成了损害。第三者的过错行为必须是给被保险人造成了损失,即要有损害后果的发生。如果没有损害后果的发生,被保险人没有任何损失,保险人就无须负任何赔偿责任,也就不存在保险代位求偿权的问题。

③被保险人对第三者依法享有赔偿请求权。被保险人的代位求偿权行使的先决条件就是被保险人对第三者造成保险事故发生导致的损害享有赔偿请求权,否则,保险人的代位求偿权自然无法成立。

实践中,被保险人对第三者的赔偿请求权的来源既可包括第三者的侵权行为,也可以包括被保险人与第三者的合同行为,如保管合同中保管人未尽到保管义务致使保管物毁损或运输合同中运输人的违约行为致使货物损毁等情况。

④保险人已向被保险人赔偿保险金。保险代位求偿权的主体是保险人,而保险人之所以能够取得代位求偿权,其代价则是保险人已向被保险人赔偿了保险金。如果允许保险人在未支付代价(向被保险人赔偿保险金)就取得代位求偿权,将可能出现保险人从中受益而损害被保险人利益的情况,从而有悖于设立保险人代位求偿权的初衷。当然,保险人在具体支付保险赔偿金时,根据《保险法》第六十条第二款的规定:"被保险人已经从第三者取得损害赔偿的,保险人赔偿保险金时,可以相应扣减被保险人从第三者已取得的赔偿金额。"根据财产保险的损失补偿原则,保险人仅对被保险人因保险事故发生所受实际损失中未获第三者赔偿部分的损失承担赔付责任。

(2)保险人行使代位求偿权的限制。保险代位求偿权实质上是债权让与制度在保险法律关系中的运用,即保险事故发生后,被保险人对第三者享有损害赔偿请求权的,该请求权在保险人履行赔偿保险金义务后,依法应当转移于保险人。保险代位求偿权遵循财产保险中的"损失补偿原则",其仅适用于财产保险。

保险代位求偿权除应遵循上述原则外还应遵循"禁止不当得利原则",即被保险人不能借此获得双重利益(详见《保险法》第六十条第二款的规定),保险人也不能借此获得额外的利益,从而损害被保险人的利益。因此,《保险法》第六十条第一款的规定:"因第三者对保险标的的损害而造成保险事故的,保险人自向被保险人赔偿保险金之日起,在赔偿金额范围内代位行使被保险人对第三者请求赔偿的权利。"即保险人仅能"在赔偿范围内"行使代位求偿权。

根据上述规定,在实践中,因保险代位求偿权的范围与被保险人对第三者的赔偿请求权的范围并非完全一致,会出现以下三种情况:

①当保险人支付的赔偿金额与第三者应向被保险人赔偿的金额相等时,保险人能取得对第三者的全部代位求偿权;

②当保险人支付的赔偿金额低于第三者应向被保险人赔偿的金额时,保险人仅能取得与其实际赔偿金额相等的代位求偿权,超过部分仍归被保险人所有;

③当保险人支付的赔偿金额高于第三者应向被保险人赔偿的金额时,保险人代位求偿权仅能以第三者应向被保险人赔偿的金额为限。

本案中,王某与物业公司签订了《车位使用合同》,合同中约定,物业公司负责提供车辆停放车位,并负有维护停放车辆安全的义务。王某的车辆在自家小区内被盗,且在王某停放车辆的停车位上方的监控摄像设备当天存在故障,而物业公司却未尽到及时修缮的义务和合同中约定的维护停放车辆安全的义务,其对车辆被盗存在过错,理应承担对王某的损害赔偿责任。因保险公司已向王某赔偿了车辆损失10万元,王某向保险公司出具了权益转让书,自然取得了向物业公司行使代位求偿的权利。物业公司理应在保险赔偿金额范围内向保险公司履行赔偿义务。

2)物上代位权(物上代位)

物上代位权是指保险人全额赔偿后,若保额等于保险价值的,受损的标的全归保险人;若保额低于保险价值的,受损的标的按保额与保险价值的比例归保险人。

《保险法》第五十九条规定:保险事故发生后,保险人已支付了全部保险金额,并且保险金额等于保险价值的,受损保险标的的全部权利归于保险人;保险金额低于保险价值的,保险人按照保险金额与保险价值的比例取得受损保险标的的部分权利。

物上代位权的注意事项如下:

(1)上述第一种情形,保险人取得受损标的的所有权;第二种情形,保险人与投保人对受损标的形成共有关系。

(2)保险标的实际上不可能全部损失,必定存在残值,之所以采用全额赔付是因为保险人采用了推定全损。

(3)实际操作中,考虑到保险人处理残值不便,一般采用在赔款中扣除残值部分。

3.重复保险的损失分摊原则

《保险法》第五十六条第四款规定:"重复保险是指投保人对同一保险标的、同一保险利益、同一保险事故分别与两个以上保险人订立保险合同,且保险金额总和超过保险价值的保险。"

1)分摊条件

构成重复保险且保险金额的总和已超过保险标的的实际价值。

第一章 汽车保险概述

> **想一想**
> 1. 重复保险要求数个保险合同的生效时间全部重叠吗?
> 2. 损失应由第三方负责赔偿而无法找到第三方时的免赔率为多少?

2) 分摊方法

(1) 比例责任分摊。比例责任分摊是指各保险公司按保额进行比例分摊。计算公式如下:

$$某保险公司应分摊损失额 = \frac{某保险公司的保险金额}{所有保险公司的保险金额之和} \times 损失总额$$

注:除合同另有约定外,均采用该方式。

(2) 限额责任分摊。限额责任分摊是指假定在没有重复保险的情况下,由保险公司单独应承担的最高赔偿限额进行比例分摊。计算公式如下:

$$某保险公司应承担的赔付额 = \frac{该保险公司的赔偿限额}{所有保险公司赔偿限额总和} \times 损失总额$$

注:只有在合同中约定时才能采用。

(3) 顺序责任分摊。顺序责任分摊是指按合同生效的先后顺序进行赔付。

注:由于这种分摊方式不符合公平原则,所以目前已不采用。

四、近因原则

1. 含义

(1) 近因的含义:所谓近因是指造成保险标的损失的最直接、最有效、起决定性作用的原因。而不能理解为时间上、空间上最接近的原因。损失应是近因的必然的和自然的结果和延伸。

(2) 近因原则的含义:在保险中,近因原则是通过判明风险事故与保险标的损失之间的因果关系,以确定保险责任的一项基本原则。其基本含义是:在风险与保险标的损失之间的关系中,如果近因属于被保风险,保险人要承担保险责任;如果近因属于除外风险或未保风险,则保险人不负担赔偿责任。

《最高人民法院关于审理保险纠纷案件若干问题的解释》第十九条规定:"人民法院对保人提出的其赔偿责任限于以承保风险为近因造成的损失的主张应当支持。近因是指造成承保损失起决定性、有效性的原因。"

2. 近因的判断

(1) 单一原因造成的损失。当损失是由单一原因造成时,则该原因即为损失的近因。若近因属于保险责任,则保险人承担赔偿;反之,则不承担赔偿。

(2) 多种原因同时并列发生造成的损失。当损失是由多种原因同时发生且时间上无先后时,对损失起决定性作用的原因为近因。但近因可能不止一个。至于是否承担保险责任,又分两种情况:

① 若这些近因都属于保险责任,则保险人承担赔偿;反之,则不承担赔偿。

②若这些近因中既有保险责任又有除外责任,则要对损失进行分解:若损失结果可以分清(即:可分清哪些损失是由于保险责任的近因造成,哪些损失是由于除外责任的近因造成),保险人只赔偿保险责任的近因所造成的损失;若损失结果无法分清,保险人一般不予赔偿。

【案例1-14】

投保人张三向某财产保险公司投保了一份火灾险,但他没有投保盗窃险。一日,由于打雷引发了火灾,有的财产被抢救出来放在露天后又被盗走。那么保险公司该赔吗?

【法理分析】

本案中,由于财产损失分两部分,所以应区别对待。在厂库中被烧毁的财产其近因是打雷,由于打雷属于火灾险的保险责任,所以保险公司应予以赔偿;堆放在露天的财产,虽然其诱因是火灾,但其损失不是火灾的必然结果,因为即使堆放在露天,如果加强监管,也不会被盗走,所以近因应该是被盗,由于张三没有投保盗窃险,所以保险公司不应赔偿。由于本案中的财产损失的近因有两个:打雷和被盗,且打雷是保险责任而被盗属于除外责任,但损失结果无法分清,所以保险公司可以拒赔。

(3)多种原因连续发生造成的损失。若造成损失的各原因之间有因果关系时,则近因是最初原因,即前因;若造成损失的各原因之间没有因果关系时,则近因是因果链条被中断时的最后原因。若近因属于保险责任,则保险人承担赔偿;反之,则不承担赔偿。

 特别提示

即使在这"因果链条"中还存在后因,但后因若仅仅是增加了损失程度或扩大了损失范围,由于我国采用的是传统因果关系理论而不是比例因果关系理论,所以只要后因是前因的必然结果,则近因中不包含后因。

(4)间断发生的多项原因造成的损失。在一连串连续发生的原因中,有一项新的独立的原因介入,并且成为导致损失的最直接最有效的原因时,则该独立的新原因即为近因。若近因属于保险责任,则保险人承担赔偿;反之,则不承担赔偿。

【案例1-15】

王某投保了人身意外伤害险,某日因一次车祸导致严重的脑震荡而诱发癫狂与抑郁交替症。在治疗过程中,医生叮嘱在服用药物巴斯德林时切忌进食干酪,但是王某却未遵医嘱,在服该药时又进食了干酪,终因中风而死亡,据查中风确系巴斯德林与干酪所致。那么保险公司该赔吗?

【法理分析】

本案中,引起王某死亡的因果关系链条为:车祸→脑震荡→诱发癫狂与抑郁交替症→服用药物巴斯德林→因进食干酪→中风→死亡。

由于进食干酪而打断了车祸与死亡之间的因果关系,所以,导致王某死亡的近因是食用干酪。而食用干酪不属于因意外导致的人身伤害,因此保险公司不承担赔偿。

思考与练习

一、单选题

1. 风险是指在特定的客观情况下,在特定的期间内,某种损失发生的(　　)。
   A. 必然性　　　　B. 可能性　　　　C. 特殊性　　　　D. 客观性
2. 风险是由风险因素、(　　)和损失三者构成的统一体。
   A. 风险特点　　　B. 风险性质　　　C. 风险事故　　　D. 风险评价
3. 保险是分摊意外事故损失和提供经济保障的一种非常有效的财务安排,此定义保险的角度是(　　)。
   A. 风险角度　　　B. 经济角度　　　C. 共同保险　　　D. 社会角度
4. 控制型风险管理主要包括(　　)、预防、分散和抑制。
   A. 自留　　　　　B. 转移　　　　　C. 保险　　　　　D. 避免
5. 财务型风险管理技术有自留和(　　)。
   A. 预防　　　　　B. 抑制　　　　　C. 分散　　　　　D. 转移
6. 保险是一种法律行为、合同行为。若接受损失赔偿的一方是被保险人,则提供损失赔偿的另一方是(　　)。
   A. 经纪人　　　　B. 投保人　　　　C. 受益人　　　　D. 保险人
7. 保险人与投保人约定保险权利和义务关系的协议是(　　)。
   A. 保险金额　　　B. 保险合同　　　C. 保险期限　　　D. 保险价值
8. 属于保险合同当事人的是(　　)。
   A. 受益人　　　　B. 保险代理人　　C. 投保人　　　　D. 保险经纪人
9. 在人身保险合同中,保险事故发生后,被保险人仍生存则保险金请求权由(　　)行使。
   A. 被保险人本人　　　　　　　　　B. 被保险人指定的受益人
   C. 投保人　　　　　　　　　　　　D. 投保人指定的受益人
10. 在财产保险合同中,保险事故发生后造成被保险人死亡的,保险金请求权由(　　)行使。
    A. 被保险人指定受益人　　　　　　B. 投保人指定受益人
    C. 被保险人的债权人　　　　　　　D. 被保险人的继承人
11. 基于投保人的利益,为投保人与保险人订立保险合同提供中介服务,并依法收取佣金的单位是(　　)。
    A. 专业保险代理人　　　　　　　　B. 保险经纪人
    C. 保险营销员　　　　　　　　　　D. 兼业保险代理人
12. 在4S店做保险,属于(　　)性质的保险中介。
    A. 专业代理人　　B. 兼业代理人　　C. 个人代理人　　D. 保险经纪人
13. 在机动车辆保险中,可以单独投保的险种称为(　　)。
    A. 主险　　　　　B. 附加险　　　　C. 基本险　　　　D. A或C

· 49 ·

14. 保险承担赔偿或给付保险金的最高限额是(　　)。
    A. 保险金额　　　　B. 保险价值　　　　C. 保险费　　　　D. 保险价格

15. 在财产保险合同中,确定保险金额的基础是(　　)。
    A. 保险标的　　　　B. 保险价值　　　　C. 保险利益　　　　D. 保险事故

16. 在投保时,若保额等于(　　)的投保称为足额投保。
    A. 保险金额　　　　B. 保险价值　　　　C. 实际价值　　　　D. 保险利益

17. 在我国,习惯上按照保险业务范围把保险业务划分为财产保险和(　　)两大类。
    A. 人寿保险　　　　B. 人身保险　　　　C. 非财产保险　　　　D. 社会保险

18. 再保险合同的保障对象是(　　)。
    A. 原保险合同的投保人　　　　B. 原保险合同的被保险人
    C. 原保险合同的保险人　　　　D. 原保险合同的受益人

19. 下列有关保险公估结论的叙述中,(　　)正确?
    A. 对保险当事人具有法律效力
    B. 对保险当事人不具有法律效力
    C. 即使保险人对公估报告不满意,保险人也必须接受
    D. 对公估报告不满意,如果能证明公估机构存在舞弊行为,也可以不接受其结果

20. (　　)是指保险人与被保险人之间订立保险合同的正式凭证。
    A. 投保单　　　　B. 保险单　　　　C. 保险凭证　　　　D. 暂保单

21. 对保险合同来说,(　　)是最先提出要约的人。
    A. 保险人　　　　B. 被保险人　　　　C. 投保人　　　　D. 保险代理人

22. 人身保险的投保人在(　　)时应对被保险人具有保险利益,财产保险的被保险人在(　　)时应对保险标的具有保险利益。
    A. 保险合同订立/保险合同订立　　　　B. 保险事故发生/保险事故发生
    C. 保险事故发生/保险合同订立　　　　D. 保险合同订立/保险事故发生

23. 重复保险是指投保人对同一保险标的、同一保险利益、同一保险事故分别与(　　)以上保险人订立保险合同,且保险金额总和超过保险价值的保险。
    A. 一个　　　　B. 两个　　　　C. 三个　　　　D. 四个

24. (　　)是指投保人或被保险人因保险标的损害或丧失而遭受经济上的损失及因保险事故的不发生使保险标的安全存在而受益。
    A. 保险合同　　　　B. 保险利益　　　　C. 现有利益　　　　D. 预期利益

25. 投保人或被保险人对保险标的应当具有合法的、经济上的利益,否则保险合同无效,这体现了保险的(　　)原则。
    A. 可保风险　　　　B. 保险利益　　　　C. 最大诚信　　　　D. 损失补偿

26. 在人身保险中,强调在保险合同(　　)时,投保人必须具有保险利益。
    A. 订立　　　　B. 终止　　　　C. 变更　　　　D. 履行

27. 某日天下大雪,一行人被 A、B 两车相撞致死,后经交通警察查实,该事故是因 A 车驾驶人酒后驾车所致。行人死亡的近因是(　　)。
    A. 大雪天气　　　　B. 酒后驾车　　　　C. A 车撞击　　　　D. B 车撞击

28. 最大诚信原则的基本内容不包括( )。
    A. 告知   B. 保证   C. 通知   D. 弃权与禁止反言
29. 我国现行《保险法》规定,应采用( )的告知形式。
    A. 无限告知   B. 询问回答告知   C. 书面告知   D. 口头告知
30. 在保险合同中,保险人要求投保人或被保险人对某一事项的作为或不作为、某种事态存在或不存在的许诺称之为( )。
    A. 告知   B. 要约   C. 承诺   D. 保证
31. 弃权是指( )放弃其在保险合同中可以主张的某种权利。
    A. 投保人   B. 受益人   C. 保险人   D. 被保险人
32. 在最大诚信原则中,弃权与禁止反言约束的主要对象是( )。
    A. 投保人   B. 保险人
    C. 保险代理人   D. 投保人与保险代理人
33. 甲、乙两家保险公司承保同一财产,其中甲公司承保4万元,乙公司承保6万元,已构成重复保险。如发生了保险责任范围内的损失5万元,甲公司在无乙公司承保的情况下应赔付4万元,乙公司在无甲公司承保的情况下应赔付5万元。请问,如果合同约定按照责任限额分摊,甲、乙两家保险公司分摊的赔款分别为( )。
    A. 4万元、1万元   B. 4万元、5万元
    C. 2.22万元、2.78万元   D. 2.3万元、2.7万元
34. 依据我国《保险法》规定,除合同另有约定外,重复保险的赔款分摊一般采用( )方式。
    A. 比例责任制   B. 限额责任制   C. 顺序责任制   D. 由投保人指定
35. 意外伤害保单(疾病属于除外责任)的被保险人王某,在保险期间的某日被一骑车人撞倒跌入路边水渠内,被救后高烧合并肺炎,最后因严重肺炎而死亡,对于王某妻子的索赔,保险人有不同的处理方案,其中正确的是( )。
    A. 王某死亡的近因为肺炎,属于除外责任,保险人不给付保险金
    B. 王某死亡的近因为被撞,属于保险责任,保险人应给付保险金
    C. 肺炎属于新介入原因,与被撞之间无直接因果关系,保险人不给付保险金
    D. 王某死亡与被撞和肺炎均有关,保险人只给付50%保险金
36. 保险人在拥有物上代位权后,保险标的所得利益归保险人所有,如果该利益超过保险人给被保险人的赔款,超过部分应归( )。
    A. 保险人   B. 被保险人
    C. 责任方   D. 保险人与被保险人共有
37. 保险中所讲的近因,是指引起保险事故发生的( )的原因。
    A. 空间上最近   B. 时间上最近
    C. 空间上、时间上均最为接近 D. 最直接、最有效、起主导作用或支配作用的原因

二、多选题

1. 下列有关风险组成三要素之间关系的表达,( )是正确的。
    A. 风险因素、风险事故和损失三者之间存在因果关系

B. 风险因素增加或产生风险事故

C. 风险因素引起损失

D. 风险事故引起损失

2. 下列中属于风险特点的有( )。

　　A. 风险存在的客观性　　　　　　B. 风险存在的普遍性

　　C. 某一种风险的发生是一种随机现象　　D. 大量风险的发生是必然的

　　E. 风险在一定条件下是可以转化的

3. 当投保人与被保险人不是同一人时,保险合同的当事人指( )。

　　A. 投保人　　　B. 被保险人　　　C. 保险人　　　D. 受益人

4. 财产保险合同的主体包括( )。

　　A. 保险人　　　B. 投保人　　　C. 受益人　　　D. 被保险人

5. 机动车辆保险是( )的综合保险。

　　A. 人身保险　　　B. 信用保险　　　C. 财产保险　　　D. 责任保险

6. 机动车辆保险的保险凭证主要有( )作用。

　　A. 作为要约凭证　　　　　　B. 便于交警检查

　　C. 便于向保险公司报案　　　D. 作为索赔凭证

7. 保险经纪人的佣金可以向( )收取。

　　A. 保险人　　　B. 投保人　　　C. 受益人　　　D. 保监会

8. 下列关于保险利益的说法正确的是( )。

　　A. 无论是财产保险合同还是人身保险合同都要求具有保险利益

　　B. 财产保险中,投保人对保险标的的保险利益可以用货币来计量

　　C. 人身保险的保险利益可以用货币衡量

　　D. 保险利益既包括现有利益,也包括期得利益

9. 最大诚信原则的基本内容中,主要约束保险人的是( )。

　　A. 告知　　　B. 保证　　　C. 弃权　　　D. 禁止反言

10. 被保险人一旦违反保证事项,其后果是( )。

　　A. 保险合同即告失效

　　B. 保险人拒绝赔偿损失

　　C. 保险人拒绝给付保险金

　　D. 除人寿保险外,保险人一般不退还保险费

11. 我国在保险合同双方当事人告知的形式上采用的是( )。

　　A. 无限告知　　B. 询问回答告知　　C. 明确列明　　D. 明确说明

12. 保证是保险合同的( )应履行的义务。

　　A. 保险人　　　B. 投保人　　　C. 被保险人　　　D. 受益人

三、判断题

1. 不管是财产保险还是人身保险,只要被保险人已死亡,其保险赔偿金一定作遗产处理。　　　　　　　　　　　　　　　　　　　　　　　　　　　　　　( )

2. 机动车辆保险属于定值保险。　　　　　　　　　　　　　　　　　　( )

3. 在财产保险合同中,若保险金额低于保险价值的,除合同另有约定外,保险人按照保险金额与保险价值的比例承担赔偿责任。 (   )

4. 如果投保单签名栏处的签名为保险代理人的"代签名",但只要投保人事后缴纳了保险费,则应视为投保人对代签字或者盖章行为已予以追认。 (   )

5. 除人身保险业务外,保险公司应当将其承保的每笔业务的20%按有关规定办理再保险。 (   )

6. 保险代理人超越代理权限的但属于表见代理时,其法律后果由保险人承担。 (   )

7. 保险公估人出具的公估报告具有法律效力。 (   )

8. 保险标的转让的,因保险标的的受让人承继了被保险人的权利和义务。所以,即使不办理保险过户,发生保险事故时保险人均需承担赔责任。 (   )

9. 只有被保险人出具了"权益转让书"后,保险人才能取得代位求偿权。 (   )

10. 根据我国《保险法》的规定,投保人、被保险人或者受益人知道保险事故发生后,是否通知保险人,由投保人自己决定。 (   )

第二章 汽车保险产品

 学习目标

通过本章的学习,你应能:
1. 正确叙述汽车保险的常用险种;
2. 知道汽车保险产品的发展历史;
3. 分析汽车常用险种的赔付并会计算保费;
4. 正确完成思考与练习。

第一节 汽车保险产品概述

一、我国汽车保险产品发展史

1. 交强险实施前

(1) 1949年10月20日,中国人民保险公司(后简称"人保")在北京成立;1950年,人保开办了汽车保险;1955年,又停办了汽车保险业务(因为有人认为,对肇事者予以经济补偿会导致交通事故的增加,对社会会产生负面影响)。

(2) 20世纪70年代中期,为满足各驻华使馆外国人的汽车保险需要,人保又恢复了汽车保险业务。

(3) 1980年,人保恢复汽车保险业务,但当时的汽车保险仅占财产保险市场份额的2%。

(4) 1983年11月,我国将汽车保险更名为"机动车辆保险",使其具有更广泛的适应性。

(5) 1985年,我国首次制定了《机动车辆保险条款》(期间经过多次修改与完善)。

(6) 1988年,汽车保险的市场份额首次超过企业财产险(汽车保险占财产险的37.6%,而企业财产险仅占财产险的35.99%)。

(7) 1999年,汽车保险已成为财产保险的第一大险种(占财产险的58.8%)。

(8) 2000年2月4日,中华人民共和国保险监督管理委员会(后简称"保监会")颁布了全国性的《机动车辆保险条款》,并于2000年7月1日开始实施。

(9) 2003年1月1日起,汽车保险条款及费率由全国统一改为自主实施,实行差异化管理。

在汽车保险条款及费率放开后,由于一些公司在开发产品的时候只注重价格,不注重服务;只注重技术,而不注重消费等,从而出现一些不正常竞争,严重干扰了汽车保险市场的秩序。为了规范市场行为,促进汽车保险行业的有序竞争和良性发展,2006年7月1日,将第三者责任险又分成交强险和商业第三者责任险,同时将车损险和商业第三者责任险再次实行统一,并分为A、B、C三款供保险公司任选其一(天平汽车保险公司除外),即2006版条款。

1. 2006年7月1日前,我国机动车强制保险属于混合实施还是分离实施?
2. 盗抢险列为主险后,投保时有什么好处?

2. 交强险实施后

(1)经过几个月的使用,为了使文字更加简化、更加统一,内容更加清晰,保险行业协会又对2006版条款进行修整、补充和完善,并于2007年4月1日,实施了新版A、B、C条款,即2007版条款。它涵盖8个险种,即车损险、商业第三者责任险、车上人员责任险、全车盗抢险、不计免赔特约险、玻璃单独破碎险、车身划痕险和可选免赔额特约险。

(2)2007年7月1日起,实施《交强险费率浮动暂行办法》。

(3)2007年7月1日起,实行车船税代缴制度。

(4)2008年2月1日,对交强险责任限额进行了调整。将交强险的责任限额由6万元提升至12.2万元,将原来的商业第三者责任险承担的部分保险责任转由交强险承担,同时下调了费率,即实行新版交强险。同时,商业第三者责任险的费率也进一步降低,配合新版交强险同步上市销售。

(5)2009年2月1日起,交强险财产损失实施"互碰自赔"。

(6)2009年10月1日起,实施《保险法》(2009版)和《交强险承保实务规程》(2009版)、《交强险理赔实务规程》(2009版)。为适应《保险法》(2009版),2009年10月1日起,A、B、C、D条款均作了修改,即2009版条款。

(7)2010年3月1日起,全国逐步实行酒后驾驶违法行为与交强险费率联系浮动制度。其中,饮酒后驾驶违法行为一次上浮的交强险费率控制在10%~15%之间,醉酒后驾驶违法行为一次上浮的交强险费率控制在20%~30%之间,累计上浮的费率不得超过60%。

(8)由于2011年社会公众对车险条款存在两个质疑:一是"高保低赔";二是"无责不赔",于时在媒体上进行了大讨论。尽管从法理和保险学原理上讲均没问题,但保险行业对公众宣导不足从而导致公众的误解。2011年10月,保监会将《关于加强机动车辆商业保险条款费率管理的通知》(以下简称《通知》)的初稿公布在网站上,接受来自专家、媒体、社会公众等各方面的意见和建议,并据此对《通知》进行了修订。2012年3月8日,保监会将《关于加强机动车辆商业保险条款费率管理的通知》(保监令〔2012〕16号文)正式颁布实施。

(9)2012年3月14日,中国保险行业协会发布了《机动车辆商业保险示范条款》。由协会组织行业专业力量,依据相关法律、行政法规和保监会《关于加强机动车辆商业保险条款费率管理的通知》的要求,在广泛征求、充分沟通、反复论证的基础上,前后经过6次修订,历时近一年拟订而成。但由于种种原因,《机动车辆商业保险示范条款》始终没能正式实施。

(10) 2015年2月3日,保监会正式发布了《关于深化商业车险条款费率管理制度改革的意见》(以下简称《意见》)。该《意见》立足于我国现阶段商业车险条款费率管理的实际,吸收2010年以来商业车险改革试点的经验，提出了以下三方面政策措施：首先是建立以行业示范条款为主、公司创新型条款为辅的条款管理制度。中国保险协会拟订并将不断完善示范条款，财险公司选择使用；鼓励财险公司开发创新型条款，建立公开透明的条款评估机制和保护机制。其次，建立市场化的费率形成机制。中国保险行业协会按照大数法则要求，建立财产保险行业商业车险损失数据的搜集、测算、调整机制，动态发布商业车险基准纯风险保费表，为财产保险公司科学厘定商业车险费率提供参考；由财产保险公司根据自身实际情况科学测算基准附加保费，合理确定自主费率调整系数及其调整标准。根据市场发展情况，逐步扩大财产保险公司商业车险费率厘定自主权，最终形成高度市场化的费率形成机制。再次，加强和改善商业车险条款费率监管。建立健全商业车险条款费率回溯分析和风险预警机制，及时验证商业车险费率厘定和使用过程中精算假设的合理性、责任准备金提取的合规性和财务业务数据的真实性，切实防范因商业车险费率拟定不科学、不公平、不合理所带来的风险隐患。不断强化偿付能力监管刚性约束，完善偿付能力监管制度体系，提高偿付能力监管制度执行力。

该《意见》出台后的次日即2015年2月4日，作为商业车险条款费率改革的配套措施，中国保险行业协会正式发布《2014版商业车险行业示范条款(征求意见稿)》及配套单证，并从即日起向社会公开征求意见。此次发布的示范条款包括机动车、特种车、摩托和拖拉机综合商业保险以及单程提车保险共四个。《2014版商业车险行业示范条款(征求意见稿)》是按照《保监会关于深化商业车险条款费率管理制度改革的意见》要求，在2012年发布的商业车险示范条款基础上，组织修订完成的，意见征求截止日期为2015年3月5日。根据保监会的安排，在2015年6月1日首先在黑龙江、广西、山东、青岛、重庆和陕西等6个省(区、市)正式试点，从2016年1月1日起，天津、内蒙古、吉林、安徽、河南、湖北、湖南、广东、四川、青海、宁夏、新疆等12个保监局所辖地区将纳入商业车险改革第二批试点范围，从2016年7月1日起，在北京、河北、山西、辽宁、上海、江苏、浙江、福建、江西、海南、贵州、云南、西藏、甘肃、深圳、大连、宁波、厦门等18个保监局所辖地区有序开展商业车险改革相关工作。

二、2007版机动车商业保险的实施情况

1. 2007版条款执行情况

(1)执行07-A款的主要财产保险公司：人保、大地财险、天安财险、永安财险、安邦财险、华泰财险、阳光财险、中华联合等11家，大约占市场份额的74.7%。

(2)执行07-B款的主要财产保险公司：平安、华安财险、太平保险、永诚财险、阳光农业、都邦财险、渤海财险等，大约占市场份额的13.7%。

(3)执行07-C款的主要财产保险公司：太保、中银保险等，大约占市场份额的11.6%。

(4)执行07-D款的主要保险公司：天平汽车保险股份有限公司。

特别提示

天平汽车保险公司自主申报了有别于A、B、C条款之外的一套产品，被称之为D款。

2.2007版机动车商业保险的几大变化

(1)对八大主要险种实行了行业A、B、C条款统一。八大主要险种为车损险、商三险、车上人员责任险、全车盗抢险、不计免赔特约险、玻璃单独破碎险、车身划痕险和可选免赔额特约险。

(2)主险增多。除车损险、商业第三者责任险外，车上人员责任险和全车盗抢险也可成为主险。

注意：

①选择07-C款的保险公司，车上人员责任险和全车盗抢险均为主险。

②选择07-A款或07-B款的保险公司，可自主决定是否将车上人员责任险和全车盗抢险列为主险。

(3)免除责任扩大。

(4)费率随出险率浮动。例如，年理赔次数大于5次或年平均行驶里程超过5万km的车辆，下一年的保险费率将被提高30%；有关指定驾驶人、性别、驾龄、年龄等随人因素不同，其上下浮动的最高比例也达到30%。

(5)主险费率除商业第三者责任险50万元、100万元基准保费上调外，其他基本持平。其中，A款基本没变，B款有所下调，而C款商业第三者责任险有所下调，但车损险涨价。

(6)附加险价格普遍上涨，尤其是车身划痕险。

(7)费率因子整体上变得更加灵活，主要包括取消渠道因子(所有费率表适用于传统渠道，新渠道费率另行开发)、增加违法及行驶里程费率因子、团车系数自定。

(8)附加险更具有个性化，选择余地也更大。个性化的附加险一直是各家保险公司汽车保险产品的一大特色。为了配合2007年4月1日版行业汽车保险的推出，各家公司对各自的附加险进行了进一步优化，除统一的行业产品外，针对消费者需求开发大量的新附加险产品。

3.2007版A、B、C三款汽车保险的特点

(1)主要相同点。

①强调一致性，总体上B、C两款向A款靠拢。三款在保障范围、费率结构、费率水平和费率调节系数上基本一致，仅略有差异。例如，别克君越轿车投保方案的比较(假设新车购置价为20.98万元)见表2-1。

别克君越轿车投保方案的比较　　　　　表2-1

险　种	保　额	A款保费	B款保费	C款保费
车损险	20.98万元	3375.32元	3375.32元	3375.32元
商业第三者责任险	20万元	1176.00元	1176.00元	1176.00元
车上人员责任险	1万元/座×5座	150.00元	150.00元	150.00元
全车盗抢险	19.09万元	902.69元	902.69元	902.69元
玻璃单独破碎险（进口）	—	650.38元	650.38元	650.38元
车身划痕险	5000元	570.00元	570.00元	570.00元

续上表

险　　种	保　额	A款保费	B款保费	C款保费
车身免赔额	-500元	-236.27元	-236.27元	-234.45元
不计免赔	—	885.74元	885.74元	881.84元
浮动前保费		7473.86元	7473.86元	7471.78元
总优惠幅度		7折		
浮动后的保费		5231.70元	5231.70元	5230.25元

②统一车损险与商业第三者责任险的事故责任免赔率,其他免赔率也趋向统一。

a.事故责任免赔率。车损险的事故责任免赔率:负次要事故责任的免赔率为5%,负同等事故责任的免赔率为8%,负主要事故责任的免赔率为10%,负全部事故责任或单方肇事事故的免赔率为15%。

商业第三者责任险的事故责任免赔率:负次要事故责任的免赔率为5%,负同等事故责任的免赔率为10%,负主要事故责任的免赔率为15%,负全部事故责任的免赔率为20%。

注意:天平公司的主险中没有事故责任免赔率,但客户可以投保事故责任免赔率特约条款,共三档免赔率可选。

b.其他免赔率(表2-2和表2-3)。

车损险的免赔率　　　　　　　　　　　　　　　表2-2

产　品	违反装载规定	超出行驶区域	非指定驾驶人	非指定货物
A款	营业5%,其他0	10%	家庭自用10%	0
B款	10%		10%	
C款	10%		10%	
D款(天平)	10%	5%	5%	0

商业第三者责任险的免赔率　　　　　　　　　　表2-3

产　品	违反装载规定	超出行驶区域	非指定驾驶人	非指定货物
A款				
B款	10%	10%	10%	0
C款				
D款(天平)	5%	5%	5%	0

③统一了主险费率和主要附加险费率,统一费率因子。

(2)主要不同点。

①A、B、C条款体例的比较(表2-4)。其中,A款最复杂且有3个产品,具有分客户群、分车种、分险种的个性化产品体系;B款简单,且只有2个产品,是综合条款体例;C款简单,且只有2个产品,是分险种的条款体例。

A、B、C 条款体例的比较　　　　　　　　表 2-4

条款类别＼车辆类别	机动车			特种车	摩托车、拖拉机
A 款	产品 1			产品 2	产品 3
	三责、车人员、盗抢	车损	附加险		
	三责险条款 车上人员责任险(主/附) 盗抢险(主/附)	家庭 非营业 营业	附加 特约		
B 款	产品 1：总则 + 主附险 + 通用条款			产品 2	
C 款	产品 1：车损险条款、三责险条款、车上人员责任险条款、盗抢险条款、附加险条款、特约条款			产品 2	

注意：尽管三款体例和文字风格不同，但只是在条款的细微责任上和文字表述上略有不同，所以，对消费者影响很小。总之，A、B、C 三款无论是条款，还是费率，差异主要在于表现形式的不同，而实质性内容基本一致。

②对驾驶人饮酒、吸毒、被药物麻醉等责任规定不同。其中，A、B 款明确规定全车盗抢险责任免除，而 C 款则删除了这项责任免除。

③对被保险人家庭成员的规定不同。其中，A、B 款责任免除，而 C 款列入保障范围。

④B、C 款产品投保简单，而 A 款产品则细分保障。

⑤车上人员责任险和盗抢险的规定不同。其中，选 A、B 款的保险公司，可以自主决定是否将其作为主险，而选 C 款的保险公司，只能将其作为主险。

三、2009 版机动车商业保险的实施说明

根据《保险法》(2009 版)的修订内容，财产险公司的单证、实物都做了一些调整。汽车保险条款变了七大方面，十八个内容，主要是为了适应新修改的保险法的要求，但保险费、保险责任与免除责任基本没变。

条款主要变化有以下几个方面。

(1)针对投保环节，合同成立环节。

(2)对合同履行之后，事故发生之后的理赔环节做了很多的调整。根据《保险法》(2009 版)第十七条规定，保险人有义务对于免责条款进行明示，作出足以引起投保人注意的提示。新的条款印刷中对于免除条款都作了放大字体印刷。投保单上都要附条款。实物中也作了调整，投保环节公司要求业务人员或者代理人员在投保环节一定要向投保人对于保险责任，特别是责任免除条款进行非常明确地说明、提示，要向投保人作一个非常完整的说明。

(3)投保人签字环节。要求投保人在了解了这些条款、保险责任、除外责任之外，要对整个过程作一个确认。

四、2014 版《商业车险行业示范条款》说明

2014 版《商业车险行业示范条款》以下简称为《2014 版示范条款》。

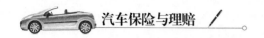

1.《2014版示范条款》的修订背景

(1)为了符合保监会《关于深化商业车险条款费率管理制度改革的意见》的要求。

(2)解决公众关心的重要问题;满足客户风险保障需求,维护客户利益。

(3)使条款依法合规、公平合理、诚实守信、通俗易懂。

(4)大部分境外车险市场中都有示范性产品,和国际接轨。

在美国,保险服务所使用其会员保险公司的数据设计保险条款、拟订费率范本,供各公司参考使用。在中国香港地区,香港保险业联会下属的意外保险协会负责制定的车险示范条款,各家保险公司可以根据自身情况选择使用;德国则由保险监管部门和交通主管部门联合制定示范性条款,并强制使用,保险公司不可以进行修订。

2.《2014版示范条款》的六大特点

1)扩大了保险责任范围,提高保障服务能力

为更好地满足保险消费者对保险保障的需求,《2014版示范条款》删除了现行条款责任免除中争议比较大的"车上人员在被保险机动车车下时遭受的人身伤亡"、"驾驶证失效或审验未合格"等15项条款,将三者险中"被保险人、驾驶人的家庭成员人身伤亡"列入承保范围,扩大了保险保障范围。此项修订使广大商业车险投保人、被保险人风险保障水平得到大幅提高,使广大消费者实实在在获益。

2)积极回应社会关注热点,维护消费者的合法权益

《2014版示范条款》合理确定了保险金额和赔偿处理问题,明确约定车损险的保险金额按投保时被保险机动车的实际价值确定。在发生全部损失时,按照保险金额为基准计算赔付。发生部分损失,按实际修复费用在保险金额内计算赔偿。这就在条款中解决了此前社会关注的"高保低赔"问题。同时,《2014版示范条款》完善了车损险事故责任比例赔偿及代位追偿约定。因第三方对被保险机动车的损害而造成保险事故的,被保险人向第三方索赔的,保险人应积极协助,被保险人也可以直接向保险公司索赔。这就在条款中解决了所谓"无责不赔"的问题。

3)厘清歧义概念和表述,减少纠纷和诉讼的发生

一方面,进一步明确了保险责任和除外责任的关系。在总则、保险责任部分中,分别强调了保险人承保风险的范围不包括免除保险人责任的损失或费用,以此来明确保险责任范畴和除外责任范畴,便于消费者理解二者的关系;另一方面,明确了"第三者"和"车上人员"的范围。对在司法审判实践中时常发生争议的第三者是否包括"投保人、保险人"问题,《2014版示范条款》明确第三者"不包括被保险机动车本车车上人员、被保险人",从而实质上将"投保人"纳入第三者范围,与交强险保持一致。意见稿进一步明确了"车上人员"的范围为"发生意外事故的瞬间,在被保险机动车车体内或车体上的人员,包括正在上下车的人员"。

4)精简整合附加险,扩大了主险承保范围

《2014版示范条款》将现行的38个附加险整合为11个附加险,其中5个附加险承保风险被并入主险保险责任,包括教练车特约、倒车镜车灯单独损坏、车载货物掉落、法律费用及租车人人车失踪附加险;删除了23个对消费者实际风险保障意义不大或属于部分保险人提供的增值服务的附加险,例如可选免赔额特约条款、附加更换轮胎服务、附加送油、充电服务、附加拖车服务、节假日行驶区域扩展特约条款、全车盗抢附加高尔夫球具盗窃险条款、异地出险住宿费特约条款、救援费用特约条款等,其中,可选免赔额特约条款纳入费率系数,供被保险人选择,特种车的有关附加险纳入特种车条款,个性化的附加险条款可由符合条件的保险公司自行开发;新增了"无法找到第三方特约险"附加险。经过精简和调整后的《2014版示范条款》附加险,设计更为合理,更符合大众需求,也有利于减少消费者在投保商业车险时的选择困难。

5) 精简优化条款体例,方便消费者阅读理解

《2014版示范条款》精简优化了保险条款体系和结构,除对特种车、摩托车、拖拉机,单程提车单独设置条款外,其余机动车均采用统一的保险条款。优化后的条款结构为"总则＋四个主险的个性化条款 ＋ 通用条款",大幅简化了保险条款的结构。同时,对责任免除中免责事项进行归类梳理,一方面将免赔率与免赔额单独列明,另一方面将责任免除条款划分为不保情形、原因除外、损失和费用除外三类。对于不保情形中驾驶人违法的情形、原因除外中违反合同义务约定免赔的情形进行了整合;对于损失和费用除外约定,依据各项免赔约定的内在逻辑和属性,区分为保险人绝对不保和可以通过附加险扩展承保两种情形。经过梳理优化,《2014版示范条款》逻辑更加清晰,体系更加简明,更加方便保险消费者阅读和理解。

6) 规范优化配套单证,便利消费者的阅读和理赔

为落实《保险法》关于明确说明义务的要求,此次条款修订专门编写了商业车险投保告知书,对免除保险人责任的约定进行了集中表述,并对条款中容易引致歧义的内容进行了解释。同时,参考国际成熟保险市场的做法,设计了汽车商业保险凭证,便于消费者投保后放置车内或随身携带,作为享受保险保障相关权利的凭证。

此外,为满足保险消费者对保险单"即时生效"的需求,此次条款修订删除了保险单中"次日零时生效"的约定,遵循契约自由原则,允许投保人在"零时起保"或者"即时生效"之间做出选择,允许有条件的保险公司自行设计投保单。目前保险公司执行的合同惯例是要待缴纳保险费之后的次日零点才能生效。

3.《2014版示范条款》执行说明

(1) 由中国保险行业协会负责拟定并不断丰富商业车险示范条款体系。

(2) 保险公司可以参考和使用保险行业协会制定的《2014版示范条款》和行业参考纯损失率拟定本公司的商业车险条款和费率。

(3) 鼓励财产保险公司积极开发商业车险创新型条款。由中国保险行业协会成立的商业车险创新型条款专家评估委员会进行评估。

(4) 财产保险公司应根据自身能力审慎制定商业车险发展规划,妥善处理商业车险新旧产品衔接问题,大力提升承保理赔服务水平,切实防范定价风险和偿付能力风险。

第二节 交 强 险

一、交强险概述

1. 交强险的定义

交强险是指由保险公司对被保险机动车发生道路交通事故造成本车人员、被保险人以

外的受害人的人身伤亡、财产损失,在责任限额内予以赔偿的强制性责任保险。

应特别注意以下几点:

(1)交强险虽然在名称中取消了"第三者",但实质上是一种以第三者为保障对象的强制性责任保险。

(2)在责任限额内的损失,交强险先行赔付,超过限额部分再由商业第三者责任险或相关人员赔付。

(3)交强险的被保险人,是指投保人及其允许的合法驾驶人。

《关于审理道路交通事故损害赔偿案件适用法律若干问题的解释》第十七条规定:投保人允许的驾驶人驾驶机动车致使投保人遭受损害,当事人请求承保交强险的保险公司在责任限额范围内予以赔偿的,人民法院应予支持,但投保人为本车上人员的除外。

特别提示

1. 在包括交强险在内的所有车险中,驾驶人如同被保险人。

2. 投保人与被保险人是有本质区别的,但交强险中的被保险人是一个特例,只有在交通事故发生时才能确定。投保人在车上时就是被保险人,而在车下时应视为第三者。

想一想

(1)交强险赔偿承认的"第三者"含义是什么?

(2)交强险实施前,车险有无强制保险?

2. 交强险与商业第三者责任险的主要区别

(1)赔偿限额不同。交强险的赔偿限额为12.2万元,而商业第三者责任险的赔偿限额有5万元、10万元、15万元、20万元、30万元、50万元、100万元7个档次。

想一想

对未按规定投保交强险的机动车,国家对其有什么限制?公安交通管理部门对其有什么处罚?

(2)投保的强制性不同。交强险是国家规定的强制保险,而商业第三者责任险因为是纯粹的商业保险,所以属于自愿投保。

(3)保障范围不同。交强险赔偿范围大,除了《机动车交通事故责任强制保险条例》规定的个别事项外,交强险的赔偿范围几乎涵盖了所有道路交通责任风险;而商业第三者责任险赔偿范围小,保险公司不同程度地规定有免赔额、免赔率或责任免除事项。

(4)赔偿原则不同。交强险赔偿采用无过错责任原则,而商业第三者责任险的赔偿采用过错责任原则。

（5）费率形成机制不同。交强险总体上按"不盈利不亏损"的原则审批费率，而商业第三者责任险则按商业性保险的机制进行管理。

3．构成保险责任的四个条件

（1）属于交通事故或在《道路交通安全法》承认的"道路"以外通行发生的非交通事故。

《道路交通安全法》第七十六条第一款规定："机动车发生交通事故造成人身伤亡、财产损失的，由保险公司在机动车第三者责任强制保险责任限额范围内予以赔偿；"

《道路交通安全法》第七十七条规定："车辆在道路以外通行时发生的事故，公安机关交通管理部门接到报案的，参照本法有关规定办理。"

（2）受害人属于交强险承认的"第三者"。

（3）事故造成了受害人的人身伤亡或财产损失。

（4）在交强险赔偿限额内的损失。

想一想

1．《道路交通安全法》承认的"道路"包含哪些道路？
2．如果车辆被出借或是租赁车，交强险赔付吗？

4．赔偿限额（表2-5）

交强险赔偿限额（2008版）　　　　　　　　　　表2-5

限额类别＼情况类别	死亡伤残	医疗费用	财产损失
有责任的限额（万元）	11	1	0.2
无责任的限额（万元）	1.1	0.1	0.01

死亡伤残赔偿项目有丧葬费、死亡补偿费、受害人亲属办理丧葬事宜支出的交通费、残疾赔偿金、残疾辅助器具费、护理费、康复费、交通费、被扶养人生活费、住宿费、误工费、被保险人依照法院判决或者调解承担的精神损害抚慰金等。

医疗费用赔偿项目有受害者医药费、诊疗费、住院费、住院伙食补助费、必要的合理的后续治疗费、整容费、营养费等。

二、交强险的费率

1．2008版交强险的基础费率表

交强险的基础费率表（2008版）见表2-6。

交强险的基础费率表（2008版）　　　　　　　　　　表2-6

车辆类别	序号	车辆明细分类	保费（元）
家庭自用车	1	家庭自用汽车6座以下	950
	2	家庭自用汽车6座及以上	1100

续上表

车辆类别	序号	车辆明细分类	保费（元）
非营业客车	3	企业非营业汽车6座以下	1000
	4	企业非营业汽车6～10座	1130
	5	企业非营业汽车10～20座	1220
	6	企业非营业汽车20座以上	1270
	7	机关非营业汽车6座以下	950
	8	机关非营业汽车6～10座	1070
	9	机关非营业汽车10～20座	1140
	10	机关非营业汽车20座以上	1320
营业客车	11	营业出租租赁6座以下	1800
	12	营业出租租赁6～10座	2360
	13	营业出租租赁10～20座	2400
	14	营业出租租赁20～36座	2560
	15	营业出租租赁36座以上	3530
	16	营业城市公交6～10座	2250
	17	营业城市公交10～20座	2520
	18	营业城市公交20～36座	3020
	19	营业城市公交36座以上	3140
	20	营业公路客运6～10座	2350
	21	营业公路客运10～20座	2620
	22	营业公路客运20～36座	3420
	23	营业公路客运36座以上	4690
非营业货车	24	非营业货车2t以下	1200
	25	非营业货车2～5t	1470
	26	非营业货车5～10t	1650
	27	非营业货车10t以上	2220
营业货车	28	营业货车2t以下	1850
	29	营业货车2～5t	3070
	30	营业货车5～10t	3450
	31	营业货车10t以上	4480
特种车	32	特种车一	3710
	33	特种车二	2430
	34	特种车三	1080
	35	特种车四	3980
摩托车	36	摩托车50mL及以下	80
	37	摩托车50～250mL(含)	120
	38	摩托车250mL以上及侧三轮	400

续上表

车辆类别	序号	车辆明细分类	保费（元）
拖拉机	39	兼用型拖拉机 14.7kW 及以下	按保监产险〔2007〕53号实行地区差别费率
	40	兼用型拖拉机 14.7kW 以上	
	41	运输型拖拉机 14.7kW 及以下	
	42	运输型拖拉机 14.7kW 以上	

注：1. 座位和吨位的分类都按照"含起点不含终点"的原则来解释。

2. 特种车一包括油罐车、汽罐车、液罐车；特种车二包括专用净水车、特种车一以外的罐式货车，以及用于清障、清扫、清洁、起重、装卸、升降、搅拌、挖掘、推土、冷藏、保温等的各种专用机动车；特种车三包括装有固定专用仪器设备从事专业工作的监测、消防、运钞、医疗、电视转播等的各种专用机动车；特种车四指集装箱拖头。

3. 挂车根据实际的使用性质并按照对应吨位货车的30%计算。

4. 低速载货汽车参照运输型拖拉机 14.7kW 以上的费率执行。

2. 交强险的保费计算

交强险的保费计算公式为：

$$保费 = 基础保险费 \times (1 + 浮动比率)$$

3. 全国版的交强险费率浮动标准

（1）特点。实行单挂钩制度，即费率只与道路交通事故挂钩（与道路交通安全违法行为暂不挂钩）。

（2）费率浮动表（表2-7）。

交强险费率浮动表 表2-7

挂钩		浮动因素	浮动比率
只与道路交通事故相挂钩	A1	上一年度未发生有责任的交通事故	下浮10%
	A2	上二个年度未发生有责任的交通事故	下浮20%
	A3	上三个及以上年度未发生有责任的交通事故	下浮30%
	A4	上一年度只发生一次有责任的但不涉及死亡的交通事故	不浮动
	A5	上一年度发生二次及二次以上有责任的交通事故	上浮10%
	A6	上一年度发生有责任的道路交通死亡事故	上浮30%

注：摩托车和拖拉机暂不浮动。

（3）费率浮动的几点说明。

①同时满足多个浮动因素的，按向上浮动或向下浮动比率的高者计算。

②仅发生无责任的道路交通事故，费率仍可享受向下浮动。

③只随上年度交强险已赔付的赔案浮动，即上年度发生赔案但还没赔付，本期费率不浮动，直到赔付后的下一年度才向上浮动。

④首次投保或车辆所有权转移办理批改的，费率不浮动。

⑤车辆在丢失期间发生道路交通事故的，追回后若提供公安机关证明的，费率不上浮。

⑥未及时续保的，浮动因素计算区间仍为上期保单出单日至本期保单出单日之间。

⑦在完成保费计算后出单前，保险公司应出具交强险费率浮动告知单，经投保人签章确

认后,再出具保单、保险标志。投保人有异议的,应告知其有关道路交通事故的查询方式。

⑧已建立汽车保险联合信息平台的地区,费率浮动告知书及保单应通过汽车保险联合信息平台出具。

⑨在全国汽车保险信息平台联网或交换前,跨省变更投保地时,如能提供相关证明文件的,可享受交强险费率向下浮动,不能提供的费率不浮动。

4. 上海版的交强险费率浮动标准

(1)特点。实行双挂钩制度,即费率既与道路交通事故挂钩,又与道路交通安全违法行为挂钩。

(2)费率浮动说明。

①上一个年度无交通违法行为记录,续保时费率下浮10%;上两个年度无交通违法记录,续保时费率下浮20%;连续三年或三年以上无交通违法记录,续保时费率下浮40%。

②上一个年度有交通违法记录,费率按表2-8中所列标准上浮。

上海版的交强险费率浮动表　　　　　　　　　　　表2-8

序号	内容	费率系数
1	超速超过50%以上的	+20%/次
2	超速未达50%(含50%)的	+10%/次
3	违反交通信号灯指示通行的	+20%/次
4	逆向行驶的	+20%/次
5	货车载物超过核定载质量30%以上的	+10%/次
6	公路客车载客超过核定载客人数20%以上的	+10%/次
7	车辆未经定期检验合格继续使用的	+10%/次
8	驾驶时拨打或接听手持电话的	+10%/次
9	违反让行规定的	+10%/次
10	变更车道影响他人行车安全的	+10%/次
11	饮酒后驾驶机动车的、饮酒后驾驶营运机动车的	+10%/次
12	其他交通违法10次(含10次)以上的(不包括上述11项违法行为和不纳入交强险费率浮动范围的交通违法行为)	+10%/次

注:上一年度费率调整系数累加上限为60%。

③当年初次登记的新车、当年所有权变更登记的在用车,按国家规定的基准费率投保。摩托车、拖拉机,不再进行费率浮动,按国家规定的基准费率投保。

④不纳入交强险费率浮动范围的交通违法行为见表2-9。

不纳入交强险费率浮动范围的交通违法行为　　　　　　表2-9

序号	违法行为
1	未取得驾驶证驾驶机动车的
2	把机动车交给未取得机动车驾驶证的人驾驶的
3	非法安装报警器的
4	非法安装标志灯具的

续上表

序号	违法行为
5	驾驶证丢失期间仍驾驶机动车的
6	驾驶证损毁期间仍驾驶机动车的
7	不按规定投保交强险的
8	遇前方机动车停车排队等候或者缓慢行驶时,在人行横道、网状线区域内停车等候的
9	在禁止鸣喇叭的区域或者路段鸣喇叭的
10	特种车辆违反规定使用警报器的
11	特种车辆违反规定使用标志灯具的
12	上道路行驶的机动车未放置检验合格标志的
13	逾期3个月未缴纳罚款的
14	连续两次逾期未缴纳罚款的
15	上道路行驶的机动车未放置保险标志的
16	未随身携带行驶证的
17	醉酒后驾驶机动车的、醉酒后驾驶营运机动车的
18	驾驶人未按规定使用安全带的
19	驾驶与驾驶证载明的准驾车型不相符合的车辆的

5. 与酒后驾车挂钩的交强险费率浮动标准

公安部、中国保险监督管理委员会联合下发通知,决定自2010年3月1日起,逐步实行酒后驾驶违法行为与机动车交通事故责任强制保险费率联系浮动制度。其中,醉酒后驾驶违法行为一次上浮的交强险费率控制在20%~30%之间,累计上浮的费率可达60%。浮动具体标准由各地结合实际情况确定。通知要求各保监局和省级公安机关要在充分测算和论证的基础上,在公安部和保监会确定的交强险费率浮动幅度内,明确饮酒后驾驶、醉酒后驾驶违法行为上浮费率的标准。其中,饮酒后驾驶违法行为一次上浮的交强险费率控制在10%~15%之间,醉酒后驾驶违法行为一次上浮的交强险费率控制在20%~30%之间,累计上浮的费率不得超过60%。通知还要求各保险公司必须严格执行交强险费率方案以及交强险费率浮动办法,不得擅自加收或减收交强险保费。

酒后驾驶严重危害道路交通安全、社会公共安全和人民群众生命财产安全,是全球道路交通安全的公害。酒驾行为属于零容忍行为,酒驾者、醉驾者在道路上就像一颗不定时炸弹,给正常驾车行驶的驾驶人埋下了极其严重的安全隐患。世界上主要发达国家和地区都对机动车实行交强险浮动费率制度,对连续发生交通违法的机动车辆上浮保险费率。仅仅通过交通处罚,甚至刑事处罚是远远不够的,为了进一步加大对酒后驾驶违法行为的惩处力度,促进机动车驾驶人增强交通安全意识和法治意识,才将酒驾与交强险费率联动。今后车主因为酒驾被交警查处,即使没有出险,第二年的交强险保费也要按规定上浮,从而提高了违法成本,对驾驶人有更多的约束。

北京市决定自2010年3月1日起,每发生一次饮酒后驾驶违法行为的,年交强险费率上浮15%;每发生一次醉酒后驾驶违法行为的,年交强险费率上浮30%,累计费率上浮不超过60%。北京汽车保险信息平台将严格按照交强险费率方案及浮动办法的有关规定,根据北京市公安交管局提供的酒后驾驶违法行为记录,统一计算交强险保费。

【案例2-1】

2010年6月,王先生给一辆新买的五座家庭自用小轿车投保了交强险,标准保费为950元。如果上一保险年度王先生共发生有责任道路交通事故1次,发生饮酒驾驶违法行为1次,醉酒驾驶违法行为1次。

(1)第二年投保交强险时,其费率将如何浮动?

【法理分析】

因为王先生仅发生了1次有责任道路交通事故,所以与道路交通事故相联系的费率浮动比率为0%;又因为王先生发生饮酒驾驶违法行为1次,其费率将上浮15%;醉酒驾驶违法行为1次,其费率将上浮30%。

所以,与酒后驾驶违法行为相联系的费率浮动比率应为45%(15%×1+30%×1)。该车辆在上一年度最终费率浮动系数为1.45(1+45%),应缴纳保费:950×1.45元=1377.5元。

(2)同样是这辆车,如果其他条件不变,上一保险年度发生饮酒驾驶违法行为2次,醉酒驾驶违法行为2次,则第二年投保交强险时,其费率将如何浮动?

【法理分析】

因为王先生发生饮酒驾驶违法行为2次,其费率将上浮(2×15%);醉酒驾驶违法行为2次,其费率将上浮(2×30%)。由于累计费率上浮不应超过60%,所以,与酒后驾驶违法行为相联系的费率浮动比率应为60%。该车辆在上一年度最终费率浮动系数为1.6(1+60%),应缴纳保费:950×1.6=1520元。

6. 交强险费率浮动告知单

保险公司在签发保险单以前,应当向投保人出具《交强险费率浮动告知单》,经投保人签章(个人车辆签字即可)确认后,再出具保险单、保险标志。对于首次投保交强险的车辆,保险人不需要出具《交强险费率浮动告知单》。交强险费率浮动告知单样式如图2-1所示。

三、车船税的代缴

1. 车船税的定义

车船税是指以车船为征税对象,向拥有并使用车船的单位和个人征收的一种税。

2. 车船税的特点

(1)兼有财产税和行为税的性质。

(2)具有单项财产税的特点。

(3)实行分类、分级(项)定额税率。

3. 车船税的征收对象

根据规定,依法在公安、交通、农业、军事等车船管理部门登记的车辆都属于车船税的征收范围。这些车辆中,除拖拉机、军队和武警专用车辆、警用车辆等条例规定免税的车辆以外,若纳税人无法提供地方税务机关出具的完税凭证或减免税证明,纳税人都应按照保险机构所在地的车船税税额标准缴纳车船税。

第二章 汽车保险产品

机动车交通事故责任强制保险费率浮动告知单

尊敬的投保人：

您的机动车投保基本信息如下：

车牌号码：　　　　　　　　　　　号牌种类：

发动机号：　　　　　　　　　　　识别代码(车架号)：

浮动因素计算区间：　　年　　月　　日零时至　　年　　月　　日二十四时

根据中国保险监督管理委员会批准的机动车交通事故责任强制保险(以下简称交强险)费率,您的机动车交强险基础保险费是:人民币　　　　元。

您的机动车从上年度投保以来至今,发生的有责任道路交通事故记录如下：

序号	赔付时间	是否造成受害人死亡

或者：您的机动车在上　　个年度内未发生道路交通事故。

根据中国保险监督管理委员会公布的《机动车交通事故责任强制保险费率浮动暂行办法》,与道路交通事故相联系的费率浮动比率为：　　　　%。

交强险最终保险费 = 交强险基础保险费 × (1 + 与道路交通事故相联系的浮动比率)

本次投保应交的保险费:人民币　　　　元(大写：　　　　　　　　　　)

以上告知,如无异议,请您签字(签章)确认。

投保人签字(盖章)：_____

日期：____年____月____日

图 2-1　机动车交通事故责任强制保险费率活动告知单

4. 车船税的申报缴纳

(1)纳税期限实行按年征收、分期缴纳。一般规定为按季或半年征收。

(2)纳税人应根据税法规定,将现有车船的数量、种类、吨位和用途等情况,据实向当地税务机关办理纳税申报。

(3)车船税由纳税人所在地的税务机关征收。

5. 车船税的代缴

(1)车船税要通过保险公司缴纳。机动车的车船税具有涉及面广、税源流动性强的特点,且纳税人多为个人,征管难度较大;另外,纳税人直接到税务机关缴纳税款又存在道路不熟悉、停车困难、花费时间长等种种不便。因此,由保险机构在办理交强险业务时代收代缴机动车的车船税,可以方便纳税人缴纳车船税,从而提高税源控管水平,节约征纳双方的成本。

(2)保险公司代收车船税的有关规定。新颁布的《中华人民共和国车船税暂行条例》规定从 2007 年 7 月 1 日起,在购买交强险时由保险公司代收车船税,并及时向国库缴纳税款。

自 2008 年 7 月 1 日起,向保险公司缴纳车船税时应提供上次投保的保单,以便查验上一年度的完税情况;若上年度未缴纳的,则保险公司除代收欠缴的税款外,还将按日加收 0.05% 的滞纳金。

保险公司代收代缴机动车的车船税后,要向纳税人开具含有完税信息的保单,作为纳税人缴纳车船税的证明;如需另外再开具完税凭证的,纳税人可以凭交强险保单到保险机构所在地的地方税务机关开具。

车船税暂行条例实施细则规定,已完税的车辆被盗抢、报废、灭失的,纳税人可以凭有关管理机关出具的证明和完税证明,向纳税所在地的主管地方税务机关申请退还自被盗抢、报废、灭失月份起至该纳税年度终了期间的税款。纳税人通过保险机构代收代缴车船税后,若在当年发生符合车船税退税条件的情况,可向保险机构所在地的地方税务机关提出退税申请。

四、交强险的单证和标志

交强险执行"见费出单"管理制度。交强险保险单必须在系统根据全额保费入账收费信息实时确认并自动生成唯一有效指令后,方可出具正式保险单、保险标志;交强险定额保险单应在收取全额保险费后方可出具保险单、保险标志。

有条件的地区和公司,可要求交强险定额保单也在系统根据全额保费入账收费信息实时确认并自动生成唯一有效指令后,方可出具正式保险单、保险标志。

1. 保险单

(1) 识别真假交强险保单的技巧。

①看保单的外观。

a. 颜色:褐色且色彩清晰。

b. 纸张:平滑圆润,不掉粉、不掉毛。

c. 保单表面:光滑整洁,涂布均匀,无裂口、皱纹、着色等外观纸病。

②看保单的细节。

a. 红色荧光防伪油墨:在紫外线灯下发红光,如图 2-2 所示。

图 2-2 交强险的红色荧光防伪油墨

b. 防伪底纹:满版由轿车和货车图案作浮雕底纹。

c. 光栅效果的"SALI"字样:在不同角度光照下会变色且文字隐现在底色中,如图 2-3 所示。

d. 微缩文字形成横线:横线与标题等长且横线为以"SALI"为字样的微缩文字。字母"SALI"在 5~10 倍的放大镜下清晰可辨,而假保单通常为一条黑色直线,如图 2-4 所示。

责任限额	死亡伤残赔偿限额		元	无责任死亡伤残赔偿限额		元	第四联交投保人
	医疗费用赔偿限额		元	无责任医疗费用赔偿限额		元	
	财产损失赔偿限额		元	无责任财产损失赔偿限额		元	
与道路交通安全违法行为和道路交通事故相联系的浮动比率						%	
保险费合计(人民币大写):			(¥: 元)其中救助基金(%)¥: 元				
保险期间自	年	月	日零时起至	年	月	日二十四时止	
保险合同争议解决方式							

图 2-3　交强险光栅效果的 "SALI" 字样

中国保险监督管理委员会监制　　　　　限在XX省(市、自治区)销售
机动车交通事故责任强制保险单(正本)

图 2-4　交强险微缩文字形成横线

(2)使用中的注意问题。

①交强险保险单必须单独编制保险单号码并通过业务处理系统出具。

②交强险保险单和交强险定额保险单由正本和副本组成。正本由投保人或被保险人留存;业务留存联和财务留存联由保险公司留存,公安交管部门留存联由保险公司加盖印章后交投保人或被保险人,由其在注册登记或检验时交公安交管部门留存。已经建立汽车保险信息平台并实现与公安交管部门互联的地区,可根据当地的统一要求,不使用公安交管部门留存联。已实现"见费出单"的地区或公司,可不使用财务留存联。

③除摩托车、拖拉机或其他经保监会同意的业务可以使用定额保险单外,其他投保车辆必须使用交强险保单。定额保险单可以手工出单并手工填写发票,但必须在出具保险单后的 7 个工作日内,准确补录到业务处理系统中。已经建立汽车保险信息平台或其他有条件地区,可根据当地的统一要求,对摩托车或拖拉机也使用交强险保单,取消手工出单。

④有关内容不得涂改,涂改后的交强险单证无效。已生效的单证若损毁或遗失时,应向保险公司申请补办,保险人应在 5 个工作日内完成。补办申请单如图 2-5 所示。

机动车交通事故责任强制保险
单证、标志补办申请

_____(保险公司名称):
　　_____(申请人名称/姓名)因_____
_____
致交强险_____(车的保险单/定额保险单/批单/标志)于_____年_____月_____日(损毁/遗失),特申请补办。

机动车交强险基本信息如下:

车牌号码:_____　　发动机号:_____
保险期间:_____年_____月_____日零时至_____年_____月_____日二十四时
申请人身份证号码(组织机构代码):_____

　　　　　　　　　　　　　　　　　　　　申请人签章(签字):
　　　　　　　　　　　　　　　　　　　　　　年　月　日

图 2-5　机动车交通事故责任强制保险单证、标志补办申请单

2. 交强险标志

(1) 交强险标志分为内置型交强险标志和便携型交强险标志两种。具有前风窗玻璃的投保车辆,应签发内置型保险标志;不具有前风窗玻璃的投保车辆,应签发便携型保险标志。例如,无风窗玻璃的摩托车、拖拉机、挂车,可签发便携式保险标志。

内置型保险标志可不加盖业务章,便携式保险标志必须加盖保险公司业务专用章。

(2) 未取得牌照的新车,可以用完整的车辆发动机号或车辆识别代码代替车牌号码打印在交强险保险标志上。

(3) 携带与处罚。

①携带:内置型保险标志应将正面涂胶后张贴在前风玻璃的右上角,便携型保险标志应随身携带。

②处罚:未张贴或携带标志的将被扣车,同时罚款 20~200 元;伪造、使用伪造或他车标志将被扣车,同时罚款 200~2000 元。

五、保险责任与责任免除

1. 保险责任

在中华人民共和国境内(不含港、澳、台地区),被保险人在使用被保险机动车过程中发生交通事故,致使受害人遭受人身伤亡或财产损失,依法应当由被保险人承担的损害赔偿责任,保险人按照交强险合同约定对每次事故在赔偿责任限额内负责赔偿。

2. 责任免除

(1) 因受害人故意造成的交通事故的损失。

(2) 被保险人所有的财产及被保险车上的财产遭受的损失。

(3) 被保险机动车发生交通事故,致使受害人停业、停驶、停电、停水、停气、停产、通信或者网络中断、数据丢失、电压变化等造成的损失以及受害人财产因市场价格变动造成的贬值、修理后因价值降低造成的损失等其他各种间接损失。

(4) 因交通事故产生的仲裁费或诉讼费及其他相关的费用。

3. 特殊责任(针对保险公司的垫付责任)

所谓特殊责任即是指既不是完全的保险责任也不是完全的除外责任。

2013 版《交强险实施条例》第二十二条规定:"有下列情形之一的,保险公司在机动车交通事故责任强制保险责任限额范围内垫付抢救费用,并有权向致害人追偿:(一)驾驶人未取得驾驶资格或者醉酒的;(二)被保险机动车被盗抢期间肇事的;(三)被保险人故意制造道路交通事故的。有前款所列情形之一,发生道路交通事故的,造成受害人的财产损失,保险公司不承担赔偿责任。"

《关于审理道路交通事故损害赔偿案件适用法律若干问题的解释》第十八条规定:"有下列情形之一导致第三人人身损害,当事人请求保险公司在交强险责任限额范围内予以赔偿,人民法院应予支持:(一)驾驶人未取得驾驶资格或者未取得相应驾驶资格的;(二)醉酒、服用国家管制的精神药品或者麻醉药品后驾驶机动车发生交通事故的;(三)驾驶人故意制造交通事故的。保险公司在赔偿范围内向侵权人主张追偿权的,人民法院应予支持。追偿权的诉讼时效期间自保险公司实际赔偿之日起计算。"

(1)在下列三种情况下发生的交通事故,保险公司不负责赔偿财产损失,只在交强险保险责任限额内垫付人身伤亡费用但有权向致害人追偿。

①驾驶人未取得驾驶资格或者未取得相应驾驶资格的。

②醉酒、服用国家管制的精神药品或者麻醉药品驾驶的。

③被保险人或实际驾驶人故意制造道路交通事故的。

想一想

1. 酒驾与醉驾是如何划分的?
2. 酒驾发生的交通事故,交强险如何赔付?
3. 醉驾以什么罪名入刑?构成本罪是否以发生交通事故为要件?
4. 肇事逃逸交强险赔付吗?

(2)在下列情况下发生的交通事故,保险公司不负责赔偿财产损失,只在交强险保险责任限额内垫付医疗抢救费但有权向致害人追偿。

被保险机动车在被盗抢期间肇事的。

六、垫付和追偿

1. 抢救费用垫付

(1)保险公司垫付条件。同时满足以下条件的,可垫付受害人的抢救费用。

①满足下列情形之一的:驾驶人未取得驾驶资格或者醉酒的,被保险机动车在被盗抢期间肇事的,被保险人故意制造交通事故的。

②接到公安机关交通管理部门要求垫付的通知书。

③受害人必须抢救,且抢救费用已经发生,抢救医院提供了抢救费用单据和明细项目。

④不属于应由道路交通事故社会救助基金垫付的抢救费用。

(2)保险公司垫付抢救费的标准。

①按照交通事故人员创伤临床诊疗指南和抢救地的国家基本医疗保险的标准,在交强险医疗费用赔偿限额或无责任医疗费用赔偿限额内垫付抢救费用。

②被抢救人数多于一人且在不同医院救治的,在医疗费用赔偿限额或无责任医疗费用赔偿限额内按人数进行均摊;也可以根据医院和交警的意见,在限额内酌情调整。

(3)保险公司垫付抢救费的垫付方式。自收到交通管理部门出具的书面垫付通知、伤者病历/诊断证明、抢救费用单据和明细之日起,及时向抢救受害人的医院出具《承诺垫付抢救费用担保函》,或将垫付款项划转至抢救医院在银行开立的专门账户,不进行现金垫付。

(4)保险公司不予支付抢救费用的情况。

①事故不构成保险责任,如受害人的故意行为等。

②应由道路交通事故社会救助基金垫付的抢救费用。

a. 抢救费用超过交强险医疗费用赔偿限额的。

b. 肇事机动车未参加机动车交通事故责任强制保险的。

c. 机动车肇事后逃逸的。

③非抢救费用或抢救费用不符合国务院卫生主管部门组织制定的有关临床诊疗指南和国家基本医疗保险标准的费用。

④非本次事故交强险受害人的抢救费用。

(5)保险公司垫付抢救费用的支付流程。

①接到公安机关交通管理部门抢救费用支付的书面通知后,及时核实承保、事故情况,在1个工作日之内出具《承诺支付/垫付抢救费用担保函》,交被保险人送至伤者抢救所在医院,并提供医院接受支付抢救费的划转账户的开户行及账号。

②对伤者病历/诊断证明、抢救费用单据和明细进行审核。

③满足以下条件之一,及时将款项划转至救治医院指定账户:

a. 抢救费用总额达到或超过交强险医疗费用赔偿限额。

b. 抢救过程结束。

④向医院出具《交强险抢救费用支付/垫付说明书》。

注意:抢救费用不得进行现金支付。

2. 抢救费用垫付后的追偿

对于所有垫付的案件,保险人垫付后有权向致害人追偿。追偿收入在扣减相关法律费用(诉讼费、律师费、执行费等)、追偿费用后,全额冲减垫付款。

七、交强险的赔偿处理

1. 赔偿原则

(1)保险人在交强险责任范围内负责赔偿被保险机动车因交通事故造成的对受害人的损害赔偿责任,赔偿金额以交强险条款规定的分项责任限额为限。

注意在上述损害赔偿责任中,被保险人未向受害人赔偿的部分,不得向保险人提出索赔。

(2)被保险人书面请求保险人直接向第三者(受害人)赔偿保险金的,保险人应向第三者(受害人)就其应获赔偿部分直接赔偿保险金。

被保险人未书面请求保险人向第三者(受害人)赔偿保险金,且接保险人通知后,无故不履行赔偿义务超过15日的,保险人有权就第三者(受害人)应获赔偿部分直接向第三者(受害人)赔偿保险金。

(3)交强险的案件应与其他保险业务分开立案、分开记录、分开结案。

(4)道路交通事故肇事方(被保险人)、受害人等对交强险赔偿以上部分存在争议的,不影响其及时获得交强险的赔偿。道路交通事故肇事方(被保险人)、受害人等对交强险某分项责任赔偿存在争议的,不影响其及时获得交强险其他分项责任的赔偿。

2. 赔偿时限

(1)保险责任核定时限。对涉及财产损失的,保险公司应当自收到被保险人提供的证明和资料之日起1日内,对是否属于保险责任作出核定,并将结果通知被保险人。对涉及人身伤亡的,保险公司应当自收到被保险人提供的证明和资料之日起3日内,对是否属于保险责任作出核定,并将结果通知被保险人。

(2)拒赔通知时限。对不属于保险责任的,保险公司应当自作出核定之日起3日内向被保险人或者受益人发出拒绝或拒绝给付保险金通知书,并书面说明理由。

(3)赔偿保险金时限。

①对属于保险责任在2000元以下的仅涉及财产损失赔偿案件,被保险人索赔单证齐全的,保险公司应在当日给付保险金。

②对属于保险责任在10000元以下的人身伤亡赔偿案件,被保险人索赔单证齐全的,保险公司应当在3日内给付保险金。

③对属于保险责任在50000元以下的人身伤亡赔偿案件,被保险人索赔单证齐全的,保险公司应当5日内给付保险金。

④对属于保险责任的交强险赔偿案件,被保险人索赔单证齐全的,保险公司应当在被保险人提出索赔申请不超过7日内给付保险金。

(4)先予支付保险金承诺。保险人自收到赔偿或者给付保险金的请求和有关证明、资料之日起20日内,对其赔偿或者给付保险金的数额不能确定的,应当根据已有证明和资料将可以确定的数额先予支付;保险人最终确定赔偿或者给付保险金的数额后,应当支付相应的差额。

3. 挂车的赔偿

牵引车和挂车连接使用时发生交通事故的,牵引车和挂车交强险共同、平均承担赔偿责任。即受害人可获得两份交强险最高赔偿责任额。

2013版《交强险实施条例》第四十三条规定:"挂车不投保机动车交通事故责任强制保险。发生道路交通事故造成人身伤亡、财产损失的,由牵引车投保的保险公司在机动车交通事故责任强制保险责任限额范围内予以赔偿;不足的部分,由牵引车方和挂车方依照法律规定承担赔偿责任。"

《关于审理道路交通事故损害赔偿案件适用法律若干问题的解释》第二十一条第二款规定:"依法分别投保交强险的牵引车和挂车连接使用时发生交通事故造成第三人损害,当事人请求由各保险公司在各自的责任限额范围内平均赔偿的,人民法院应予支持。"

4. 特殊案件处理

(1)满限额提前结案处理机制。

①适用条件。同时满足以下条件,属于交强险赔偿责任的事故。

a. 涉及人员伤亡,医疗费用支出已超过交强险医疗费用赔偿限额或估计死亡伤残费用明显超过交强险死亡伤残赔偿限额。

b. 被保险人申请并提供必要的单据。

②基本原则。对于涉及人员伤亡的事故,损失金额明显超过保险车辆适用的交强险医疗费用赔偿限额或死亡伤残赔偿限额的,保险公司可以根据被保险人的申请及相关证明材料,在交强险限额内先予赔偿结案,待事故处理完毕、损失金额确定后,再对剩余部分在商业险项下进行赔偿。

相关证明材料包括以下内容。

a. 索赔申请书、机动车行驶证、机动车驾驶证、被保险人身份证明、领取赔款人身份证明等。

b. 交通事故责任认定书。

c. 人员费用证明：医院诊断证明、医疗费报销凭证、死亡证明、被扶养人证明等。

③基本流程。

a. 被保险人提出索赔申请。

b. 被保险人提供必要单证。

c. 保险公司在收到索赔申请和相关单证后进行审核，对于根据现有材料能够确定赔款金额明显超过医疗费用限额或死亡伤残限额的案件，应由医疗审核人员签署意见，在5日内先予支付赔款。不再涉及交强险赔付的，对交强险进行结案处理。

（2）交通事故责任未确定案件的抢救费用支付。保险公司收到受害人抢救费用支付申请时，被保险人在交通事故中是否有责任尚未明确的，在无责任医疗费用赔偿限额内支付抢救费用。

在道路交通管理部门能够确认被保险人在交通事故中负有责任后，保险公司应及时在交强险医疗费用赔偿限额内，补充应垫付的抢救费用。

（3）交通事故中死者为无名氏的交强险赔偿。交通事故死亡人员身份无法确认的，其交强险赔偿金由道路交通事故社会救助基金管理机构提存保管。

无法由道路交通事故社会救助基金管理机构提存的，保险公司可以对已产生的费用如医疗费、丧葬费按照交强险赔偿标准凭票据赔偿，其他项目原则上不应向无赔偿请求权的个人或机构赔偿，可以根据法律文书另行处理。

（4）直接向受害人支付赔款的赔偿处理。

①条件。

a. 被保险人出具书面授权书。

b. 人民法院签发的判决书或执行书。

c. 被保险人死亡、失踪、逃逸、丧失索赔能力或书面放弃索赔权利。

d. 被保险人拒绝向受害人履行赔偿义务。

e. 法律规定的其他情形。

②受害人索赔时应当向保险人提供以下材料。

a. 人民法院签发的判决书或执行书，或交警部门出具的交通事故责任认定书和调解书原件。

b. 受害人的有效身份证明。

c. 受害人人身伤残程度证明以及有关损失清单和费用单据。

d. 其他与确认保险事故的性质、原因、损失程度等有关的证明和资料。

经被保险人书面授权的，还应提供被保险人书面授权书。

5. 支付赔款

有关赔付情况，应按规定及时上传至机动车事故责任交强险信息平台。未建立机动车交通事故责任交强险信息平台的，保险人支付赔款后应在保险单正本上加盖"×年×月×日出险，负××（全部、主要、同等、次要）责任，××（有无）造成死亡"条形章。

如果交强险和商业三者险在不同的保险公司投保，如损失金额超过交强险责任限额，由交强险承保公司留存已赔偿部分发票或费用凭据原件，将需要商业保险赔付的项目原始发票或发票复印件,加盖保险人赔款专用章,交被保险人办理商业险索赔事宜。

八、《交强险财产损失"互碰自赔"处理办法》

交强险"互碰自赔",是建立在交通事故快速处理基础上的一种交强险快速理赔机制,即对于事故各方均有责任,各方车辆损失均在交强险财产损失赔偿限额以内,不涉及人员伤亡和车外财产损失的两车或多车互碰事故,由各保险公司在本方机动车交强险财产损失限额内对本车损失进行赔付。

1. 实施时间

2009年2月1日。

2."互碰自赔"的含义

"互碰自赔"是指当事人发生物损交通事故,经协商确定责任后,各自向自己投保的保险公司提出索赔申请,由各自保险公司直接向被保险人进行理赔,其赔款由保险公司通过内部结算中心进行相互补偿。

这种理赔机制是国际上惯用的做法,比较简化,方便投保人理赔。

3. 适用条件

同时满足以下条件,适用"互碰自赔"处理机制。

(1)两车或多车互碰,各方均投保交强险。

(2)仅涉及车辆损失(包括车上财产和车上货物),不涉及人员伤亡和车外财产损失,各方损失金额均在2000元以内。

(3)由交通警察认定或当事人根据出险地关于交通事故快速处理的有关规定,自行协商确定双方均有责任(包括同等责任、主次责任)。

(4)当事人各方对损失确定没有争议,并同意采用"互碰自赔"方式处理。单方肇事事故、涉及人员伤亡的事故、涉及车外财产损失的事故,以及任何一方损失金额超过交强险财产损失赔偿限额的事故,都不适用"互碰自赔"方式处理。

我国自2009年2月1日起开始实行财产损失"互碰自赔"保险理赔机制,但仅限于各方车损金额在交强险有责赔偿限额(2000元)以内,而且双方必须均有责任的交通事故。在实践中,机动车互碰交通事故的90%以上是一方全责事故,真正适用"互碰自赔"的交通事故很少。因此,一方全责交通事故仍然是由责任方向保险公司提出索赔申请,如果责任方故意刁难,不主动向保险公司申请索赔,那么无责方的损害赔偿就会得不到落实。

注意:上海实行的交强险"互碰自赔"的处理办法,包括了一方全责的财产损失交通事故。但是,目前对一方全责物损交通事故实行"互碰自赔"暂不具备条件,待机动车联合信息平台的保险结算系统建立后,将由上海市保险同业公会报备通知实行,以后有条件再逐步扩展到商业保险部分。

4. 处理原则

(1)满足"互碰自赔"条件的,由各保险公司分别对本方车辆进行查勘定损,并在交强险财产损失赔偿限额内,对本方车辆损失进行赔偿。

①事故经交警处理的,被保险人可凭交警事故责任认定书、调解书,直接到各自的保险公司索赔。

②双方根据法律法规规定自行协商处理交通事故的,要经保险公司查勘现场,核对碰撞痕迹。

③出险地建有行业交通事故集中定损中心的,由各方当事人共同到就近的定损中心进行查勘、定损。

(2)原则上,任何一方车辆损失金额超过2000元的,不适用"互碰自赔"方式,按一般赔案处理。对三者车辆损失2000元以内部分,在交强险限额内赔偿;其他损失在商业险项下按事故责任比例计算赔偿。

特殊情况下(如当地行业对损失金额限定标准有其他规定的,或事后发现损失金额超过限定标准、已无法勘验第三方损失等),可参照《机动车交强险互碰赔偿处理规则》(2009版)中"交警调解各方机动车承担本方车辆损失"的相关规定处理。对被保险机动车的车辆损失在本方机动车交强险赔偿限额内计算赔偿,超过限额部分在本方机动车商业汽车保险项下按条款规定计算赔偿。

(3)各保险公司对"互碰自赔"机制下支付的赔款,不进行清算追偿。

5. 处理流程

交强险"互碰自赔"流程如图2-6所示。

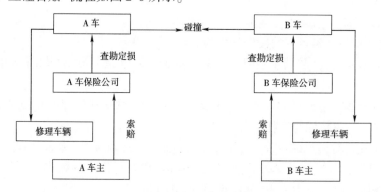

图2-6 交强险"互碰自赔"流程图

(1)接报案。出险后,各方当事人均应向各自的承保公司报案。

①接报案时应详细记录出险时间、出险地点、事故双方当事人、损失情况、责任划分等内容,并根据客户提供的事故原因、事故性质等基本信息初步判断是否满足"互碰自赔"条件。

②初步判断可能满足"互碰自赔"条件的,应主动告知客户"互碰自赔"的适用条件、处理程序和注意事项。请客户在事故现场等待或到指定地点进行查勘、定损。

③接报案时不能够确定是否满足"互碰自赔"条件的,可引导客户查勘后确定。

④提示双方当事人按照出险地有关交通事故快速处理的相关规定,通知交警处理或依据有关法律法规规定自行协商处理。

(2)查勘定损。查勘人员要注意核实事故的真实性,填写查勘记录,并拍摄事故现场照片或损失照片。查勘时初步估计满足"互碰自赔"条件的,应告知客户"互碰自赔"的适用条件、处理程序和注意事项。发现不满足"互碰自赔"条件的,应协助各方当事人通知本方保险公司参与处理。

①交警参与事故处理并出具《事故责任认定书》,或当事人依据有关法律法规规定自行

协商处理交通事故的,如果各方损失明显低于2000元,满足"互碰自赔"条件,可由各事故方保险公司直接对本方保险车辆进行查勘、定损。查勘人员事后发现痕迹不符或存在疑问的,应向对方保险公司调查取证,必要时对各方车辆进行复勘。

②当事人自行协商处理交通事故时不能确定是否满足"互碰自赔"条件的,可共同到一方保险公司进行查勘估损。满足"互碰自赔"条件的,由各方保险公司分别对本方车辆进行定损。进行查勘的公司应向对方保险公司提供事故现场照片或车辆损失照片。

③出险地建有行业交通事故集中定损中心的,由各方当事人共同到就近的定损中心进行查勘、定损。由各方保险公司分别对本方车辆进行查勘、定损。

④对于当事人自行协商处理,但未及时报案,也未经保险公司同意撤离事故现场的交通事故,应勘验双方车辆,核实事故情况。

(3)赔偿处理。满足"互碰自赔"条件的,事故各方分别凭交警《事故责任认定书》,或《机动车交通事故快速处理协议书》等单证,直接到本方保险公司进行索赔。承保公司在交强险财产损失限额内赔偿本方车辆损失。

索赔材料主要包含如下内容。
①索赔申请书。
②责任认定书、调解书或自行协商处理协议书。
③查勘记录、事故照片、损失情况确认书(定损单)。
④车辆修理费发票。
⑤驾驶证和行驶证(复印件或照片)。

第三节 2014版商业险《示范条款》解读

2014版商业险《示范条款》将机动车辆保险条款分成单程提车保险条款、机动车综合商业保险条款、特种车综合商业保险条款和摩托车、拖拉机综合商业保险条款四种。本教材只对机动车综合商业保险条款进行解读。

一、主险条款解读

主险包括机动车损失保险、机动车第三者责任保险、机动车车上人员责任保险、机动车全车盗抢保险共四个独立的险种,投保人可以选择投保全部险种,也可以选择投保其中部分险种。

1. 机动车损失保险(简称车损险)

(1)车损险的含义。车损险是指赔偿被保险车辆在使用过程中由于自然灾害或意外事故造成的车辆本身直接损失、合理施救费用。

车损险赔偿必须满足的条件:
①驾驶人:被保险人或其允许的合格驾驶人。
②车辆:使用过程中。
③车损原因:由自然灾害或意外事故造成。
④赔偿项目:车辆本身直接损失+合理的施救费。
注:施救费用数额在被保险机动车损失赔偿金额以外另行计算,最高不超过保险金额的数额。

想一想

交通事故是车损险赔偿的必要条件吗?

【案例2-2】 天降水泥板砸坏宝马车,违规停车部分赔偿。

被保险人李某为自己的车牌号为M×××的宝马轿车于2009年在太保北京分公司投保了车损险等保险。2010年1月17日(在保险期间内),李某将该宝马轿车停放在北京市××大厦楼下,当日17时10分许,发现汽车被高空坠落的物品(经查,为被告北京市××大厦外墙立面中一块长150cm、宽50cm的水泥板)砸坏,致使该宝马车的行李舱及后风窗玻璃等多处受损。李某基于机动车保险合同依程序向原告太保北京分公司提出索赔,原告已经向李某赔付保险金额共计88543元,并获得相应的代位求偿权。原告认为:被告作为××大厦的所有人,对大厦承担着维护、管理义务,被告疏于管理及修缮致使水泥板坠落,是造成此次事故的直接原因,被告应对此次事故承担全部赔偿责任。故向北京市东城法院提起诉讼,要求被告北京市××大厦承担李某机动车损害的损失88543元。

被告认可原告所述事故经过基本属实,但辩称,事故发生地隆福寺街为步行街,禁止车辆进入,大厦下面禁止停放车辆。涉案车辆驶入和停放均属违法行为,此事件责任在于车主李某,全部损失由其自行承担。事故发生后,被告已经告知李某,因其违反规定擅自停车,故车辆损失应由其自行承担,李某当时也表示认可,故不同意原告的诉讼请求。本案在审理过程中,经法院主持调解,双方当事人自愿达成协议,由被告北京市××大厦给付原告太保财险北京分公司70834.5元。

(2)保险责任。

①九种意外事故:碰撞、倾覆、坠落;火灾、爆炸;外界物体坠落、倒塌;受到被保险机动车所载货物、车上人员意外撞击。

②除地震及其次生灾害以外的十七种"自然灾害":雷击、暴风、暴雨、洪水、龙卷风、冰雹、台风、热带风暴、地陷、崖崩、滑坡、泥石流、雪崩、冰陷、暴雪、冰凌、沙尘暴。

注:减少了海啸,另外增加了以前只有C款中才有的台风、热带风暴、暴雪、冰凌、沙尘暴。

③受到被保险机动车所载货物、车上人员意外撞击。(本次增加部分)

④载运被保险机动车的渡船遭受自然灾害(只限于驾驶人随船的情形)。

【案例2-3】 挂车碰撞牵引车,车损险是否该赔。

2011年2月14日4时50分,张某驾驶某运输公司所有的苏H0×××牵引车/苏HG×××普通半挂车,沿苏S336线由西向东行驶至章集镇小穆庄西,因雪天路滑发生交通事故,挂车由于惯性撞击牵引车致牵引车受损。经沭阳县交警大队认定,张某驾驶机动车行驶中观察不慎,对该事故负全部责任。

2010年7月21日,运输公司为该半挂牵引车及挂车向某财险公司淮安中心支公司投保了车损险,事故发生在保险期内。牵引车经鉴定评估损失为14660元,运输公司于是向保险公司索赔要求支付保险赔偿金14660元。而保险公司则认为,牵引车与挂车应为"一体",挂车并非外界物体,根据双方签订的车损险条款中关于"碰撞"的定义,该牵引车损失不在保险范围内。双方因发生争议,运输公司遂诉至法院要求判令保险公司赔付保险金14660元。

法院经审理后认为,保险合同是最大诚信合同,双方应当按合同约定全面、适当履行各自的权利和义务。《营业用汽车损失保险条款》第三十七条明确约定:"碰撞:指被保险机动车与外界物体直接接触并发生意外撞击、产生撞击痕迹的现象。包括被保险机动车按规定载运货物时,所载货物与外界物体的意外撞击。"从保险条款约定来看,"外界物体"是针对被保险机动车而言的,牵引车与挂车虽连接使用,但在车辆管理部门分别登记,分别上牌,拥有不同的机动车登记编号和行驶证,为两辆独立的机动车。况且在原告为车辆投保时,保险公司将主车与挂车分开处理,分别出具保单,由此可见,被告在承保时也是将牵引车与挂车视为不同的机动车来看待。那么针对牵引车而言,挂车应当视为"外界物体",因此,牵引车与挂车碰撞引起的牵引车损失应属于车损险保险责任范围,被告应当对该起交通事故承担赔偿责任。

2011年5月29日,法院判决:被告保险公司一次性赔偿原告运输公司保险金14660元。

【案件评析】

牵引车与挂车连接使用时是否应视为"一体",历来存在争议,保险公司认为应视为"一体"处理,而有些法院或学者又将它视为两辆独立的机动车。

(1)牵引车与挂车连接使用时应视为两辆独立的机动车。

理由如下:

①《道交法》第一百一十九条规定:"'机动车',是指以动力装置驱动或者牵引,上道路行驶的供人员乘用或者用于运送物品以及进行工程专项作业的轮式车辆。"由此可知,牵引车与挂车均属于机动车辆的范围。

②从车辆管理登记来看,《机动车登记规定》第八条第二款规定:"车辆管理所办理全挂汽车列车和半挂汽车列车注册登记时,应当对牵引车和挂车分别核发机动车登记证书、号牌和行驶证。"由此可见,牵引车与挂车虽连接使用,但在车辆管理部门应分别登记、分别上牌,拥有不同的机动车登记编号和行驶证,应视为两辆独立的机动车。

③从保险实务操作来看,被保险人在为牵引车、挂车投保过程中,保险公司也是将牵引车与挂车视为不同的保险标的,分别收取保险费,分别出具保险单。由此可见,保险公司在承保时也是将牵引车与挂车视为不同的机动车来看待。但在理赔时,保险公司却将相连的牵引车与挂车视为同一辆机动车而拒赔,保险公司这种做法显然不合理,对被保险人而言极不公平,有违民法之公平原则。

本案中,车损险条款第三十七条明确约定了"碰撞"的定义,从保险条款规定来看,"外界物体"是针对"被保险机动车"而言的,因此,牵引车与挂车虽连接使用,但应视为两辆独立的机动车,对牵引车而言,挂车应视为"外界物体",两者碰撞致牵引车受损,保险公司应负赔偿责任。

(2)主车、挂车之间的撞击,交强险与商三险是否应赔付。

①主车、挂车互碰的损失,交强险与商三险均不赔付。

交强险规定:被保险人所有的财产及被保险机动车上的财产遭受的损失属于保险人责任免除的范围,主车和挂车被保险人相同时交强险不能赔付。

商三险条款中已明确规定:主车和挂车连接使用时视为一体,发生保险事故时,由主车保险人和挂车保险人按照保险单上载明的机动车第三者责任保险责任限额的比例,在各自的责任限额内承担赔偿责任,但赔偿金额总和以主车的责任限额为限。既然商三险明确了主车和挂车应视为一体,互碰不属于商三险赔偿范围,主车和挂车被保险人相同时商业三者险也不予赔付。

主车与挂车互碰,分别属于不同车主的,按互为三者的原则处理。

②主车和挂车连接使用过程中,对于第三者的损失如何赔付。

《关于审理道路交通事故损害赔偿案件适用法律若干问题的解释》第二十一条规定:"多辆机动车发生交通事故造成第三人损害,损失超出各机动车交强险责任限额之和的,由各保险公司在各自责任限额范围内承担赔偿责任;损失未超出各机动车交强险责任限额之和,当事人请求由各保险公司按照其责任限额与责任限额之和的比例承担赔偿责任的,人民法院应予支持。依法分别投保交强险的牵引车和挂车连接使用时发生交通事故造成第三人损害,当事人请求由各保险公司在各自的责任限额范围内平均赔偿的,人民法院应予支持。"

《保险法司法解释(二)》强调"依法分别投保交强险"的牵引车和挂车,承认是投保两份交强险,且受害人可请求由各保险公司在"各自的"责任限额范围内平均赔偿,实际上明确了保险公司在此情况下存在"多重赔付责任",即牵引车和挂车的交强险都应赔偿,两交强险的责任之间是平均承担,这样两交强险均可能达到各自的最高责任限额,即受害人可获得两份交强险最高赔偿责任额。

至于商三险,由于商三险条款中已明确规定:主车和挂车连接使用时视为一体,发生保险事故时,由主车保险人和挂车保险人按照保险单上载明的机动车第三者责任保险责任限额的比例,在各自的责任限额内承担赔偿责任,但赔偿金额总和以主车的责任限额为限。也即,虽然主车保险人和挂车保险人都应赔偿受害人,但累加起来受害人只相当于获得一份主车商三险最高赔偿责任限额。

(3)免除责任。在上述保险责任范围内,下列情况下,不论任何原因造成被保险机动车的任何损失和费用,保险人均不负责赔偿。

①事故发生后,被保人或其允许的驾驶人故意破坏、伪造现场、毁灭证据。

②驾驶人有下列情形之一者:

a.事故发生后,在未依法采取措施的情况下驾驶被保险机动车或者遗弃被保险机动车逃离事故现场。

b.饮酒、吸食或注射毒品、服用国家管制的精神药品或者麻醉药品。

c.无驾驶证,驾驶证被依法扣留、暂扣、吊销、注销期间。

d.驾驶与驾驶证载明的准驾车型不相符合的机动车。

e.实习期内驾驶公共汽车、营运客车或者执行任务的警车、载有危险物品的机动车或牵引挂车的机动车。

f.驾驶出租机动车或营业性机动车无交通运输管理部门核发的许可证书或其他必备证书。

g.学习驾驶时无合法教练员随车指导。

③被保险机动车有下列情形之一者:

a.发生保险事故时被保险机动车行驶证、号牌被注销的,或未按规定检验或检验不合格。
　　b.被扣押、收缴、没收、政府征用期间。
　　c.在竞赛、测试期间,在营业性场所修理、保养、改装期间。
　　d.被保险人或其允许的驾驶人故意或重大过失,导致被保险机动车被利用从事犯罪行为。
　　④下列原因导致的被保险机动车的损失和费用,保险人不负责赔偿:
　　a.地震及其次生灾害;战争、军事冲突、恐怖活动、暴乱、污染(含放射性污染)、核反应、核辐射。
　　b.人工直接供油、高温烘烤、自燃、不明原因火灾。
　　c.违反安全装载规定。
　　d.被保险机动车被转让、改装、加装或改变使用性质等,被保险人、受让人未及时通知保险人,且因转让、改装、加装或改变使用性质等导致被保险机动车危险程度显著增加。
　　e.被保险人或其允许的驾驶人的故意行为。
　　⑤下列损失和费用,保险人不负责赔偿:
　　a.因市场价格变动造成的贬值、修理后因价值降低引起的减值损失。
　　b.自然磨损、锈蚀、腐蚀、故障、本身质量缺陷。
　　c.遭受保险责任范围内的损失后,未经必要修理并检验合格继续使用,致使损失扩大的部分。
　　d.投保人、被保险人或其允许的驾驶人知道保险事故发生后,故意或者因重大过失未及时通知,致使保险事故的性质、原因、损失程度等难以确定的,保险人对无法确定的部分,不承担赔偿责任,但保险人通过其他途径已经及时知道或者应当及时知道保险事故发生的除外。
　　注意:如果被保险人不知道或无法知道保险事故已经发生;虽然知道已发生保险事故但根据当时当地的客观条件,无法采取措施来防止或减少保险标的损失的,则保险人就不能以被保险人未采取必要措施为由而拒赔。
　　e.因被保险人违反本条款第十六条约定,导致无法确定的损失。
　　f.被保险机动车全车被盗窃、被抢劫、被抢夺、下落不明,以及在此期间受到的损坏,或被盗窃、被抢劫、被抢夺未遂受到的损坏,或车上零部件、附属设备丢失。
　　g.车轮单独损坏,玻璃单独破碎,无明显碰撞痕迹的车身划痕,以及新增设备的损失。
　　注意:玻璃单独破碎是指未发生被保险机动车其他部位的损坏,仅发生被保险机动车前后风窗玻璃和左右车窗玻璃的损坏。
　　h.发动机进水后导致的发动机损坏。
　　(4)赔偿处理。
　　①免赔率规定。
　　a.事故责任免赔率。负次要事故责任的免赔率为5%,负同等事故责任的免赔率为10%,负主要事故责任的免赔率为15%,负全部事故责任或单方肇事事故的免赔率为20%。
　　b.被保险机动车的损失应当由第三方负责赔偿,无法找到第三方的,实行30%的绝对免赔率。
　　c.违反安全装载规定,但不是事故发生的直接原因的,增加10%的绝对免赔率。

d.对于投保人与保险人在投保时协商确定绝对免赔额的,本保险在实行免赔率的基础上增加每次事故绝对免赔额。

注意:2014版《示范条款》已删除了超出行驶区域和非指定驾驶人的免赔率。

②事故车的修复。

a.因保险事故损坏的被保险机动车,应当尽量修复。

b.修理前被保险人应当会同保险人检验,协商确定修理项目、方式和费用。对未协商确定的,保险人可以重新核定。

③残值处理。残值由保险人与被保险人协商处理,但在实际操作中,一般残值归被保险人,并在赔款中扣除。

特别提示

选择自行协商方式处理交通事故的:
1. 在保险事故发生后应当立即通知保险人(其他方式为48h内)。
2. 应依照《道路交通事故处理程序规定》签订记录交通事故情况的协议书。
3. 应当协助保险人勘验事故各方车辆、核实事故责任。

④赔款计算。

a.全部损失。计算公式为:

赔款 = (保险金额 - 被保险人已从第三方获得的赔偿金额) × (1 - 事故责任免赔率) × (1 - 绝对免赔率之和) - 绝对免赔额

b.部分损失。计算公式为:

赔款 = (实际修复费用 - 被保险人已从第三方获得的赔偿金额) × (1 - 事故责任免赔率) × (1 - 绝对免赔率之和) - 绝对免赔额

⑤保险人支付赔款后合同的终止情形。

a.车辆全损时。

b.一次赔款金额与免赔金额之和(不含施救费)达到保险金额时。

注意:当修理价格过高时,保险公司最好按推定全损处理(因为车损险中无累计赔款与免赔金额之和达到实际价格或保额时保险合同终止的规定)。

(5)投保方式。保险金额按投保时被保险机动车的实际价值确定。

投保时被保险机动车的实际价值由投保人与保险人根据投保时的新车购置价减去折旧金额后的价格协商确定或其他市场公允价值协商确定。

【案例2-4】 新车购置价、保险金额与实际发票三者不一致,保险公司该如何理赔?

2011年1月1日,甲就其所有的客车在乙处投保了交强险、商三险与车损险等险种,甲依约缴纳了保费。在双方签订的保单中,新车购置价注明为585000元,保险金额为526500元,保险金额与新车购置价的比例为90%。2011年1月17日,被保险车辆在某地发生了交通事故,造成该车的损坏。乙经委托评估确认该车损失为293680元,双方对车辆估损并无异议,但乙认为甲是不足额投保,出险时应按比例赔偿,故赔付给甲293680元×90%,即

264312元；而甲认为其购车发票上注明的车辆购置价为499316元，比双方约定的保险金额526500元低，并非不足额投保，故乙应全额赔偿，即乙应赔付293680元。双方遂产生争议，甲向江西省保险合同纠纷调解委员会申请调解。

本案焦点为：甲提供的购车发票与保单中新车购置价、实际保险金额三者均不一致，面对这种情况保险公司应该如何理赔？

【案件评析】

(1)《保险法》对保险金额的规定。

2009版《保险法》第五十五条规定："投保人和保险人约定保险标的的保险价值并在合同中载明的，保险标的发生损失时，以约定的保险价值为赔偿计算标准。投保人和保险人未约定保险标的的保险价值的，保险标的发生损失时，以保险事故发生时保险标的的实际价值为赔偿计算标准。保险金额不得超过保险价值。超过保险价值的，超过部分无效，保险人应当退还相应的保险费。保险金额低于保险价值的，除合同另有约定外，保险人按照保险金额与保险价值的比例承担赔偿保险金的责任。"

由此可知，我国《保险法》没有规定保险金额的确定方式，也就是说，保险合同双方当事人可以任意约定保险金额，但保险金额不得超过保险价值，超过保险价值的，超过部分无效。所以，保险金额的约定受保险价值的约束。

(2)2009版车损险条款对保险金额的确定方式规定。

新车购置价是指本保险合同签订地购置与保险车辆同类型新车(含车辆购置附加税)的价格，无同类型新车市场销售价格的，由被保险人与保险人协商确定。

保险车辆的保险金额可以按以下方式确定：①按投保时与保险车辆同种车型的新车购置价；②按投保时与保险车辆同种车型的新车购置价扣减折旧部分；③投保人与本公司协商确定。但保险金额不得超过投保时同类车辆新车购置价，超过部分无效。

由此可见，在双方签订的保险合同中规定了保险金额有三种确定方式，且新车购置价即为车辆的保险价值。本案中，甲、乙双方约定的保险金额为526500元，没有超过车辆的保险价值585000元，不构成超额定值，双方约定的保险金额有效，但因保险金额低于保险价值，比例为90%，故该合同属于不足额保险。

保险标的的实际价值并不要求必须等于保险标的的购买发票价格。从合同的相对性来讲，保险合同与汽车的买卖合同是两个独立的合同，即使它们的标的物为同一车辆。甲购得车辆时购买发票金额是买卖合同双方当事人之间的合意，实际上是受买人在支付购买价款后从出卖人处取得的一个凭证，由于现实生活中的各种复杂因素，有可能使实际购买价款不等于购车发票金额。甲和乙订立保险合同时，该购买发票金额可以作为确定该车保险标的的实际价值的一个参考，但是并不能说一定就是该车的实际价值。本案中保险单中载明的新车购置价为585000元，虽超过申请人提供的发票所载明的499316元，但超出幅度在合理范围内。同时新车购置价约定越高，出险时甲得到的保险赔偿也越高，对甲并无不利。因此甲认为只要发票金额低于保险金额，就应是全额投保的理由不充分。

(3)如果按2014版《示范条款》规定处理本案，该如何赔付？

因2014版《示范条款》明确规定了保险金额只有一种确定方式即保险金额按投保时被保险机动车的实际价值确定，且车辆实际价值即为车辆的保险价值。而实际价值应由投保人与保险人根据投保时的新车购置价减去折旧金额后的价格协商确定或其他市场公允价值协商确定。

本案中,甲、乙双方约定的保险金额为526500元,车辆的保险价值应按车辆实际价值确定,车辆的实际价值应根据新车购置价折旧计算得出或其他市场公允价值协商确定。尽管本案并没告诉我们车辆的实际价值的具体金额,但从新车购置价注明为585000元和购车发票上注明的车辆购置价为499316元上进行推断,本案应属于超额投保或足额投保,故应全额赔偿,即乙应赔付293680元。

2. 机动车第三者责任保险(简称商三险或三责险)

(1)机动车第三者责任保险的含义。保险车辆因意外事故致使第三者人身伤亡或财产受损,保险人对于超过交强险各分项赔偿限额以上部分予以赔偿的保险。

(2)保险责任。保险期间内,被保险人或其允许的驾驶人在使用被保险机动车过程中发生意外事故,致使第三者遭受人身伤亡或财产直接损毁,依法应当对第三者承担的损害赔偿责任,且不属于免除保险人责任的范围,保险人依照本保险合同的约定,对于超过机动车交通事故责任强制保险各分项赔偿限额的部分负责赔偿。

商三险赔偿必须满足的条件:

①驾驶人:被保险人或其允许的驾驶人。

②车辆:使用过程中。

③事故原因:由意外事故造成。

④第三者:属于商三险承认的"第三者"。

本保险合同中的第三者是指因被保险机动车发生意外事故遭受人身伤亡或者财产损失的人,但不包括被保险机动车本车车上人员、被保险人。

⑤赔偿项目:第三者的人身或财产直接损失。

特别提示

与2009版商三险条款的主要不同处:

1. 取消了"允许的合法驾驶人"中的"合法"。

2. 将"依法应由被保险人承担的经济赔偿责任"改成"依法应当对第三者承担的损害赔偿责任"。

想一想

1. 如果被保险人允许了尚未正式拿到驾照的人驾驶自己的车辆而撞伤了第三者,在赔偿时2009版条款和2014版条款有区别吗?

2. 如果被保险车辆在出租或出借时致使第三者受伤,在赔偿时2009版条款和2014版条款有区别吗?

(3)免除责任。

在上述保险责任范围内,下列情况下,不论任何原因造成的人身伤亡、财产损失和费用,保险人均不负责赔偿:

①事故发生后,被保险人或其允许的驾驶人故意破坏、伪造现场、毁灭证据。

②驾驶人有下列情形之一者:

a. 事故发生后,在未依法采取措施的情况下驾驶被保险机动车或者遗弃被保险机动车离开事故现场。

b. 饮酒、吸食或注射毒品、服用国家管制的精神药品或者麻醉药品。

c. 无驾驶证,驾驶证被依法扣留、暂扣、吊销、注销期间。

d. 驾驶与驾驶证载明的准驾车型不相符合的机动车。

e. 实习期内驾驶公共汽车、营运客车或者执行任务的警车、载有危险物品的机动车或牵引挂车的机动车。

f. 驾驶出租机动车或营业性机动车无交通运输管理部门核发的许可证书或其他必备证书。

g. 学习驾驶时无合法教练员随车指导。

h. 非被保险人允许的驾驶人。

③被保险机动车有下列情形之一者:

a. 发生保险事故时被保险机动车行驶证、号牌被注销的,或未按规定检验或检验不合格。

b. 被扣押、收缴、没收、政府征用期间。

c. 在竞赛、测试期间,在营业性场所修理、维护、改装期间。

d. 全车被盗窃、被抢劫、被抢夺、下落不明期间。

④下列原因导致的人身伤亡、财产损失和费用,保险人不负责赔偿:

a. 地震及其次生灾害、战争、军事冲突、恐怖活动、暴乱、污染(含放射性污染)、核反应、核辐射。

b. 被保险机动车在行驶过程中翻斗突然升起,或没有放下翻斗,或自卸系统(含机件)失灵。

c. 第三者、被保险人或其允许的驾驶人的故意行为、犯罪行为,第三者与被保险人或其他致害人恶意串通的行为。

d. 被保险机动车被转让、改装、加装或改变使用性质等,被保险人、受让人未及时通知保险人,且转让、改装、加装或改变使用性质等(增加)导致被保险机动车危险程度显著增加。

⑤下列人身伤亡、财产损失和费用,保险人不负责赔偿:

a. 被保险机动车发生意外事故,致使任何单位或个人停业、停驶、停电、停水、停气、停产、通信或网络中断、电压变化、数据丢失造成的损失以及其他各种间接损失。

b. 第三者财产因市场价格变动造成的贬值,修理后因价值降低引起的减值损失。

c. 被保险人及其家庭成员、被保险人允许的驾驶人及其家庭成员所有、承租、使用、管理、运输或代管的财产的损失,以及本车上财产的损失。

注意:本《示范条款》中的家庭成员是指配偶、子女、父母。

d. 被保险人、被保险人允许的驾驶人、本车车上人员的人身伤亡。

注意：删除了"及其家庭成员"。

e. 停车费、保管费、扣车费、罚款、罚金或惩罚性赔款。

f. 超出《道路交通事故受伤人员临床诊疗指南》和国家基本医疗保险标准的医疗费用。

g. 律师费，未经保险人事先书面同意的诉讼费、仲裁费。

h. 投保人、被保险人或其允许的驾驶人知道保险事故发生后，故意或者因重大过失未及时通知，致使保险事故的性质、原因、损失程度等难以确定的，保险人对无法确定的部分，不承担赔偿责任，但保险人通过其他途径已经及时知道或者应当及时知道保险事故发生的除外。

i. 因被保险人违反本条款第三十四条约定，导致无法确定的损失。

j. 精神损害抚慰金。

k. 应当由机动车交通事故责任强制保险赔偿的损失和费用。

（4）免赔率规定。

①事故责任免赔率。负次要事故责任的免赔率为5%，负同等事故责任的免赔率为10%，负主要事故责任的免赔率为15%，负全部事故责任的免赔率为20%。

②违反安全装载规定的，实行10%的绝对免赔率。

注意：2014版《示范条款》已删除了超出行驶区域和非指定驾驶人的免赔率。

（5）赔偿中的特别注意事项。

①挂车的赔偿：主车和挂车连接使用时视为一体，发生保险事故时，由主车保险人和挂车保险人按照保险单上载明的机动车第三者责任保险责任限额的比例，在各自的责任限额内承担赔偿责任，但赔偿金额总和以主车的责任限额为限。

②保险人按照《道路交通事故受伤人员临床诊疗指南》和国家基本医疗保险的同类医疗费用标准核定医疗费用的赔偿金额。

未经保险人书面同意，被保险人自行承诺或支付的赔偿金额，保险人有权重新核定。不属于保险人赔偿范围或超出保险人应赔偿金额的，保险人不承担赔偿责任。

【案例2-5】 交强险脱保，商三险能否免责。

2010年10月30日18时，被告罗某驾驶一辆小车在南昌市某水产品市场门口与原告邓某所骑的电动车发生碰撞，造成邓某受伤、车辆受损的交通事故。事故发生后，邓某被送往江西中医学院住院治疗91天，经交警大队认定被告罗某负事故的全部责任，原告邓某不负责任。因双方协商不成，邓某诉至南昌市东湖区法院要求被告及肇事车承保公司A赔偿各项费用共计100609.48元。

经查，事故车辆在保险公司投保了商三险，保险期限自2010年6月4日至2011年6月3日；在投保商三险之前，其交强险是在另一保险公司B投保，保险期限自2009年9月2日至2010年9月1日，故在交通事故发生时交强险已脱保。

法院经审理后认为，交强险脱保，法律规定应承担行政违法责任，而对民事责任法律没有规定。本案虽然交强险脱保，但A保险公司与投保人并没有明文约定保险责任范围为超过交强险各分项赔偿限额部分。对保险公司只承担交强险之外的责任，不承担交强险责任限额范围的保险责任未履行说明和告知义务，存在过错。投保人投保了商三险，如作为另一救济手段的交强险不能予以赔偿,则保险公司应在商三险范围内予以赔偿。车辆所有人为其车投保的目的是降低行车风险,商三险和交强险均系基于对标的车辆发生事故给第三者造成损失而承担赔偿责任的险种,旨在保护不特定第三者的权益。因此,被告 A 保险公司提出的对于交强险限额以内的费用应由机动车所有人罗某自行承担的抗辩理由不能成立,据之判决 A 保险公司一次性支付商三险赔款 10 万元。A 保险公司不服遂上诉至南昌市中级人民法院。

二审法院经审理后认为,根据《江西省实施〈道路交通安全法〉办法》第六十七条规定:机动车与非机动车、行人之间发生的交通事故造成人身伤亡、财产损失的,由机动车所投保的保险公司在交强险责任限额范围内予以赔偿;机动车未投保交强险的,由机动车一方在相当于相应的交强险责任限额范围内予以赔偿。依法应当赔偿的数额超过交强险责任限额的部分,由机动车一方承担责任。本案中,被上诉人罗某所有的机动车所投保的交强险已过期脱保,根据上述规定,上诉人保险公司则不需要在本案中承担交强险赔偿部分,至于超出交强险部分的损失,因被上诉人邓某未提起诉讼,本案不能一并处理。原审法院判决不当,应予以改判,上诉人上诉的理由充分应予支持,据此,撤销原判,依法改判。

本案争议的焦点是:交强险脱保,商三险责任如何承担?是全部赔偿还是只赔偿超出交强险责任限额的部分?

【法理分析】

(1)《交通事故司法解释》实施前。

由于各地方颁布的《道路交通安全法实施条例》对未投保交强险如何赔偿的内容不尽相同,所以,全国各地对于交强险脱保车辆如何承担责任判决不一。

《江西省实施〈道路交通安全法〉办法》第六十六条规定:"机动车之间发生交通事故造成人身伤亡、财产损失的,由机动车各方所投保的保险公司在机动车交通事故责任强制保险责任限额范围内予以赔偿;机动车未参加机动车交通事故责任强制保险的,由机动车所有人或者管理人在相当于相应的强制保险责任限额范围内予以赔偿。依法应当赔偿的数额超过机动车交通事故责任强制保险责任限额的部分,由有过错的一方承担赔偿责任;双方都有过错的,按照各自过错的比例分担赔偿责任。"第六十七条规定:"机动车与非机动车、行人之间发生交通事故造成人身伤亡、财产损失的,由机动车所投保的保险公司在机动车交通事故责任强制保险责任限额范围内予以赔偿;机动车未参加机动车交通事故责任强制保险的,由机动车一方在相当于相应的强制保险责任限额范围内予以赔偿。依法应当赔偿的数额超过机动车交通事故责任强制保险责任限额的部分,由机动车一方承担赔偿责任,但有证据证明非机动车驾驶人、行人有过错的,按照下列规定适当减轻机动车一方的赔偿责任。"

而《广东省道路交通安全条例》第四十六条规定:"机动车与非机动车驾驶人、行人之间发生交通事故,造成人身伤亡、财产损失的,由保险公司在机动车第三者责任强制保险责任限额范围内予以赔偿。不足的部分,按照下列规定承担赔偿责任:……未参加机动车第三者责任强制保险的,由机动车方在该车应当投保的最低保险责任限额内予以赔偿,对超过最低保险责任限额的部分,按照第一款的规定赔偿。"

由此可见,江西未投保交强险由车主自担理赔款适用于所有交通事故类型,而广东则仅限于机动车与非机动车之间的事故类型。

(2)《交通事故司法解释》实施后。

《交通事故司法解释》第十九条规定:"未依法投保交强险的机动车发生交通事故造成损害,当事人请求投保义务人在交强险责任限额范围内予以赔偿的,人民法院应予支持。"对此类问题一锤定音,不区分事故类型。

此外,从商三险合同约定的角度讲,商三险条款均约定了不赔偿交强险部分。

从公平原则的角度而言,如果商三险承担了交强险的法定赔偿责任,由于商三险的费率较交强险费率低,将从客观上鼓励更多的人只购买商三险而规避购买交强险,这有违交强险立法初衷。

3. 车上人员责任险

(1)车上人员责任险的含义。保险期间内,被保险人或其允许的驾驶人在使用被保险机动车过程中发生意外事故,致使车上人员遭受人身伤亡,依法应当对车上人员承担的损害赔偿责任,保险人依照本保险合同的约定负责赔偿。

(2)车上人员责任险承认的"车上人员":是指发生意外事故的瞬间,在被保险机动车车体内或车体上的人员,包括正在上下车的人员。

特别提示

与2009版车上人员责任险条款的主要不同处:
1. 取消了"允许的合法驾驶人"中的"合法"。
2. 将"对依法应由被保险人承担的经济赔偿责任"改成"依法应当对车上人员承担的损害赔偿责任"。

想一想

1. 被保险人属于车上人员吗?
2. 搭顺风车的乘客属于车上人员吗?

【案例2-6】 车上人员责任险不赔被保险人

李某就其所有的陕A牌自卸汽车向甲保险公司投保了机动车商业保险,其中车上人员责任险(乘客座位)、车上人员责任险(驾驶人座位)项下责任限额均为1万元/座。2013年3月24日,刘某驾驶该车由西安往石泉送货,李某自己随车押货,在陕西省某县西沟隧道道口下坡时,车辆不慎撞在公路西警示牌及护坡上,造成李某死亡,车辆、货物及公路警示牌受损的交通事故。交警部门认定刘某负本次事故全部责任。李某亲属向保险公司报案并提出索赔。李某亲属认为,李某死亡时是在车上,保险公司应当在车上人员责任险项下赔偿,保险公司认为李某是被保险人,车上人员责任险赔偿的车上人员不包括被保险人在内,故不承担赔偿责任。

【案例评析】

《保险法》第六十五条规定:"责任保险是指以被保险人对第三者依法应负的赔偿责任

为保险标的的保险。"根据该条规定,责任保险中,保险公司是对被保险人可能对第三者依法承担的损害赔偿责任进行保险,也就是说,对于第三者的财产损失或人身伤亡,被保险人依法应承担损害赔偿责任时,保险公司在责任保险项下进行赔偿,从而减少被保险人因对外承担赔偿责任而遭受的损失。与一般财产保险相比,责任保险的本质特征在于它的保险对象是被保险人向第三者"依法应负的损害赔偿责任",而不是被保险人自己的人身或财产,因为自己对自己依法没有什么赔偿责任。机动车车上人员责任险作为责任保险的一种,其保险标的应当是被保险人对除自己以外的车上人员承担的赔偿责任。

本案中,李某是被保险人,李某乘坐被保险车辆时发生事故造成自身死亡,李某对于自身死亡从法律上并不存在赔偿责任,所以,保险公司在车上人员责任险项下不承担赔偿责任。

(3) 车上人员责任险与意外伤害保险的区别在哪里?

首先,车上人员责任险是一种责任保险,而意外伤害保险则是意外险范畴,两者的标准是不同的。

其次,车上人员责任险是随"车"不随"人"的,不论什么样的乘客,只要在车上,就属于车上人员责任险的保障范围,而意外伤害险则是随"人"不随"车"的,只是对应的人员投保了,无论在车上、车下的意外,都属于意外险的保障范围。

(4) 免除责任。在上述保险责任范围内,下列情况下,不论任何原因造成的人身伤亡,保险人均不负责赔偿:

①事故发生后,被保险人或其允许的驾驶人故意破坏、伪造现场、毁灭证据。

②驾驶人有下列情形之一者:

a. 事故发生后,在未依法采取措施的情况下驾驶被保险机动车或者遗弃被保险机动车离开事故现场。

b. 饮酒、吸食或注射毒品、服用国家管制的精神药品或者麻醉药品。

c. 无驾驶证,驾驶证被依法扣留、暂扣、吊销、注销期间。

d. 驾驶与驾驶证载明的准驾车型不相符合的机动车。

e. 实习期内驾驶公共汽车、营运客车或者执行任务的警车、载有危险物品的机动车或牵引挂车的机动车。

f. 驾驶出租机动车或营业性机动车无交通运输管理部门核发的许可证书或其他必备证书。

g. 学习驾驶时无合法教练员随车指导。

h. 非被保险人允许的驾驶人。

③被保险机动车有下列情形之一者:

a. 发生保险事故时被保险机动车行驶证、号牌被注销的,或未按规定检验或检验不合格。

b. 被扣押、收缴、没收、政府征用期间。

c. 在竞赛、测试期间,在营业性场所修理、维护、改装期间。

d. 全车被盗窃、被抢劫、被抢夺、下落不明期间。

④下列原因导致的人身伤亡,保险人不负责赔偿:

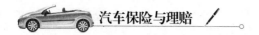

　　a. 地震及其次生灾害、战争、军事冲突、恐怖活动、暴乱、污染(含放射性污染)、核反应、核辐射。

　　b. 被保险机动车被转让、改装、加装或改变使用性质等,被保险人、受让人未及时通知保险人,且因转让、改装、加装或改变使用性质等导致被保险机动车危险程度显著增加。

　　c. 被保险人或驾驶人的故意行为。

　　⑤下列人身伤亡、损失和费用,保险人不负责赔偿:

　　a. 被保险人及驾驶人以外的其他车上人员的故意行为造成的自身伤亡。

　　b. 车上人员因疾病、分娩、自残、斗殴、自杀、犯罪行为造成的自身伤亡。

　　c. 违法、违章搭乘人员的人身伤亡。

　　d. 罚款、罚金或惩罚性赔款。

　　e. 超出《道路交通事故受伤人员临床诊疗指南》和国家基本医疗保险标准的医疗费用。

　　f. 律师费,未经保险人事先书面同意的诉讼费、仲裁费。

　　g. 投保人、被保险人或其允许的驾驶人知道保险事故发生后,故意或者因重大过失未及时通知,致使保险事故的性质、原因、损失程度等难以确定的,保险人对无法确定的部分,不承担赔偿责任,但保险人通过其他途径已经及时知道或者应当及时知道保险事故发生的除外。

　　h. 精神损害抚慰金。

　　i. 应当由机动车交通事故责任强制保险赔付的损失和费用。

　　(5)免赔率规定。负次要事故责任的免赔率为5%,负同等事故责任的免赔率为10%,负主要事故责任的免赔率为15%,负全部事故责任的免赔率为20%。

　　(6)投保方式。责任限额由投保人和保险人在投保时协商确定。而投保方式可选择下列任一方式投保或选择同时投保:

　　a. 按驾驶人座位投保。

　　b. 按被保险机动车核定的载客数(驾驶人座位除外)投保乘客座位。

　　4. 全车盗抢险

　　(1)全车盗抢险的含义。全车盗抢险是指在全车发生丢失被盗,报案后超过60天还无法寻回时,保险公司负责赔偿。

　　(2)保险责任。

　　①被保险机动车被盗窃、抢劫、抢夺,经出险当地县级以上公安刑侦部门立案证明,满60天未查明下落的全车损失。

　　②被保险机动车全车被盗窃、抢劫、抢夺后,受到损坏或车上零部件、附属设备丢失需要修复的合理费用。

　　③被保险机动车在被抢劫、抢夺过程中,受到损坏需要修复的合理费用。

  想一想

　　1. 轮胎被偷保险公司赔吗?
　　2. 车锁被撬,车门锁受损及车内的贵重物品被盗,保险公司赔偿吗?

(3) 免除责任。

①在上述保险责任范围内,下列情况下,不论任何原因造成被保险机动车的任何损失和费用,保险人均不负责赔偿:

a. 被保险人索赔时未能提供出险当地县级以上公安刑侦部门出具的盗抢立案证明。

b. 驾驶人、被保险人、投保人故意破坏现场、伪造现场、毁灭证据。

c. 被保险机动车被扣押、罚没、查封、政府征用期间。

d. 被保险机动车在竞赛、测试期间,在营业性场所修理、维护、改装期间,被运输期间。

②下列损失和费用,保险人不负责赔偿:

a. 地震及其次生灾害导致的损失和费用。

b. 战争、军事冲突、恐怖活动、暴乱导致的损失和费用。

c. 因诈骗引起的任何损失;因投保人、被保险人与他人的民事、经济纠纷导致的任何损失。

d. 被保险人或其允许的驾驶人的故意行为、犯罪行为导致的损失和费用。

e. 非全车遭盗窃,仅车上零部件或附属设备被盗窃或损坏。

f. 新增设备的损失。

g. 遭受保险责任范围内的损失后,未经必要修理并检验合格继续使用,致使损失扩大的部分。

h. 被保险机动车被转让、改装、加装或改变使用性质等,被保险人、受让人未及时通知保险人,且因转让、改装、加装或改变使用性质等导致被保险机动车危险程度显著增加而发生保险事故。

i. 投保人、被保险人或其允许的驾驶人知道保险事故发生后,故意或者因重大过失未及时通知,致使保险事故的性质、原因、损失程度等难以确定的,保险人对无法确定的部分,不承担赔偿责任,但保险人通过其他途径已经及时知道或者应当及时知道保险事故发生的除外。

j. 因被保险人违反本条款第五十八条规定,导致无法确定的损失。

(4) 确定保险金额的确定。在实际价值内协商确定,即按车辆折旧后的实际价值来确定(月折旧率同车损险)。

机动车辆的月折旧率参考表2-10。

月 折 旧 率　　　　　　　　　　　表2-10

车辆种类	月折旧率(%)			
	家庭自用	非营业	营业	
			出租	其他
9座以下客车	0.60	0.60	1.10	0.90
10座以上客车	0.90	0.90	1.10	0.90
微型载货汽车	—	0.90	1.10	1.10
带拖挂的载货汽车	—	0.90	1.10	1.10
低速货车与三轮汽车	—	1.10	1.40	1.40
其他车辆	—	0.90	1.10	0.90

实际价值的计算方法：

$$实际价值 = 新车购置价 - 折旧金额$$

$$折旧金额 = 新车购置价 \times 车辆已使用月数 \times 月折旧率$$

特别提示

折旧按月计算，不足一月的不折旧（以前以年折旧）；最高折旧金额不大于80%新车购置价。

(5) 免赔率规定。

①发生全车损失的，绝对免赔率为20%。

②发生全车损失，被保险人未能提供《机动车登记证书》、机动车来历凭证的，每缺少一项，增加1%的绝对免赔率。

(6) 保险人支付赔款后合同的终止情形。

①发生本保险事故，导致全部损失时。

②一次赔款金额与免赔金额之和（不含施救费）达到保险金额时。

特别提示

全车盗抢险的报警、报案时间规定：

被保险机动车全车被盗抢的，被保险人知道保险事故发生后，应在24h内向出险当地公安刑侦部门报案，并通知保险人。

【案例2-7】 盗抢险应该按保险金额赔还是按车辆的实际价值赔？

2007年6月1日，张某作为被保险人为其所有的豫J×××桑塔纳轿车向安邦财产保险股份有限公司河南××中心支公司（以下简称安邦公司）投保了车损险、商三险、盗抢险等险种。安邦公司为张某签发的机动车商业保单上记载以下内容：①车辆已使用年限 $T \geqslant 6$ 年；②投保时新车购置价110500元；③车损险保险金额110500元；④盗抢险保险金额55471元；⑤保险期间2007年6月2日至2008年6月1日；⑥保险合同争议解决方式为提交郑州仲裁委员会仲裁。

特别提示

折旧按月计算，不足一月的不折旧（以前以年折旧）；最高折旧金额不大于80%新车购置价。

2008年5月13日，豫J×××桑塔纳轿车被盗，张某向安邦公司索赔，要求按照保单中载明的盗抢险保险金额55471元予以赔偿。而安邦公司只同意按照合同约定的保险金计赔方式赔偿1万多元，双方多次协商无果，张某遂向郑州仲裁委员会申请仲裁。郑州仲裁委员会于2009年12月23日开庭审理了此案。

庭审中，申请人张某主张：被保险车辆已经丢失，申请人在被申请人处投保了盗抢险，保险金额为55471元。申请人已经及时、足额缴纳了保费，被申请人则应当在保险事故发生后按照合同约定的保险金额予以赔偿。而安邦公司则辩称：依据《保险法》的损失补偿原则，被申请人对申请人的赔偿不能超过其因事故造成的实际损失。本案中，标的车在事故发生时已经使用了8年，其被盗时的实际价值远低于申请人请求的55471元。被申请人的赔偿应当以标的车被盗时的实际价值为限。而在《机动车盗抢险损失保险条款》中明确载明了有关被保险车辆在事故发生时实际价值的计算方法，即"保险事故发生时被保险机动车的实际价值根据保险事故发生时的新车购置价减去折旧金额后的价格确定(折旧金额＝保险事故发生时的新车购置价×被保险机动车已使用月数×月折旧率)"。

仲裁庭认为，申请人与被申请人签订的保险合同系双方真实意思表示，内容不违反国家有关法律、行政法规的强制性规定，为有效合同，该合同对双方具有法律约束力。关于发生保险事故后被申请人应按保险金额还是保险车辆的实际价值进行赔偿，仲裁庭认为，保险单载明的盗抢险的保险金额55471元，既可以将其理解为保险金额，还可以理解为是责任限额。同时《机动车盗抢险损失保险条款》规定了"保险人在保险金额内计算赔偿，但不得超过保险事故发生时被保险机动车的实际价值。保险事故发生时被保险机动车的实际价值根据保险事故发生时的新车购置价减去折旧金额后的价格确定。保险事故发生时的新车购置价根据保险事故发生时保险合同签订地同类型新车的市场销售价格(含车辆购置税)确定。折旧金额＝保险事故发生时的新车购置价×被保险机动车已使用月数×月折旧率"。由此可以看出，该条款已经清楚地规定了发生全损时保险人的赔偿方式，被申请人按照该规定赔偿符合合同约定。仲裁庭对申请人关于应按照保险金额55471元进行赔偿的观点不予支持，对被申请人依据保险合同约定计算折旧价格以及确定实际价值的观点予以采信。

通过仲裁委员会询价，确定事故发生时被保险车辆的同类的新车购置价为78000元，则被保险车辆的折旧额为78000元×45×1.10%＋78000元×48×0.60%＝61074元(注：该保险车辆作为营业出租车45个月，家庭用车48个月)。因此，保险事故发生时被保险机动车的实际价值为78000元－61074元＝16926元。最终裁决：被申请人安邦财产保险股份有限公司河南××中心支公司向申请人张某支付保险赔偿金16926元。

【案件评析】

本案争议的焦点为，发生保险事故后，究竟是应该按照保单中载明的保险金额赔偿，还是应该按照被保险车辆的实际价值进行赔偿。

(1)有关财产保险的损失补偿原则。

损失补偿原则是财产险的特有的原则，其含义是，在发生保险事故后，通过保险人的赔偿，使被保险人获得与损失程度大致相等的利益，以有效弥补被保险人因事故发生所造成的损失。同时，保险人的赔偿不能超过被保险人的实际损失，以避免引发道德风险。

本案中，保险车辆在事故发生时的实际价值远远低于保险金额，被保险人是否能够按照保险金额获得赔偿呢？答案是否定的。

2009版《保险法》第十八条规定："保险金额是指保险人承担赔偿或者给付保险金责任

的最高限额。"很明显,保险金额并非指事故发生后保险人的理赔金额,而是指保险人承担保险金赔偿责任的最高限额。保险事故发生后,如果被保险人的实际损失与保险金额相等,那么保险金额就可以作为理赔金额;如果被保险人的实际损失小于保险金额,那么就应该以实际损失作为理赔金额,这才符合损失补偿原则的精神。而实际损失的确定方法,如果保险合同中有明确约定的,从其约定;如果没有,则可以委托第三方机构进行评估、鉴定。

(2)有关超额保险。

在财险中,所谓超额保险是指保险金额超过了保险标的的实际价值。以本案为例,2000年时张某购置该车时的新车购置价为110500元,在2007年张某向安邦公司投保时,该型号车的新车购置价仅为78000元,而保险公司却以110500元作为投保时的新车购置价并以此衍生出车损险的保险金额110500元、盗抢险的保险金额55471元。这样直接导致了保险金额远远高于实际价值,这就是典型的超额保险。

2009版《保险法》第五十五条第三款明确规定:"保险金额不得超过保险价值。超过保险价值的,超过部分无效,保险人应当退还相应的保险费。"由此可见,不论超额保险的原因如何,保险金额超过保险价值的部分都是无效的,发生保险事故后,被保险人是不可能通过超额保险获取任何不正当利益的。

二、主要附加险条款解读

附加险条款的法律效力优于主险条款。附加险条款未尽事宜,以主险条款为准。除附加险条款另有约定外,主险中的责任免除、免赔规则、双方义务同样适用于附加险。

2014版《示范条款》共有11种附加险,分别为:玻璃单独破碎险、自燃损失险、新增设备损失险、车身划痕损失险、发动机涉水损失险、修理期间费用补偿险、车上货物责任险、精神损害抚慰金责任险、不计免赔险、机动车损失保险无法找到第三方特约险和指定修理厂险。

1. 玻璃单独破碎险

(1)玻璃单独破碎险的含义。在保险期间内,发生本车风窗玻璃、车窗玻璃单独破碎时,保险公司按实际损失赔偿。

特别提示

1. 本附加险只赔风窗玻璃和车窗玻璃,不赔倒车镜玻璃、车灯玻璃、仪表玻璃等。
2. 车损险中只将前后风窗玻璃和左右车窗玻璃的单独破碎列为免除责任。

(2)投保。

①投保了车损险的机动车,方可投保本附加险。

②投保人与保险人可协商选择按进口或国产玻璃投保。保险人根据协商选择的投保方式承担相应的赔偿责任。

(3)注意问题。

①玻璃单独破碎险示范条款实行全国统一。

②车上玻璃破碎最常见的方式有三种情况:其一是小偷敲掉侧面玻璃为了偷包;其二是当汽车在高速公路上或者道路行驶条件不好的地区行驶时,溅起的小石子(飞石)将风窗玻璃击碎;其三是高空坠物将风窗玻璃或天窗玻璃砸碎。如果车主确认上述风险较小时,因此险种的性价比不高,不保也罢;反之保吧,也没多少钱。

③安装、维修机动车过程中造成的玻璃单独破碎,保险公司不负责赔偿。

④本附加险不适用主险中的各项免赔率、免赔额约定。

2. 自燃损失险

(1)保险责任。

①保险期间内,指在没有外界火源的情况下,由于本车电器、线路、供油系统、供气系统等被保险机动车自身原因或所载货物自身原因起火燃烧造成本车的损失。

②发生保险事故时,被保险人为防止或者减少被保险机动车的损失所支付的必要的、合理的施救费用,由保险人承担;施救费用数额在被保险机动车损失赔偿金额以外另行计算,最高不超过本附加险保险金额的数额。

(2)投保。

①投保了车损险的机动车,方可投保本附加险。

②保险金额由投保人和保险人在投保时被保险机动车的实际价值内协商确定。

(3)注意事项。

①自燃损失险示范条款实行全国统一。

②尽管车辆发生自燃的概率相对较小,但一旦发生时损失巨大,最严重的自燃车甚至到了无法修理的地步,因自燃造成的损失在车险里几乎是最严重的。

据人保财险2006年一份关于自燃车理赔的统计显示,平均每辆车的自燃损失赔付高达3万元,远远超过其他车损,所以建议在保费可承受的情况下,还是购买一份自燃损失险比较好。

③即使投保了自燃损失险,车辆着火时不一定得到保险公司的赔偿。如:人工直接供油、高温烘烤机器引起的火灾;自燃仅造成电器、线路、供油系统的损失;人为造成火灾的;汽车改装后没有到车管所登记和经保险公司核保的等。

④有20%的绝对免赔率。

3. 车身划痕损失险

(1)保险责任。保险期间内,投保了本附加险的机动车在被保险人或其允许的驾驶人使用过程中,发生无明显碰撞痕迹的车身划痕损失,保险人按照保险合同约定负责赔偿。

(2)投保。

①投保了车损险的机动车,方可投保本附加险。

②保险金额为2000元、5000元、10000元或20000元,由投保人和保险人在投保时协商确定。

(3)免除责任。

①被保险人及其家庭成员、驾驶人及其家庭成员的故意行为造成的损失。

②因投保人、被保险人与他人的民事、经济纠纷导致的任何损失。

③车身表面自然老化、损坏、腐蚀造成的任何损失。

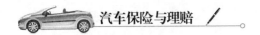
汽车保险与理赔

④本附加险每次赔偿实行15%的绝对免赔率,不适用主险中的各项免赔率、免赔额约定。

(4)注意问题。

①车身划痕损失险示范条款实行全国统一。

②车身表面被划伤最常见的方式有两种情况:其一是在停车期间被人用硬物划伤漆面;其二是由于驾驶技术不熟练车身表面被剐蹭。一般只有是新车且是新手驾驶人时才考虑投保该险种。

③因保费相对其他附加险而言较贵,性价比不高。

④在保险期间内,累计赔款金额达到保险金额,本附加险保险责任终止。

4. 新增加设备损失险

(1)"新增设备"的含义。"新增设备"是指保险车辆出厂时原有各项附属设备外,被保险人另外加装或改装的设备及设施。如:加装了高级音响、防盗设备、GPS,加改了真皮或电动座椅、电动升降器、氙气前照灯等。

(2)投保。

①投保了车损险的机动车,方可投保本附加险。

②保险金额根据新增加设备投保时的实际价值确定。新增加设备的实际价值是指新增加设备的购置价减去折旧金额后的金额。

(3)免除责任。每次赔偿的免赔约定以机动车损失保险条款约定为准。

5. 发动机涉水损失险

(1)保险责任。保险期间内,投保了本附加险的被保险机动车在使用过程中,因发动机进水后导致的发动机的直接损毁,保险人负责赔偿。

发生保险事故时,被保险人为防止或者减少被保险机动车的损失所支付的必要的、合理的施救费用,由保险人承担;施救费用数额在被保险机动车损失赔偿金额以外另行计算,最高不超过保险金额的数额。

(2)免除责任。每次赔偿均实行15%的绝对免赔率,不适用主险中的各项免赔率、免赔额约定。

(3)投保。本附加险仅适用于家庭自用汽车、党政机关、事业团体用车、企业非营业用车,且只有在投保了车损险后,方可投保本附加险。

6. 修理期间费用补偿险

(1)保险责任。保险期间内,投保了本条款的机动车在使用过程中,发生机动车损失保险责任范围内的事故,造成车身损毁,致使被保险机动车停驶,保险人按保险合同约定,在保险金额内向被保险人补偿修理期间费用,作为代步车费用或弥补停驶损失。

(2)免除责任。下列情况下,保险人不承担修理期间费用补偿:

①因机动车损失保险责任范围以外的事故而致被保险机动车的损毁或修理。

②非在保险人指定的修理厂修理时,因车辆修理质量不合要求造成返修。

③被保险人或驾驶人拖延车辆送修期间。

④本保险每次事故的绝对免赔额为1天的赔偿金额,不适用主险中的各项免赔率、免赔额约定。

(3)投保。

①只有在投保了车损险的基础上方可投保本附加险,车损险保险责任终止时,本保险责任同时终止。

②保险金额=补偿天数×日补偿金额。补偿天数及日补偿金额由投保人与保险人协商确定并在保险合同中载明,保险期间内约定的补偿天数最高不超过90天。

(4)赔偿处理。全车损失,按保险单载明的保险金额计算赔偿;部分损失,在保险金额内按约定的日赔偿金额乘以从送修之日起至修复之日止的实际天数计算赔偿,实际天数超过双方约定修理天数的,以双方约定的修理天数为准。

保险期间内,累计赔款金额达到保险单载明的保险金额,本附加险保险责任终止。

7. 车上货物责任险

(1)保险责任。保险期间内,发生意外事故致使被保险机动车所载货物遭受直接损毁,依法应由被保险人承担的损害赔偿责任,保险人负责赔偿。

(2)免除责任。

①偷盗、哄抢、自然损耗、本身缺陷、短少、死亡、腐烂、变质、串味、生锈,动物走失、飞失、货物自身起火燃烧或爆炸造成的货物损失。

②违法、违章载运造成的损失。

③因包装、紧固不善,或因装载、遮盖不当导致的任何损失。

④车上人员携带的私人物品的损失。

⑤保险事故导致的货物减值、运输延迟、营业损失及其他各种间接损失。

⑥法律、行政法规禁止运输的货物的损失。

⑦本附加险每次赔偿实行20%的绝对免赔率,不适用主险中的各项免赔率、免赔额约定。

(3)投保。

①投保了机动车第三者责任保险的机动车,可投保本附加险。

②责任限额由投保人和保险人在投保时协商确定。

注意:被保险人索赔时,应提供运单、起运地货物价格证明等相关单据。保险人在责任限额内按起运地价格计算赔偿。

8. 精神损害抚慰金责任险

(1)保险责任。

保险期间内,被保险人或其允许的驾驶人在使用被保险机动车的过程中,发生投保的主险约定的保险责任内的事故,造成第三者或车上人员的人身伤亡,受害人据此提出精神损害赔偿请求,保险人依据法院判决及保险合同约定,对应由被保险人或被保险机动车驾驶人支付的精神损害抚慰金,在扣除机动车交通事故责任强制保险应当支付的赔款后,在本保险赔偿限额内负责赔偿。

(2)免除责任。

①根据被保险人与他人的合同协议,应由他人承担的精神损害抚慰金。

②未发生交通事故,仅因第三者或本车人员的惊恐而引起的损害。

③怀孕妇女的流产发生在交通事故发生之日起30天以外的。

④本附加险每次赔偿实行20%的绝对免赔率,不适用主险中的各项免赔率、免赔额

约定。

(3)投保。

①只有在投保了机动车第三者责任保险或机动车车上人员责任保险的基础上方可投保本附加险。

在投保人仅投保机动车第三者责任保险的基础上附加本附加险时,保险人只负责赔偿第三者的精神损害抚慰金;在投保人仅投保机动车车上人员责任保险的基础上附加本附加险时,保险人只负责赔偿车上人员的精神损害抚慰金。

②赔偿限额由保险人和投保人在投保时协商确定。

9. 不计免赔险

(1)不计免赔险的含义。简单地讲,就是把原来合同中规定的应该由被保险人自行承担的免赔金额部分转嫁由保险公司负责赔偿。

(2)投保。投保了任一主险及其他设置了免赔率的附加险后,均可投保本附加险。

(3)注意问题。

①由于不计免赔险的保障范围大,费率适中,所以是一个非常好的险种,投保率较高。一般而言,较适合车技不佳的新手,而车技老练的老车主未必要投保该险种。

注:该险种的保费一般是相应险种标准保费的15%~20%。

②不计免赔险并不是对所有事故都没有免赔的,如:车损险中应当由第三方负责赔偿而无法找到第三方的、违反安全装载规定而增加的、盗抢险中未能提供《机动车登记证书》、机动车来历凭证的,每缺少一项而增加的免赔率、车损险中约定的每次事故绝对免赔额,保险人不负责赔偿。

10. 机动车损失保险无法找到第三方特约险

(1)保险责任。投保了本附加险后,对于车损险第十一条第(二)款列明的,被保险机动车损失应当由第三方负责赔偿,但因无法找到第三方而增加的由被保险人自行承担的免赔金额,保险人负责赔偿。

(2)投保。投保了机动车损失保险后,可投保本附加险。

11. 指定修理厂险

(1)保险责任。投保了本附加险后,车损险保险事故发生后,被保险人可指定修理厂进行修理。

(2)投保。投保了车损险的机动车,方可投保本附加险。

 思考与练习

一、单选题

1. 交强险在我国于( )开始实施。
　　A. 2003年1月1日　　　　　　　B. 2006年4月1日
　　C. 2006年7月1日　　　　　　　D. 2007年4月1日

2. 以前的第三者责任险相当于2006年7月1日后实施的( )。
　　A. 车损险　　　B. 交强险　　　C. 商三险　　　D. B+C

3. 目前商业性《示范条款》共有(　　)种险种实行全国统一。
　A. 9　　　　　　B. 14　　　　　　C. 15　　　　　　D. 16
4. 《示范条款》中车损险的事故责任免赔率为(　　)。
　A. 3%、4%、5%、8%　　　　　　　B. 3%、5%、8%、10%
　C. 5%、8%、10%、15%　　　　　　D. 5%、10%、15%、20%
5. 下列(　　)不属于车损险的附加险。
　A. 无过错责任险　　　　　　　　B. 自燃损失险
　C. 可选免赔额特约险　　　　　　D. 车身划痕险
6. 为了能使汽车的"装饰"获得保障,车主必须投保(　　)。
　A. 车损险　　　　　　　　　　　B. 车上货物责任险
　C. 新增设备损失险　　　　　　　D. 车载货物掉落责任险
7. 汽车保险中的倾覆是指车辆的(　　)离地,(　　)着地。
　A. 两轮、轮胎　　　　　　　　　B. 两轮、车体
　C. 四轮、轮胎　　　　　　　　　D. 四轮、车体
8. 《示范条款》车辆保险中有关驾驶人的规定为被保险人或(　　)驾驶人。
　A. 驾驶人允许的　　　　　　　　B. 驾驶人允许的合格
　C. 被保险人允许的合格　　　　　D. 被保险人允许的
9. 下列(　　)属于交强险赔偿中承认的"第三者"。
　A. 车下的实际驾驶人
　B. 正在上下车人员
　C. 车下的被保险人或驾驶人的家庭成员
　D. 车下的投保人
10. 下列(　　)不属于车损险的保险责任。
　A. 雷击　　　　　B. 海啸　　　　　C. 洪水　　　　　D. 冰凌
11. 下列(　　)不属于车损险的保险责任。
　A. 雪崩　　　　　B. 军事冲突　　　C. 泥石流　　　　D. 龙卷风
12. 汽车在(　　)期间的损坏属于车损险的保险责任。
　A. 承载保险车辆的渡船遭受自然灾害
　B. 竞赛
　C. 测试
　D. 无证驾驶
13. 遭受保险责任范围内的损失后,未经必要修理继续使用,致使标的继续损失的,(　　)属于车损险的免除责任。
　A. 全部损失　　　　　　　　　　B. 损失扩大的部分
　C. 损失非扩大的部分　　　　　　D. 视情况而定
14. 《示范条款》中家庭自用轿车的折旧率为(　　)。
　A. 年折旧率为0.6%　　　　　　　B. 月折旧率为0.6%
　C. 年折旧率为6%　　　　　　　　D. 月折旧率为6%

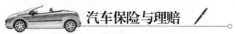

15.《示范条款》车损险条款中,应由第三方负责赔偿却无法找到第三者的,实行(　　)免赔。

  A.10%　　　　　　B.20%　　　　　　C.30%　　　　　　D.35%

16. 2008版交强险的保险金额为(　　)。

  A.4万元　　　　　B.6万元　　　　　C.12万元　　　　　D.12.2万元

17.交强险保险单标题下的一条横线,下列说法(　　)正确。

  A.与标题等长　　　　　　　　　　B.为一条黑色直线

  C.由微缩文字"sali"组成　　　　　　D.用放大镜可见光栅效果

18.救助基金管理机构垫付交强险的项目为(　　)。

  A.财产损失费用　　　　　　　　　B.医疗抢救费用

  C.丧葬费　　　　　　　　　　　　D.B+C

19.下面所列人员中,符合《示范条款》机动车辆保险"第三者"含义的是(　　)。

  A.车上的乘客　　　　　　　　　　B.正在下车的乘客

  C.已经下车的乘客　　　　　　　　D.私有车辆车主的家庭成员

20.《示范条款》中商三险的保险责任中,事故是指(　　)事故。

  A.碰撞　　　　　B.非碰撞　　　　　C.意外　　　　　D.自然灾害

21.全车盗抢险赔偿时,车辆必须满(　　)未查明下落。

  A.3个月　　　　B.6个月　　　　　C.2个月　　　　　D.1个月

22.《示范条款》中车损险的投保金额为车辆(　　)。

  A.投保时新车购置价　　　　　　　B.投保时实际价值

  C.出险时新车购置价　　　　　　　D.出险时实际价值

23.(　　)不属于全车盗抢险的保险责任。

  A.零部件被盗

  B.全车被抢

  C.被找回的被盗车辆上的零部件丢失费用

  D.车辆在停止使用期间全车被盗

24.《示范条款》中发生全车被盗抢时,若车主在索赔时缺少行驶证,则绝对免赔率应增加(　　)。

  A.0.5%　　　　　B.5%　　　　　　C.0%　　　　　　D.20.5%

二、多选题

1.在交强险中,下列(　　)属于保险公司垫付医疗抢救费的情形。

  A.驾驶人未取得驾驶资格的　　　　B.机动车肇事后逃逸的

  C.受害人故意造成交通事故的　　　D.车辆被盗期间肇事的

2.在交强险中,下列(　　)属于救助基金垫付医疗抢救费的情形。

  A.驾驶人未取得驾驶资格的　　　　B.机动车肇事后逃逸的

  C.未投保交强险的　　　　　　　　D.抢救费用超过交强险责任限额的

3.下列(　　)属于商三险的保险金额。

  A.4万元　　　　B.5万元　　　　　C.15万元　　　　　D.30万元

4.车辆在下列( )中被盗抢的属于全车盗抢险的保险责任。
　　A.停止　　　　　　　　　　　　B.停放
　　C.行驶中　　　　　　　　　　　D.非被保险人允许的合格的驾驶人
5.《示范条款》中的全车盗抢险规定,发生全车损失,被保险人未能提供( )的,每缺少一项,增加1%的绝对免赔率。
　　A.行驶证　　　　　　　　　　　B.机动车登记证书
　　C.原配车钥匙　　　　　　　　　D.购车发票

第三章 汽车保险投保与承保实务

 学习目标

通过本章的学习,你应能:
1. 正确叙述投保、承保、续保、转保和退保的概念;
2. 知道车辆保险的投保和承保流程;
3. 分析最佳投保方案及合同的效力;
4. 正确完成思考与练习。

第一节 投保流程

张先生(驾龄为0)最近刚买了一辆宝马汽车,张先生所居住的小区有露天停车场,上班时,张先生的汽车停在收费的停车场,由于有几个同事同住一小区,所以张先生有时也会搭载同事一起上下班。购买保险时,面对众多保险公司五花八门的汽车保险产品,张先生傻眼了,对汽车保险一无所知的他,不知道哪些险种该买,哪些险种不该买,那么张先生该如何投保呢?

客户一般可按图3-1所示的程序进行投保。

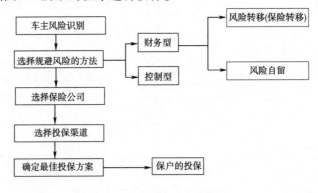

图3-1 投保的决策过程流程图

一、客户的风险识别与规避

1. 车主面临的主要风险

(1) 自身车辆的损失。

①损失因意外事故而引起,如碰撞、倾覆、坠落、外界的火灾或爆炸、外界物体的坠落或

倒塌等。

②损失因自然灾害而引起,如地震、海啸、洪水、雷击、暴雨、崖崩、滑坡、暴风等。

③损失因社会风险而引起,如被盗抢、暴动、被划等。

④损失因政治风险而引起,如战争、军事冲突、政府征用、动乱、恐怖活动、暴乱、宗教冲突等。

⑤损失因经济风险而引起,如贬值、修理后价值降低等。

⑥损失因车辆自身原因而引起,如自然磨损、朽蚀、腐蚀、故障、自燃、车载货物撞击等。

⑦损失因车主或驾驶人自身的原因而引起,如被扣押、被收缴、被没收、年检问题、发动机进水后操作不当、醉酒驾车、疲劳驾驶等。

(2)人员伤亡损失。

①车主本人的伤亡。

②实际驾驶人或乘客的伤亡。

③车下人员的伤亡。

(3)自身车辆以外的财产损失。

①事故的施救费用。

②车主或实际驾驶人、乘客随身携带的财产损失。

③车载货物的损失。

④车下第三者遭受的财产(包括车辆)和精神损失。

⑤车主因车辆停驶遭受的利润损失。

⑥公共财产损失,如护栏、电线杆等。

2. 常见险种的保障对象

(1)车辆损失险(后简称"车损险")。车损险的保障对象是车主自己的车辆在使用过程中由于自然灾害或意外事故造成的车辆本身损失、合理施救费用。

(2)交强险和商业第三者责任险。交强险和商三险的保障对象是车主自己的车辆因意外事故致使第三者人身伤亡或财产损失。

(3)车上人员责任险。车上人员责任险的保障对象是车主自己的车辆在使用过程中因发生意外事故,致使车上人员(包括驾驶人或乘客)遭受的人身伤亡。

(4)全车盗抢险。全车盗抢险的保障对象是车主自己的车辆被盗或被抢。

(5)不计免赔险。不计免赔险的保障对象是保险合同中规定的应该由车主自行承担的免赔金额部分转嫁由保险公司负责赔偿。

(6)玻璃单独破碎险。玻璃单独破碎险的保障对象是车主自己的车辆的风窗玻璃、车窗玻璃等单独破碎。

(7)车身划痕险。车身划痕险的保障对象是车主自己的车辆发生无明显碰撞痕迹的车身表面油漆单独划伤。

(8)自燃损失险。自燃损失险的保障对象是车主自己的车辆在使用过程中,因本车电器、线路、供油系统故障或货物自身原因造成的车辆损失。

(9)新增设备损失险。新增设备损失险的保障对象是车主自己的车辆因改装所增加的零部件、设备的损坏。

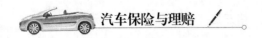

3. 列出可用保险方法来转移的风险

上述风险如何进行规避呢？用控制型方法还是财务型方法？采用风险自留还是保险转移？一般可参考保险公司的主险、附加险名称，通过列表的方法找出能用保险方法来转移的风险。

4. 投保需考虑的主要风险

其实，能用保险方法来化解的风险有很多，但从自身的风险特征出发并考虑经济性的话，其中有很多险种未必一定需要购买。那么，车主应从哪些方面来考虑是否需要投保呢？

下面向车主推荐一种投保时应考虑的风险思路，具体内容如下。

(1) 车辆风险因素。

①汽车的使用性质。车辆属于营业车还是非营业车？营业车属于出租/租赁、城市公交、公路客运或货运还是客货两用？而非营业车属于私家车、非营业个人用车、非营业企业用车还是机关用车？

②汽车的使用目的。是上班代步、家庭娱乐及社交、从事个人业务还是商业业务？

③汽车的厂牌、型号。车辆的行驶稳定性、操纵性能如何？主、被动安全性能如何？防盗技术如何？价格如何？

④汽车的车龄。车辆是新车、旧车还是接近报废的车辆？

⑤汽车的结构改动。车辆是原厂车、新增设备还是改装车？

⑥汽车的行驶区域。车辆行驶的区域是出入境、全国境内还是省级行政区内？有无固定线路？路况如何？

⑦汽车的停车场地。车辆是停放在营业性的停车场地还是固定的停车场地？车位是否固定？场地及周边的治安情况如何？

(2) 驾驶人的风险因素。

①驾驶人的年龄(出生日期)。驾驶人是年轻人、中年人还是老年人？

②驾驶人的性别。驾驶人是男性还是女性？

③驾驶人的职业。

④驾驶人的婚姻状态。驾驶人是未婚还是已婚？

⑤驾龄。驾驶人是新手(驾龄3年以内)还是老手？

⑥驾驶人的生活习性。驾驶人是否吸烟或酗酒？是否是急性子？是否是注重细节？

⑦驾驶人的事故记录。驾驶人有无违章记录？事故记录如何？

⑧附加驾驶人的数量。主要用于识别是否需要和保险公司约定固定驾驶人。

二、选择保险公司

目前国内共有财产保险公司65家，其中中资公司44家，外资公司21家。由于外资公司除美亚保险、利宝保险、中航安盟、国泰产险、富邦财险、三星财险等9家公司外均没获得交强险的经营权，所以很少经营汽车保险业务。对于急需购买车险的客户而言，如何在众多的购买渠道和保险公司中作出最符合自己要求的选择至关重要。

1. 选择保险公司的方法

衡量一个保险公司的优劣涉及很多因素，不仅要看其资本实力是否雄厚，更要看其服务水平的品质，而且要看其是否适合自己的判断标准。可以说，很难有最好的，但却有最适合自己的保险公司。当然，公司的信誉和服务质量是首要考虑的因素。下面介绍一种选择保险公司的思路，如图3-2所示。

（1）分析自身风险特征：根据自身车辆的特点、驾驶特点、停车场特点、车辆用途等，找出自己的风险所在。

（2）确定投保项目：初步确定需投保的险种及特别需求（车损、车上人员、车载货物、盗抢、停驶损失、新增设备、第三者、约定行驶区域、约定驾驶人等）。

（3）查阅本地有合法资质经营汽车保险业务的保险公司：查出本地经营汽车保险业务的保险公司的地址、电话、网站等，并核实其真实性。

我国经营汽车保险业务的主要财产保险公司见表3-1。

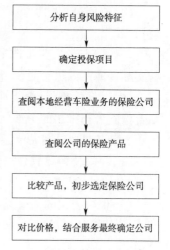

图3-2 选择保险公司的思路

经营汽车保险业务的主要财产保险公司   表3-1

公司	网址	服务电话
中国人民财产保险股份有限公司	www.picc.com.cn	95518
中国太平洋财产保险股份有限公司	www.cpic.com.cn	95500
中国平安财产保险股份有限公司	www.pa18.com.cn	95512
天安保险股份有限公司	www.tianan-insurance.com	95505
大众保险股份有限公司	www.bitauto.com	021-63611222
华泰财产保险股份有限公司	www.ehuatai.com	95509
中国大地财产保险股份有限公司	www.ccic-net.com.cn	95590
中华联合财产保险公司	www.cicsh.com	95585
华安财产保险股份有限公司	www.sinosafe.com.cn	0755-82665888
永安财产保险股份有限公司	www.yaic.com.cn	029-87233888
太平保险有限公司	www.etaiping.com	0775-82960919
天平汽车保险股份有限公司	www.tpaic.com.cn	4006706666
渤海财产保险股份有限公司	www.bpic.com.cn	022-23202818
永诚财产保险股份有限公司	www.alltrust.com.cn	021-68865800
阳光财产保险股份有限公司	www.csic.com	95510
安邦财产保险股份有限公司	www.abic.com	95569
上海安信农业保险股份有限公司	www.aaic.com.cn	021-63355533
都邦财产保险股份有限公司	www.dbic.com.cn	40088-95586
阳光农业相互保险公司	www.samic.com.cn	0451-55195556
安华农业保险股份有限公司	www.ahic.com.cn	0431-96677
华农财产保险股份有限公司	www.chinahuanong.com.cn	95105535
安诚财产保险股份有限公司	www.e-acic.com.cn	966899
民安保险（中国）有限公司	www.minganchina.com.cn	0755-25831999
中国人寿财产保险股份有限公司（国寿财险）	www.chinalife-p.com.cn	95569
中银保险有限公司	www.boc-ins.com.cn	010-66538000 40069 95566

(4)查阅公司的保险产品:查阅本地各公司的险种,找出能解决自身风险特征的保险公司。

(5)比较产品,初步选定保险公司:仔细阅读条款,分清其保障范围,将自身的风险特征与实际保障范围进行对比,初步选定保险公司。

(6)对比价格,结合个性化服务最终确定保险公司:对保险公司产品的价格进行对比并结合保险公司推出的个性化服务,最终确定适合自身要求的保险公司。

2.选择保险公司应考虑的因素

(1)保险公司要有合法资质且经营汽车保险业务。如果通过保险中介购买汽车保险时,尤其要注意其是否具有合法的"保险兼业代理资格",否则,可能出现保单造假现象。

(2)保险公司的信誉及口碑要良好。值得注意的是,市场知名度高的公司其信誉不一定就高。你可以通过网络、车友等多种渠道进行了解和比较,最终选出你可以信赖的一些公司。

(3)保险公司的服务网络(网点分布)。因为汽车是流动性风险,保险公司的网点分布决定了投保、理赔及其他商务往来的方便程度。当在异地出险时,只有在全国各地建立服务网络的保险公司才能实现全国通赔(就地理赔),这样可省却客户的不少麻烦。

(4)汽车保险产品的"性价比"。汽车保险产品的"性价比"体现在以下三个方面。

①产品的保障范围对自身风险而言是否较大。

②保险业务的自身服务是否优良。

③产品的价格。

客户应比较保险公司产品之间的差异,找出能针对自身风险的保险产品,从而达到在最省钱的状态下获得最有用、最安全的保障。例如,酒后驾车在 C 款的全车盗抢险中属于保险责任;倒车镜、车灯玻璃破碎时,A 款的车损险就赔偿,而 B、C 款的车损险却不赔偿。

特别提示

1.好钢要用在刀刃上,花钱要舍得但不能"糊涂"。

2.为了规范保险市场,防止骗赔的发生,以前实行的直赔服务已被停用。所谓的直赔服务就是车辆出险后,理赔、核赔和领取赔款都由修理公司代替,车主只需将车开到修理公司维修就可以了。

(5)费率优惠和无赔款优待的规定。尽管保监会有最高限价 7 折的规定,但实际的费率和无赔款优待方面的规定在各保险公司之间仍存在差异。

费率优惠主要看打几折,但是价格打折的同时还要看其服务是否也跟着打了折扣。只有价格打折而服务却不打折时,车主才算买到了性价比高的汽车保险。续保主要看其无赔款优待的规定。

(6)增值和个性化服务(附加服务),如人保财险的拖车救援服务、汽车抛锚代送燃油服务、汽车代驾服务等。有的保险公司还建立了汽车保险会员俱乐部,为车主提供全方位的服务;又比如北京一些地区性保险公司,就推出了全天候出单服务,全年 365 天,投保汽车保险的客户均可以拿到正式保单。对于拿到保单,但未上牌照的新车,一旦出险,将严格按照保单中的条款承担保险责任。因为新车容易被盗抢,而大多数保险公司规定无牌照的车辆一律不赔,这个政策就满足了新车的车主在无牌照期间出险索赔的需求。

 想一想

1. 试说明本地区的财产保险公司各推出了哪些个性化服务?
2. 试说明本地区的财产保险公司费率各有哪些优惠?

3. 选择保险公司常见的几个误区

(1)谁的保费便宜就选谁。首先,由于汽车保险是无形的,需要通过服务才能感觉到它的存在,对车主来讲,购买汽车保险不能只重价格,服务才是更重要的。汽车保险服务主要体现在出险后的理赔服务和一些特色服务上。

其次,由于2007年4月1日后各中资保险公司都统一使用了由行业协会统一公布的A、B、C三套行业条款,各家财产保险公司基本上是从A、B、C三套条款中选择其中的一套经营,由于A、B、C三套行业条款基本同质化,且保监会有最高7折限价的规定,所以在价格上相差并不大。

再次,价格便宜的保险公司,往往保障也低、理赔等服务也会相对较慢,某些险种条款甚至存在漏洞,真正出了险,很有可能遭到拒赔。

 特别提示

既然保费、条款并无多大差异,最好在一家保险公司投保包括交强险在内的各种险种,以免理赔时辛苦奔波。

(2)专挑规模大、知名度高的保险公司投保。大型保险公司的优点有以下两点。

①已经建立了比较完善的理赔网络,也拥有了一支较成熟的理赔队伍,一旦出险,能够保证在较短时间内赶到现场查勘,协助处理事故。

②服务网点多,即使在异地出险,也可以及时查勘,甚至实现就地理赔(全国通赔)。

大型保险公司的缺点有以下两点。

①保费一般较高。

②由于大公司的客户较多,所谓"店大欺客",所以有时也会出现服务理赔效率低的情况。

小型保险公司的优点有以下四点。

①保费一般相对较低。

②某些小公司虽然在全国份额上不占多数,但是在某些城市却是当地的领先者,如果车辆只在一定区域内行驶,可以着重对比考虑本地的服务和信誉。

③由于客户较少,某些小公司可能其服务理赔效率反而比大公司更畅通。

④有些小公司的服务也很有特色。

小型保险公司的缺点有以下两点。
①理赔网络不健全。
②知名度差,服务水平也参差不齐。

三、选择投保渠道

刘先生是一位白领,由于平时工作繁忙再加上上班路程太远,于是到一汽丰田某经销店购买了一辆卡罗拉轿车。令他头痛的是,朋友曾建议他不要在4S店购买保险,因为保费贵而且会附带很多不必要的险种,但经销商强烈推荐他在4S店购买保险,而且能说出种种诱人的好处来。此时,刘先生该怎么办呢?

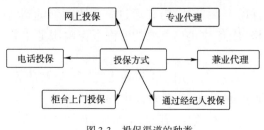

图 3-3　投保渠道的种类

1. 投保渠道的种类

目前,购买汽车保险的渠道很多,不同渠道从保险公司拿到的成本价不同,在市场上代理费率也不同,所以选择不同渠道购买汽车保险所需的保费是不同的,只要找准方法,客户还是有办法省钱的。

投保渠道的种类如图 3-3 所示。

(1)专业代理机构。专业代理机构是指主营业务为代卖保险公司的保险产品的保险代理公司。

(2)通过兼业代理。兼业代理是指受保险人委托,在从事自身业务的同时,指定专人为保险人代办保险业务的单位。

(3)通过经纪人投保。经纪人是指基于投保人的利益,为投保人和保险人订立保险合同提供中介服务并依法收取佣金的保险经纪公司。

(4)柜台(上门)投保。柜台投保是指亲自到保险公司的对外营业窗口投保。

(5)电话投保。电话投保是指通过拨打保险公司的服务电话进行投保。

(6)网上投保。网上投保是指客户在保险公司设立的专用网站(电子商务平台)上发送投保申请,保险公司在收到申请后电话联系客户进行确认的一种投保方式。

> **特别提示**
>
> 汽车保险中常见的兼业代理:
> 1. 汽车经销商(如4S店)。
> 2. 汽车修理厂。
> 3. 汽车快修店。
> 4. 汽车美容店。
> 5. 道路检查机构。

2. 投保方式优劣的比较

(1)通过专业代理机构投保。

优点：

①专业代理公司一般提供多家保险公司的汽车保险产品，选择公司的余地大。

②因为代理的保险公司多，所以可提供多种投保方案。

③服务质量高，可形成长久的合作关系。

缺点：

①投保成本高。

②保险代理公司选择不当时会有风险。

注意事项：我国目前的保险市场较为庞杂，专业代理公司的竞争也较为激烈，客户通过专业代理公司购买保险时，一定要仔细挑选可靠的公司，并要验看许可证、代理合同、代理人资格证书。因为保险代理公司不一定可靠，且各家保险公司代理费高低不同，保险代理公司的业务员在推荐产品时难免会有所偏好。

(2) 通过兼业代理投保（以4S店为例）。

优点：

①可享受到方便快捷、高效的服务。因为一旦出险，车主习惯将事故车辆交予购车的4S店维修。

②维修质量有保障。因为有4S店作后盾，不管是维修质量还是配件质量都有保障。

缺点：

①由于兼业代理机构代卖保险产品属于副业，所以不够专业。

②需要客户有讨价还价的本领且费口舌，所以保费不一定便宜。因为本身缺乏价格优势，而且销售顾问也可能为了业绩提成，劝导客户多买保险。

③能提供的险种有限。4S店大多只能提供2~3个保险公司的产品。

④选择不当时会有风险。

注意事项：

①应选择实力强、品牌好的汽车经销商。

②代理商高度推荐的保单，可能是对代理商佣金最高的保单，但不一定是最适合您的保单。

③如果是新车投保，考虑到理赔和维修时的便捷性，除非您在保险公司有熟人，最好还是在经销商那里购买，但要注意商议价格。

④注意代理人"扣单"、假保单、鸳鸯单等情况。

(3) 通过保险经纪人投保。优缺点与专业代理较接近。不同的是，保险经纪人更多的是从投保人角度来考虑为投保人选择最合适的保障组合。

目前，保险经纪人在中国保险市场还处于起步阶段，而且较少涉及汽车保险领域。原因主要有以下几点。

①汽车保险的一些主要险种的条款和费率统一，没有太多的调整余地。

②作为投保人的大型运输单位具有良好的风险管理技术，保险经纪人不具有特别的优势。

(4) 柜台（上门）投保。

优点：

①可以获得更多的信息和服务。

②因保单不会有假，所以投保最可靠。

③因节约了保险公司的经营成本，所以保费较便宜。

缺点：

①可能带来长时间等候或因缺少资料来回奔波。

②如果保险公司没有给您指定"客户经理"，在投保或索赔时，必须事事自己动手亲自去跑，既费时又麻烦。

(5) 电话投保（"电销"）。

优点：

①保费便宜。因为电话投保省去营销中间环节，把保险公司支付给中间人或中介机构的佣金直接让利给车主，所以对商业汽车保险而言，通过电话营销方式，可根据不同车型，在最高七折优惠的基础上再优惠15%。

②方便。车主足不出户，只要一个电话。保险公司有专人接听电话，解答各种问题并协助办理投保手续，且有保险公司专业人员上门收取保险材料，上门递送保单。投保人无需忍受营业厅的等候之苦，而且有充分的自主选择权。

③不易被"营销误导"。因为直接和保险公司沟通，可以避免中介和4S店销售时可能产生的营销误导。

缺点：

①因不是直接和保险公司保险经理沟通，所以有被诈骗的可能。

②不太容易和保险公司谈判。

 特别提示

目前，只有人保、平安、太保、大地财险等少数大公司获得了电话营销专用机动车商业保险产品的资格。车险通过代理机构销售的比例高达70%。保监会的车险七折限折令主要针对中小公司，而大公司可通过电话车险的渠道突破限折令，这势必使市场竞争更激烈，中小公司竞争力可能被弱化。

采用电话投保方式，一定要警惕"山寨电话"。投保人最好从保险公司官方网站索取电话号码。目前，保险公司公布的电话投保电话一般为400开头，比如人保公司为4008195518，平安公司为4008000000等。

(6) 网上投保。

优点：

①是目前最方便、快捷的投保方式。

②保单送上门。

缺点：

①客户必须对保险较熟悉。

②对于不经常使用网络的客户来讲,可能不太方便。

投保是选保险直销(保险公司人员推销产品或由保户直接到保险公司柜台投保或由保户通过电话或网上向保险公司投保)还是选保险中介(专业代理、兼业代理和保险经纪人),要根据保户自身的情况来决定,但对于大多数客户而言,由于对汽车保险不太熟悉,对汽车维修及保险索赔也不了解,所以,通过中介购买保险比较适合。

 特别提示

> 对于购买汽车保险来讲,通过汽修厂或4S店是最方便的,因为在今后的汽车维修、事故索赔等方面都可以直接由汽修厂代办。据统计,目前北京市场中约有60%的汽车保险是通过代理来做的。对于一般消费者而言,找一个大一点的或者比较有规模的保险代理商,应该是比较值得信赖的。

3.通过保险中介购买保险时的注意事项

(1)选择保险中介时的注意事项。

①应该选择具有合法资格、信誉较好、规模较大的汽车保险中介。如果你选择通过保险代理公司投保,一是投保费用高,二是出险后的汽车维修麻烦;如果你选择保险经纪公司投保,一是目前这种公司的数量较少,二是出险后的汽车维修麻烦;如果你选择汽车美容店投保,一是选择不当时会受骗,二是出险后的汽车维修麻烦;如果你选择街头小维修点投保,一是小维修厂一般不具有合法的"保险兼业代理资格",二是保单造假的可能性也较大。所以,对于普通车主而言,通过大型汽修厂或4S店投保最方便且相对安全,因为在今后的汽车维修、事故索赔等方面都可以直接由汽修厂代办。

②对保险中介推荐的"最佳险种组合"进行筛选。因为保险中介一般站在多收保险代理费的角度为客户设计"最佳险种组合",所以,他们推荐的险种往往较多,其中的一些险种不一定适合客户。

③要善于与销售员砍价。因为销售员在计算保费的时候会给您一个市场统一的折扣,而且会告诉您这是最低的折扣。其实,保险公司除了这个折扣以外,还会对经销商有一个额外返利,能否让经销商进一步让利就看您的谈判技巧了。

④不能只注重价格低廉。低价保单可能存在如下问题:一是车损险按不足额投保(比例投保);二是给车损险附上可选免赔额;三是实际投保险种减少;四是在保单特别约定栏里约定了固定驾驶人、固定行驶区域等。这样故意算低价格后,事故发生后理赔金额也相应降低。

⑤收到保单后应核对保单内容。要特别注意投保的险种类型、特别约定栏里的内容。

⑥收到保单后应立即核实真假。收到保单后应打电话给保险公司,以便确认保单是否生效、保单的有效期限等。

(2)汽车保险中介惯用的九种"陷阱"。

①故意算低保费。车损险的价格有很多猫腻,各保险公司的业务员们也是抓住了消费者贪小便宜的心理大做文章,为了让即将上保险的车主能冲破低廉保费的烟幕弹,以骗取投保人的好感,保险中介常采用以下手段来故意算低保费。

一是采用不足额(比例)投保。所谓的比例投保就是在给客户计算保费时降低车损险中车辆的评估价格。举个例子,原本应按 10 万元上保的车辆,保险公司的黑心业务员会按 5 万元的车价来计算保费,这样计算出来的保费要比按正常车价投保的低很多。如果投保人不知情还误以为是保险公司给了自己特殊优惠,但投保车辆一旦出险,保险公司会按当初约定的比例赔付,以后双方要扯皮的事可就多了。其实比例投保一般保险公司都有严格规定,应在消费者投保时事先说明。

例如,张先生在某年的 10 月买了 1 辆赛欧 SRV 轿车,包括杂费等一共花了 10 万元以上。有了新车之后,上保险也就成了一件费心的事,那几天张先生跑遍了京城的各家保险公司,终于被 A 保险公司的业务员说动了,当然,最"动人"的还是价格。该公司在给张先生上车损险时,按照 6 万元的车价计算保费,而不是购车时的 9.88 万元售价。这样一来,保费自然低了几百元钱。但是没几天,张先生的爱车就惨遭横祸,小赛欧的前脸和翼子板严重受损。当他修完车去保险公司领赔偿金时,结果却大出所料。由于当初的保费"折扣",出险后保险公司的赔付也是按比例的。张先生的教训是捡了芝麻丢了西瓜,单纯地追求那几百元钱的优惠而招来了后面的隐患。

二是给新手购买车损险时选择了 300 元或 500 元或 1000 元或 2000 元的可选免赔额,这是一种绝对免赔。如果新手车主选择了这种绝对免赔,日后出险索赔时,车损险的赔款会扣除约定的免赔额,当然在投保车损险时可获得保费的优惠。据人保四川分公司的出险记录中显示,刚刚拿到驾照开车、驾龄在 1 年左右的驾驶人出险概率最高。最多的一年内出险索赔多达 20 余次,几乎每个月都有一两次,但每次索赔额都只有几百元。因为新手驾驶技术不熟练,第一年出险的情况比较多。但绝大多数新手驾驶比较谨慎,所以出重大事故的概率比较小,大多数属于小剐小蹭,维修的金额一般在 200～1000 元。因此,新手开车,还是多花一点钱为好,一定不要购买这种险。

三是减少实际投保险种。

四是给投保车辆约定驾驶人或行驶区域。这样虽然投保时获得了保费优惠,但在出险后,如果实际驾驶人不是保单上指定的驾驶人或实际行驶区域已超出保单上约定的行驶区域时,理赔时会增加免赔率。

②搭售险种。

③超额投保。

④代理人"扣单"("撕单子")。即挪用保费,如果车主不出险,代理人就不向保险公司交保费。

保险单根本没有到达保险公司,几千元的保费私下落入了私人的口袋,以一辆价值 15 万元的国产车为例,保费在 4000 元左右,而代理人只能拿到 20% 左右的代理费。但要是撕单的话,这些钱就能全私吞了,面对如此巨大的诱惑,代理人一般会勾结上一个修理厂来分钱,一般的小剐小蹭就内部解决,如果是大事故,就立马逃走。因此,投保时一定要验证代理人的身份,其次是不要去占小便宜,凡是承诺能给 30% 以上回扣的代理人大多是骗子。但最重要的还是要注意检验保单,一般保单在代理人手中不应超过一个月,投保人买好保险后要及时打电话到保险公司核对。

⑤假保单。假保单是指客户持有的保单属于非法中介伪造的假保单。

⑥鸳鸯单。鸳鸯单是指一单保两车,保单无效。

⑦虚假承诺。虚假承诺是指保险中介的个人擅自作一些保险公司或经销商无法兑现的承诺。

⑧隐瞒保险条款中的责任免除事项。

⑨弄虚作假。弄虚作假是指出险后,保单销售员诱骗客户让其全权处理索赔事宜。

四、确定投保方案

1. 常用险种选择时应考虑的因素

(1)交强险。国家规定的强制保险,汽车只要上路就必须投保,否则违法。

车主如果不购买交强险会产生以下三个后果。

①机动车管理部门不得予以登记,这就意味着汽车不能上路,新车上不了牌照。

②机动车安全技术检验机构不得予以检验,即汽车无法年检。

③未投保交强险上路时,公安交通管理部门将扣车并处以2倍保费的罚款。

(2)车损险。首先将车辆分成新车、旧车及临近报废的车三类。

车损险是汽车保险中最主要的商业险种,同时也是主险之一。由于使用汽车时的意外事故较多,对于一般车辆而言,最好能买此险种。如果不投保,自己的车辆将来遭受的事故损失就由车主自己买单。所以只有临近报废的车辆才考虑不购买,而且即使是旧车也建议采用足额方式投保。

(3)商业第三者责任险。商业第三者责任险和车损险一样,尽管它不是强制险,但所有车主最好投保。因为车辆一旦使车下的第三者遭受人身伤亡或财产损失,车主有赔偿责任,尤其是人身伤亡的赔偿金额往往数额较大,靠交强险赔偿远远不够。因为交强险赔偿限额尽管有12.2万元,但其中死亡伤残赔偿限额占11万元,而医疗费用赔偿限额只有1万元,财产损失赔偿限额只有2000元,这些在稍大一些的事故中显然都是不够用的;事故中严重的人身死亡等极端情况毕竟是少数,车主一般都是撞伤了人,需要花费医疗费。在交强险中最多只能赔偿1万元医疗费用,而在商三险里面对死亡伤残、医疗、财产等不作分项,如果车主保了10万元保额的商三险,那么即使医疗费花到8万元,也是能根据相关条款给予相应赔偿的;即使11万元的伤亡伤残赔偿限额对发达地区而言也很难满足赔偿车主承担责任的需要,所以,认为购买交强险后就不必再购买商三险是一种认识上的误区。

(4)全车盗抢险。车主该不该购买全车盗抢险主要应考虑如下因素。

①有无固定的停车场地。如果晚上大多停放在自己小区的停车场内,而且即使在外地过夜也是住在星级的宾馆时,可以考虑不购买全车盗抢险。

②行驶区域。如果经常外出驾车旅游或经常单独开省道的夜路时,可以考虑购买全车盗抢险。

③本地区的治安状况。例如,上海地区因治安情况较好,车辆被盗的概率就很小。

④车辆的防盗技术水平。对于采用发动机芯片防盗技术的大多数车辆而言,可以不购买全车盗抢险,除非是特别高档的车。因为一般盗贼偷不了,而有解码器的盗贼都盯着奔驰S级、雷克萨斯、宝马级的高档车。

(5)车上人员责任险。车主该不该购买车上人员责任险主要应考虑如下因素。

①驾驶人是车主还是不固定驾驶人。

②乘客是家庭成员还是不固定人员。

因为人身意外险的性价比要比车上人员责任险的性价比高,10元可保1万元,而且24h覆盖,所以,如果是私家车最好不要购买车上人员责任险,相比之下,买"司乘人员意外险"或"人身意外伤害险"更为合算;如果是商务车或经常有搭顺风车的车辆最好购买车上人员责任险,因为车上的乘客不一定购买了人身意外伤害险。

(6) 不计免赔率特约险。车主该不该购买不计免赔率特约险主要应考虑如下因素。

①由于不计免赔险的保障范围大,费率适中,所以是一个非常好的险种,投保率较高。一般而言,适合所有车辆,尤其是车技不佳的新手。

②投保的关键是附带在哪些险种后面。例如,驾驶人是车技不佳的新手,最后挂靠车损险、商三险及车身划痕险;驾驶人是车技老练的老车主,只需要挂靠商三险;旧车、改装车或载货汽车、出租车、公交车等,还应挂靠自燃损失险。

(7) 可选免赔额特约险。车主该不该购买可选免赔额特约险主要应考虑的因素是:虽然投保该险种后在投保车损险时可获得保费优惠,但关键应看驾驶人是新手还是老手。对新驾驶人不宜投保,因为对新驾驶人而言,前几年出险较多,且大多是在200~1000元的小剐小蹭;对老驾驶人适宜投保,因为投保车损险的目的是防范大事故。

(8) 车身划痕险。车主该不该购买车身划痕险主要应考虑如下因素。

①驾驶人的驾驶技术。

②新车还是旧车。因为对驾驶技术不老练的车主而言,车辆被剐蹭的概率较大;对停在停车场的新车而言,易被淘气顽皮的孩子划伤或被其他进出车辆划伤漆面。所以,一般只适合新车且是新驾驶人投保。

③本地区的治安状况。

(9) 玻璃单独破碎险。车主该不该购买玻璃单独破碎险主要应考虑如下因素。

①车辆是高档车还是低档车。因为高档车辆的玻璃价格较贵。

②车辆行驶的路面。如果车辆经常在高速公路上或者道路行驶条件不好的公路上行驶时,溅起的小石子(飞石)易将风窗玻璃击碎。

③停车地的治安及人员素质。如果治安不好,小偷会敲碎侧面玻璃偷包;如果人员素质不高,高空坠物易将天窗玻璃或风窗玻璃击碎。

(10) 自燃损失险。车主该不该购买自燃损失险主要应考虑如下因素。

①车辆电路是否作了大的改动。因为车主如果大肆改装音响、防盗器、电动天窗,增加动力装置等,将致使电路超负荷,容易引起车辆自燃。

②车辆是否已使用5年(或10万km)以上。因为电线老化容易引起车辆自燃。

③是否是载货汽车。因为载货汽车往往超载,导致发动机过热且钢板几乎被压平而发生机械摩擦,容易引起车辆自燃。

④是否是出租车。因为出租车往往长时间使用空调,导致发动机负荷大且电线易老化,从而容易引起车辆自燃。

⑤是否是公共汽车。因为公共汽车往往使用频率较高,从而很少有时间检修,再加上线路易老化短路,自燃的概率较大。

(11)新增设备损失险。车主该不该购买新增设备损失险主要应考虑的因素是:车主是否对车辆另外加装或改装过设备及设施,如加装了高级音响、防盗设备、GPS,加改了真皮或电动座椅、电动升降器、氙气前照灯等。

2. 汽车保险选择的基本原则

险种的搭配可以说是五花八门,多种多样的形式中实在是没有标准答案,关键应了解自身的风险特征,并结合自身的风险承受能力及经济承受能力来选择险种,只有适合自己需求的险种组合才是最好的。但无论怎样搭配险种,都应遵守一些基本原则。

(1)交强险必须投保。因为交强险属于强制保险,车辆上路不投保交强险属于违法行为。按照交强险的相关规定,对未按规定投保交强险的机动车,机动车管理部门不得予以登记;机动车安全技术检验机构不得予以检验;公安交通管理部门将扣车并处以2倍保费的罚款。譬如说6座以下的家庭自用汽车其基本保费为950元,一旦遭受处罚就是1900元。

(2)车损险不要超额投保。有些车主,明明新车购置价是10万元却偏要投保15万元的保险,因为他认为多花钱就能多赔付。按照《保险法》(2009版)第五十五条第三款规定:保险金额不得超过保险价值。超过保险价值的,超过部分无效,保险人应当退还相应的保险费。因此,即使投保人超额投保也不会得到额外的利益。

(3)新车及使用8年以内的旧车,明智的选择是车损险采用足额投保。若采用不足额投保,当标的全部损失时,则按保险金额补偿,而当标的部分损失时,则按比例责任方式补偿。即补偿金额=保险金额/保险价值×损失额。

因此,对新车而言,车辆无论是发生全损还是部分损失均得不到足够的保障;而对于旧车而言,由于大多数的车损事故中汽车只是部分损失,而车辆发生部分损失时,保险公司是按保险金额与新车购置价的比例来承担赔偿责任的,所以车辆发生部分损失时也得不到足够的保障,除非车辆发生全损事故时才划算。

 特别提示

车龄已超过8年的旧车或本身是低价购买的二手车,车损险最好选择不足额投保甚至不投保车损险。

(4)商三险要买够,保险金额的选择应视城市经济发达程度而定。商三险的保险金额可根据当地经济发达程度及交强险的赔偿限额而定。例如,目前上海地区造成人员死亡的交通事故需赔偿60万元左右,考虑到交强险的赔偿金额是12.2万元,所以,商三险的保险金额选50万元较合理。

(5)车上人员责任险保险金额的选择应视车辆的使用性质而定。私家车一般以1万元/每座或2万元/每座较为经济实用,出租车一般以5万元/每座较为经济实用,而私企老板或企事业单位用车一般以10万元/每座较为安全划算。

(6)主险最好能保全。车损险和商三险一定要保,因为这两个险种是车辆出险后,人和车的损失能够得到赔偿的基本保证。至于盗抢险和车上人员责任险,要视车主是否有这方面的风险,当然有经济承受能力的最好也投保。

(7)附加险要按需购买,但不计免赔特约险最好能保。主险和附加险大多数有免赔率规定,免赔率的比例大多在5%~20%,如果客户投保了不计免赔特约险,相当于把被保险人自己应该承担的部分又转嫁给了保险公司,所以,它是附加险中最有用、最必要的险种。是否需要购买考虑的唯一因素是经济承受能力。

其他附加险是否需购买,应根据自己驾驶情况、车辆情况、面临风险的情况、风险承受能力、经济承受能力等因素综合考虑。

(8)千万不要重复投保。有些投保人自以为多投几份保险,就可以使被保险车辆多几份赔款。按照《保险法》(2009版)第五十六条第二款规定:重复保险的各保险人赔偿保险金的总和不得超过保险价值。除合同另有约定外,各保险人按照其保险金额与保险金额总和的比例承担赔偿保险金的责任。

因此,即使投保人重复投保也不会得到超额赔偿。无论是交强险还是商业险,该原则都是适用的。

五、车主投保

1. 投保人的资格条件

(1)投保人与被保险人的一致性。

①不要求一致。若车主为自己的车投保,则投保人与被保险人是一致的;若他人为自己的车投保,则投保人与被保险人是不一致的。

②不一致时的负面影响。

a. 谁投保谁交保费,但合同保障的对象却是被保险人。

b. 投保车辆全损时,只有被保险人可以向保险公司索赔,但发生部分损失时,可由投保人向保险公司索赔。

(2)被保险人与实际驾驶人不一致时的影响。

①若保单中没有约定驾驶人,则对保险理赔没有影响。

②若保单中约定了驾驶人,则虽然不会影响保险理赔,但在赔款中要增加10%的绝对免赔率。

(3)投保人的资格条件。

①必须具有民事权利能力和民事行为能力。

②必须具有支付保费的能力。

特别提示

《保险法》(2009版)取消了"投保人对保险标的应当具有保险利益;投保人对保险标的不具有保险利益的,保险合同无效"的规定,所以新法已不要求从保险合同订立到保险事故发生的全过程必须具有保险利益。

只有人身保险仍要求投保人在保险合同订立时,对被保险人应当具有保险利益;而财产保险只要求被保险人(投保人)在出险时(全过程)对保险标的具有保险利益。所以,理论上讲,你也可以替朋友、同事、一般亲戚的车辆投保。

2. 投保单

(1) 投保单的重要性。由于投保单是投保人要求投保的书面要约和书面凭证,是保险公司进行核保及核定给付、赔付的重要原始资料,是保险合同的重要组成部分,所以,汽车保险的投保必须填写投保单,且投保单上的各项内容要填写清楚,如有涂改须盖章(签字)更正。由于投保单是保险合同的一部分,因此在投保时千万不可随便应付了事。

(2) 投保单的填写方式。

①投保人手工填写并签名(或盖章)。

②投保人(或投保经办人)口述,由保险业务人员或保险代理人代为填写,但填写好后应向投保人复述,经其确认无误后由投保人签名(或盖章)。

(3) 投保单的主要内容。

①投保人和被保险人信息。

②投保车辆信息。

③驾驶人信息。

注意事项:

a. 它是汽车保险投保中的一个额外条件,即车主可以选择约定,也可以选择不约定。

b. 不是所有汽车保险保单都适用约定驾驶人的,约定驾驶人一般仅适用非营业个人用车(如私家车可省 500 元左右),单位用车千万不能约定。

c. 若约定了驾驶人,则保费可以享受折扣,但理赘时可能要增加绝对免赘率。

④保险期限。

⑤投保的险种及车船税。

⑥保险金额与保险费。

⑦特别约定。为了扩大或限制保险责任,经投保人与保险公司约定,附加在投保单或保险单上的特殊协议或条款即特别约定,其内容不得与法律相抵触,否则无效。

注意事项:

a. 实践中,特别约定更多的是保险公司增加了的限制保险责任,或者是对保险条款中可能产生纠纷的内容进行的再补充说明。

b. 给保险责任多加限制条件,对车主而言意味着增加索赔制约,但另一方面不易误解条款。

⑧保险合同争议解决方式。

⑨投保人声明。

⑩公司内部作业栏。

(4) 投保单的填写说明。

①投保人信息。

a. 名称/姓名。若投保人为个人,应填写姓名(要求与有效身份证明一致);若投保人为单位,应填写单位全称(要求与公章名称一致)。有些投保单上还要求填写证件类型和证件号(如太保)。

b. 地址和邮编。若投保人为个人,应填写常住地址(要求精确到门牌号码);若投保人为单位,应填写主要办事处所在地地址(要求精确到门牌号码)。

c. 联系方式。投保人为个人时,需要注明联系人姓名和电话;投保人为单位时,需注明联系人姓名并填写其常用联系电话。

②被保险人信息。名称、地址和联系方式的填写方法与投保人类同。原则上被保险人名称应与行驶证上载明的车主名称一致,若被保险人与行驶证车主不一致的(如合伙购买的车辆),则应在投保单特别约定栏内注明,以便登录在保险单上。有些投保单上还要求填写身份证号码或组织机构代码,如国寿财险。

③投保车辆信息。

a. 行驶证车主按行驶证上载明的车主名称填写。有些投保单上还要求填写被保险人与机动车的关系,如国寿财险。

b. 号牌号码按行驶证上的号牌号码填写并注明车牌的底色。

特别提示

有些投保单上还要求填写牌照类型,如太保。

未上牌照的车辆填写要求应视公司而定,有的要求在空格内填入"新";有的不要求填写(如人保);有的要求以后补号(1个月内)。

c. 厂牌型号应填写厂牌名称与车辆型号(应与行驶证上一致),如广州本田雅阁 HG7230、一汽解放 CA1032PL、北京现代 BH7167MY 等。

注意:若行驶证上厂牌型号不详细的,应在厂牌型号后注明具体型号,进口车按商品检验单填写、国产车按合格证或《机动车登记证书》填写,并尽量写出具体配置说明,特别是同一型号多配置车。

d. 发动机号和车架号应根据车辆行驶证填写;对于有 VIN 码的车辆,应以 VIN 码代替车架号。

注意:它们是车辆的身份证明之一。其中,发动机号厂家打印在缸体上;车架号厂家打印在车架上;VIN 码一般位于仪表板上而大型客车、载货汽车则可能在整车底盘等地方。

e. 车身颜色按《机动车辆登记证书》中的"车身颜色"栏目填写。若为多颜色车辆,应选择面积较大的一种颜色;若实在无法归入保单上所提供的色系,可作为"其他颜色"。

f. 车辆种类按照车辆行驶证上注明的车辆种类填写,若为特种车,还需要填写车辆用途。

g. 排量/功率。汽车、摩托车等填排量,拖拉机等填功率。排量的单位为 L,功率的单位为 kW。

h. 核定座位/核定吨位根据行驶证注明的核定载客人数和核定载质量填写。客车填座位。载货汽车填吨位。客货两用车填写座位/吨位。

例如,BJ630 客车填"16/",解放 CA141 载货汽车填"/5",丰田 DYNA 客货两用车填写"5/1.75"。

i. 使用性质根据车辆的具体使用情况选择其中一项。如果兼有两种使用性质的车辆,则按费率高的性质选择。

j. 初次登记日期填写在车辆管理部门初次登记的日期。可参照车辆行驶证上的"登记日期"填写。

注意：如果车辆行驶证上的"登记日期"与实际登记日期不相符时，应按《机动车辆登记证书》上的初次登记日期填写。

k. 新车购置价按在签订保险合同地购置一辆与保险车辆同类型新车的价格（含车辆购置税）填写。

l. 已使用年限按车辆自上路行驶到保险期限起始时已使用的年数填写，不足一年的不计算。

m. 年平均行驶里程按投保车辆自出厂到投保单填写日的实际已行驶的总里程与已使用年限的比值填写。一般可根据车辆里程表上显示的总里程数计算。如果车辆里程表有损坏或进行过调整、更换，应根据车辆实际已行驶的里程计算。

n. 上年赔款次数（或赔款金额）按上年度保单有效期实际赔款次数或赔款总金额填写。

o. 上年交通违章记录按公安交通管理部门记载的最近12个月内的交通违章记录选择填写。

p. 行驶区域按实际需要选择出入境、国内、省内、固定路线。场内应填写夜间经常停放地点。

④驾驶人信息。指定驾驶人根据实际需要约定固定驾驶人，应填写指定驾驶人的姓名、性别、年龄、婚否、驾驶证号、准驾车型、初次领证日期等。（可以指定几名）

⑤保险期间。填写期望的保险责任的有效期限。

注意：

a. 起始日必须是投保人提出投保申请的次日零时之后，而终止日的填写日期应比起始日少一天。例如，某投保人2010年3月1日提出投保申请，保险期限为一年，要求起始日为10天后，保险期限则填写"2010年3月12日零时至2011年3月11日24时止"。

b. 也可根据实际需要选择短期保险。

⑥投保险种。根据需要选择确定险种。注意：不计免赔特约险填写时，主险可自由选择覆盖哪个主险；而附加险只能选择覆盖或不覆盖全部附加险。

⑦保险金额/责任限额。根据需要填写。

⑧保险费。由保险公司业务员或代理人通过计算后填写。有关支付方式可按双方约定填写。

⑨特别约定。用于填写投保人对于保险标的特殊情况的说明或其他认为需要的约定。

⑩合同争议解决方式。根据需要选择诉讼或仲裁。如果选择仲裁，还必须填写约定的仲裁委员会名称。

最后需投保人签名/盖章，若投保人为自然人时，必须由投保人亲笔签字；若投保人为单位时，则必须加盖公章且签章必须与投保人名称一致；若为委托代办时，则必须出具"办理投保委托书"并在签名处填写"代办人姓名＋代办"，其代办人的姓名要与《授权委托书》上载明的被授权人姓名一致。另外，公司内部作业栏应由保险公司填写。

（5）填写注意事项。

①投保单须使用黑色钢笔或黑色签字笔填写。

②投保单填写一律用简体字，不得使用繁体字和变体字。

③投保单要求保持整洁，不得随意折叠、涂改和使用修正液，否则视为无效，且必须更换

投保单。

④投保单填写时应字迹清晰、字体工整、字与字之间保持一定间距。内容要求填写完整、不能有空项，不可遗漏、不能涂改。如有更改，应让投保人或被保险人在更改处签字盖章。

3.投保人在投保过程中应注意的问题

(1)投保过程应注意的十个细节。

①当业务员拜访您时，您有权要求业务员出示其所在保险公司的有效工作证件。

②您有权要求业务员依据保险条款如实讲解险种的有关内容。当您决定投保时，为确保自身权益，请认真阅读保险条款。

③阅读保险条款应弄清三个问题，即保什么、不保什么和怎么保。三者反映在保险条款中就是保险责任、责任免除和赔偿处理。

④在填写保单时，您必须如实填写有关内容并亲笔签名。

⑤保费应直接交给保险公司。为了杜绝中介截流保费，侵害投保人利益，目前大多城市都已实施机动车辆保险"见费出单"管理制度。所以，通过中介投保时最好不要将保费直接交于中介，而是应在公司核保后投保人通过转账、划账等途径将款项直接划入保险公司账户或要求中介、业务员带您到保险公司付款。如果您直接付款给中介或业务员时，必须要求其当场开具保险费暂收收据，并在此收据上签署姓名和业务员代码。

特别提示

所谓"见费出单"，是指保险公司在全额收取车险保费和代收车船税后，向客户出具保单和保费发票的过程。

上海是从2008年12月8日零时起开始实施该制度的，现已覆盖上海市所有经营车险业务的保险机构和交强险、商业车险及其附加险等全部车险业务。它是在上海市机动车联合信息平台统一管理下完成，引入了中国银联合作机制，实现了结算银行与平台的对接，形成了完整的"见费出单"应用系统。这意味着，只有在上海市机动车联合信息平台实时确认保费到账的情况下，各保险公司才能根据该平台的指令生成正式保单和保费收据。

⑥投保一个月后，您如果仍未收到正式保险单，请向保险公司查询。

⑦收到保险单后，您应该当场审核。如发现有错漏之处，有权要求保险公司及时更正。应查看保单的真伪，查看第三联是否采用了白色无碳复写纸印制并加印浅褐色防伪底纹，左上角是否印有"中国保险监督管理委员会监制"字样，右上角是否印有"限在××省(市、自治区)销售"字样。

特别提示

正本保单中的内容有错误时的更正：
若保单还未生效，则可以直接更换保单。

若保单已生效,则必须办理变更手续。
a. 写一份变更申请书(上面写明保单号码、保单错误情况、签字或盖章)。
b. 带上申请书、保单、行驶证去保险公司。
c. 保险公司出具批单。
若更正影响保费,则追加或退还部分保费。

⑧投保后一定期限内,您享有合同撤回请求权,具体情况视各公司规定。

⑨对于退保、减保可能给您带来的经济损失,请在投保时予以关注。

⑩您在投保过程中有任何疑问或意见,可向保险公司的有关部门咨询、反映或向保险行业协会投诉。

(2)投保人在投保时应履行的义务。

①提供必要的单证。新车投保需提供的单证:新车购置发票或出厂合格证复印件,待车辆获得牌照号码办理批改手续时,再提供行驶证复印件;投保人身份证或户口本复印件(如果是单位法人的话还需要营业执照复印件);如果指定驾驶人的,还应提供被指定驾驶人的驾驶证复印件。

旧车续保需提供的单证:若已经建立汽车保险信息平台的地区,则投保人按各地保监局以及行业协会制订的单证简化方法提交相关单证;对于尚未建立汽车保险信息平台的地区,则应提供上一年度的机动车辆保险单原件及行驶证或《机动车登记证书》复印件、投保人身份证或户口本复印件(如果是单位法人的话还需要营业执照复印件),如果指定驾驶人的,还应提供被指定驾驶人的驾驶证复印件。

②履行如实告知义务。因为《保险法》明确了告知义务以保险人的询问为限,所以如实填写投保单和提供的单证要真实。如果是无汽车保险信息平台地区的转保业务,还要提供机动车交通事故记录和机动车违章记录。

 特别提示

投保人未履行告知义务的后果:

a. 如果投保人故意或因重大过失未履行如实告知义务并且足以影响保险人决定是否同意承保或者提高保险费率的,保险人有权解除合同。

b. 如果投保人故意未履行如实告知义务,对于合同解除前发生的保险事故,不承担赔偿或者给付保险金的责任,并不退还保险费。

c. 如果投保人因重大过失未履行如实告知义务并且对保险事故的发生有严重影响的,保险人对于合同解除前发生的保险事故,不承担赔偿或者给付保险金的责任,但应当退还保险费。

d. 如果保险人在合同订立时已经知道投保人未如实告知情况,保险人不得解除合同;发生保险事故的,保险人应当承担赔偿或者给付保险金的责任。

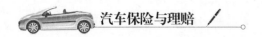

e. 保险公司的合同解除权,自保险人知道有解除事由之日起,超过30日不行使而消灭。自合同成立之日起超过2年的,保险人不得解除合同。

③按合同约定交付保险费。由于目前实行了"见费出单"管理制度,所以汽车保险不存在分期交付保费的问题。

(3)投保人在投保时的权利。

①知情权。投保人有知晓保险公司财务状况和保险合同条款准确含义的权利。

②选择权。投保人的选择权包括选择保险公司和选择产品。

③退保权。投保人具有随时退保的权利,即合同生效前或生效后都可以退保。

④被保密的权利。

4.投保时保险公司的说明义务

(1)向投保人提供的投保单上应附格式条款。业务人员或者是代理人员必须在投保过程中将条款附在投保单后面,在合同签订之前,就让投保人能够非常清楚地了解保险条款的内容。

(2)保险合同中的免责条款,应在投保单上作出足以引起投保人注意的提示。对免责条款作醒目印刷,如放大字体、加粗或、斜置(A款为"加粗+黑体字")。

(3)免责条款内容要求以书面或口头形式向投保人作明确说明。投保单上应有投保人确认栏的签名环节,代理合同中应明确代理人的此项义务。若保险公司对免责条款未作提示或者明确说明的,该条款不产生效力。

(4)向投保人说明投保险种的保险责任、赔偿处理、投保人和被保险人的义务、保险期限、保费及支付办法等内容。

(5)向投保人明确说明,保险公司按照《交强险费率浮动暂行办法》的有关规定实行交强险的费率浮动。

(6)向投保人明确说明,保险人按照国务院卫生主管部门组织制定的交通事故人员创伤临床诊疗指南和国家基本医疗保险标准审核医疗费用。

(7)告知投保人不要重复投保。

(8)告知有风窗玻璃的车辆投保人应将保险标志贴在车内风窗玻璃右上角;告知无风窗玻璃的车辆驾驶人应将保险标志随车携带。

(9)告知投保人如何查询交通安全违法行为、交通事故记录。

六、综合实训

1.投保方案训练

客户徐女士驾龄已有一年半,住在某省会城市。最近在本市名车广场购买了一辆宝马745Li 高级轿车,主要用于上下班代步,接送上初中的儿子上学放学,节假日经常全家人一起进行自驾游,徐女士家里有私人独立车库。

(1)试分析徐女士的主要风险特征。

(2)给徐女士设计一套最佳投保方案。

2. 投保单填写训练

在你周围找一位有车族,然后根据他(她)的信息完成投保单的填写。

第二节 汽车保险的承保实务

一、汽车保险承保概述

1. 承保的概念

保险承保就是当投保人提出投保请求时,经审核其投保内容后,同意接受其投保申请,并负责按照有关保险条款承担保险责任的过程。

2. 承保的意义

因为如果汽车保险承保工作不到位,将使劣质标的被保险公司接受,这必然导致高出险率,从而导致保险公司理赔的工作量增加,使保险公司的管理投入加大,经营成本上升。

(1)避免劣质标的投保,使保险理赔处于主动地位。

(2)减小保险公司的管理、经营成本。

可以说,对保险公司而言,其承保管理比理赔管理更为重要。

3. 影响承保质量的因素

(1)费率厘定。保险人所收取的保费是否能够与所承保的风险额相互匹配,是经营过程中面临的第一风险。保险业务得以开展的基础是法理基础和数理基础。法理基础是《中华人民共和国保险法》、各项保险法规和相关专业法规;数理基础是大数法则。大数法则是保险产品费率厘定的基础,根据大数法则,大量的、同质的具有同一风险的标的中有规律可以测算的损失金额除以投保标的的总价值之商(纯损失率),构成了费率Ⅰ,在此基础上再考虑经营成本的费用率,构成了费率Ⅱ,预定承保利润率,构成了费率Ⅲ,连同为防止费率不稳定而设定的费率浮动因子,即费率Ⅳ,一并构成了总的保险费率。因此,作为标的纯损失的费率Ⅰ的测算准确与否是费率厘定的关键,测算不准确将产生经营风险,若测算高了必然抑制有效需求,影响产品销量,固定费用摊销受到影响;若测算低了,纯费率难以与实际损失率匹配,则必然影响预定利润率和费用率,影响保险人自身的经营效益。此外,面对今天这样一个竞争日趋激烈的保险市场,传统的预定利润的定价方法正在面临着挑战。保险产品的定价不仅要考虑纯损失率,还要根据目标客户的心理和行为特征以及市场同类产品的价格综合考虑,考虑成本之外的行为价格和市场价格。例如,可以根据产品和所指向的客户的特性,分析其价格弹性,再决定销售过程中应采取的价格调整策略。因此,必须建立起科学的精算体系,积累有效的经营数据,两者加以结合,制订出适合各个地区的汽车保险费率,是防范经营风险、实现保险合同双方权益的首要技术环节。

(2)单证管理。每一保险合同项下保费进账的同时带来的是保险人对被保险人所持保险合同上载明的自然灾害和意外事故所导致经济损失的补偿责任。保险单、批单、保费发票、投保单、保险证等共同构成了完整的保险合同,是保险经营得以实现的实物载体。因此,保险单证是保险经营的第一风险控制要点,应切实加强重要保险单证的印制、发放、使用、调拨、核销等实务的操作管理。

(3)核保技术。根据使用性质可以将车辆划分为营运车辆、生产用车、行政用车、私人生活用车等,不同使用性质的车辆的出险概率不同,出险后的损失程度也不相同。同一车辆在不同地区由于自然条件的差异,所导致的出险率也不同;同一车辆、同一使用性质、同一地区由于驾驶人员的技术、性格、作业量而导致出险率又不一样。因此,要在车辆类型、使用性质的基础之上,结合标的所在地区、驾驶人员素质等风险因子进行目标市场和风险的细分,通过对经营数据的精算分析,对客户和业务质量加以风险的识别、选择、承保、防灾,进行风险的管理与控制。对于加保了盗抢险的车辆、高档车辆以及可能一次事故导致群死群伤的客运中巴、大巴等车辆,应当在法定分保之外再确定合理的自留额,其余风险通过商业再保险进行转嫁,通过组合风险,实现汽车保险经营的稳健发展。

(4)应收保费管理。分析一下应收保费的成因不难发现其缘由:一是部分车队车辆较多,一次缴清保费财务有困难,需要分期缴纳;二是个别投保人不履行缴纳保费义务,而等到出险时,再补缴保费,未出险的则成为坏账;三是由于保险公司内部管理不到位,导致投保人缴纳的保费滞留在业务员或代理点手中。上述后两种应收保费不仅给保险人带来了逆选择的风险,同时还对保险人的营业税、分保、准备金和保险保障基金的计提带来了影响。因此,需要通过制定具体的管理细则加以控制和管理,从而堵塞漏洞,降低应收保费的比例。

二、承保流程

机动车承保工作主要包括展业人员初核、录入投保单信息并提交核保、业务处理中心核保、缮制与签发单证、保险单证的清分与归档和客户服务中心回访等环节,如图3-4所示。

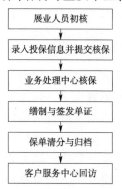

图 3-4 保险承保流程图

1. 展业人员初核

(1)接受投保单。

(2)验证。

①检查行驶证车主与被保险人是否一致。以预估出险时的保险利益、车辆的合法性。

②查验行驶证,核实车辆是否年检合格,有无公安交通管理部门发的检验合格标志;新车登记日期是否与车辆新旧程度相吻合,预防道德风险。

③核实车辆的使用性质。如果投保人和保险公司约定驾驶人的,保险展业人员还应核实驾驶人的驾驶证及信息。

(3)验车。

①查验车辆实际的牌照号码、车型、发动机号、车架号及颜色等是否与行驶证相符。

②检查车况是否符合行车要求。

③检查投保车辆是否有碰撞、碰擦、划痕、玻璃破损等情况,如果有,应告知被保险人,并在投保单上载明,以防先出险后投保。

④若投保全车盗抢险的,应检验是否有防盗设备及核对夜间停车地点。拓印车架号和发动机号并将其附在保单的正面或拓印牌照留底并将照片贴在保单背面。

对于全车盗抢来说,相对于最常发生的一般碰撞事故而言,由于一次事故导致的整车赔偿金额较大,风险过于集中,对于经营成果影响权重过高,属于承保风险控制的重点环节。

特别提示

a.对于私家车,一般还要求填写验车单并附在保险单的副本上。
b.展业人员验完车和证后,应在投保单上签字确认。
c.若采用电话、网上投保的,则可先出保单,但在保单送达之前应完成验证验车工作。

2.录入投保单信息并提交核保

展业人员拿回投保单之后,交核保人员或在业务网点录入投保信息到计算机系统,并交核保人员进行审核。

(1)按投保单的内容进行录单。
(2)确认系统生成的影响费率的因子。
(3)计算各险种的保费。
(4)最后提交核保。

尽管各大保险公司的计算机承保系统存在差别,但其操作方法基本类似。某保险公司汽车保险承保系统首页界面如图3-5所示。

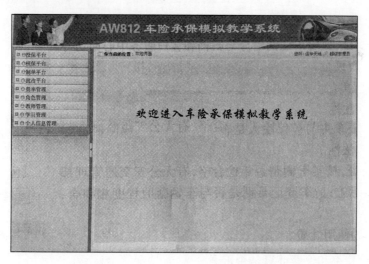

图3-5 某保险公司汽车保险承保系统首页

3.业务处理中心核保

(1)核保机构设置模式。

①分级设置模式。根据保险公司内部机构设置情况、人员配备情况、开展业务需要和业务技术要求等设立数级核保组织。例如,在各省分公司内设立三级核保组织,即在省级分公司、地市级分公司和县级支公司内均设立核保组织机构。

②核保中心模式。在一定的区域范围内设立一个核保中心,通过网络技术对所辖的业务实行远程核保,对超过本权限或特殊业务报请上级核保,对本级或上级核保未通过的业务

通知出单点业务外勤与客户重新协商。

(2) 核保人员的等级和权限。

①一级核保人员:负责审核特殊风险业务和下级核保人员无力核保的业务。特殊风险业务主要包括高价车业务、特殊车型业务、车队业务和投保人有特殊要求的业务等。

②二级核保人员:负责审核非标准业务和超出三级核保人员业务范围的业务。非标准业务主要指风险较大且核保手册中没有明确指示核保条件的业务,如保险金额、赔偿限额、免赔率等有特殊要求的业务。

③三级核保人员:主要负责审核常规业务(按照核保手册就能进行核保的业务)。

(3) 核保运作的基本流程。核保基本流程没有统一方案,各保险公司的核保流程有所区别,但其核心是体现权限管理和过程控制。图3-6为某保险公司核保中心的核保运作流程。

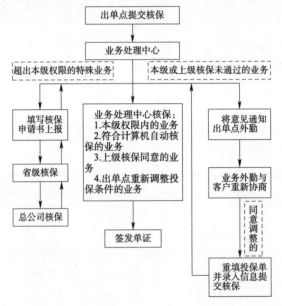

图3-6 某保险公司业务中心核保运作流程

(4) 核保的主要内容。

①审查投保单。根据各种有效证件对投保单录入信息加以审查,审查各项内容是否完整、清楚和准确。

②审核展业人员的验车、验证情况。

③核定保险费率和保费计算是否正确。

④签署核保意见。对超出本权限的业务上报上级公司核保,对核保未通过的业务转交出单点外勤,对核保通过的业务转交业务内勤以缮制保险单证。

4. 缮制与签发单证

(1) 缮制保单。

①业务内勤根据核保通过的意见,由计算机缮制保险单、保险卡及发票等。

②按系统流程出单程序完成打印工作。

③将打印好的保单、附表及投保单一起送达复核人员复核。

(2) 复核保单。复核人员对保单等进行复核,复核无误后在保单的"复核"处签章。

（3）核收保费。
①投保人凭发票交保费。
②财务人员复核保单后收取保费，并在发票上加盖财务专用章。
（4）签发单证。
①业务人员在保单上注明公司名称、地址、邮政编码及电话并加盖公司承保业务专用章。
②根据保险单填写保险卡并加盖承保业务专用章。
③将交强险保单第四联、商业险保单第三联、保险卡及交强险标志交于投保人。

特别提示

无论是主车和挂车一起投保，还是挂车单独投保，挂车都必须单独出具具有独立保险单号码的保险单。在填制挂车的保险单时，"发动机号码"栏统一填写"无"。当主车和挂车一起投保时，可以按照多车承保方式处理，给予一个合同号，以方便调阅。

5. 保险单证的清分与归档
（1）清分。
①业务员先将投保单的附表粘贴在投保单的背面，并在投保单及其附表上加盖骑缝章。
②业务员对投保单、保险单、保险费发票、保险证等按下列顺序进行清理归类。
a. 交给投保人的单证有保单正本（交强险保单和商业险保单）及条款、保险费发票（保户留存联即第二联）、保险证和交强险标志，有保险单附表、特别约定清单、新增设备明细表时需同时提供。
b. 财务部门留存的单证有保险单副本（财务留存联）和保险费发票（财务留存联）。
c. 业务部门留存的单证有保险单副本（业务留存联）、投保单及其附表和保费发票（业务留存联）。
（2）归档。
①将应留存给投保方的单证交由业务外勤送交给被保险人。
②将应留存于财务部门的单证送达至财务部门。
③对应留存于业务部门的单证按"发票→保单→投保单→其他材料"的顺序进行整理，并按照流水号码顺序装订成册，在规定时间内移交档案部门归档。
6. 客户服务中心回访
客服中心在规定时间内对被保险人进行电话回访，以提高顾客满意度。

三、保险合同的成立与生效

1. 保险合同的成立
因为保险合同是一个非要式、诺成性合同，所以当投保人提出要约，保险人承诺时保险合同即告成立。《保险法》第十三条第一款规定：投保人提出保险要求，经保险人同意承保，保险合同成立。保险人应当及时向投保人签发保险单或者其他保险凭证。

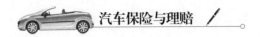

在汽车保险实务中,保险人接到投保单,经审核没有异议签字盖章后,保险合同即告成立。合同成立后才向投保人签发保险单或者其他保险凭证,并不是投保人拿到正式保单后合同才成立。

2. 保险合同的生效

《保险法》第十三条第三款规定:依法成立的保险合同,自成立时生效。投保人和保险人可以对合同的效力约定附条件或者附期限。

(1)投保人与保险人未就合同的效力约定期限或条件的,保险合同成立时就一并生效。

(2)若投保人与保险人就合同的效力约定了期限,则始期到来时合同生效。

(3)若投保人与保险人就合同的效力约定了条件,则自该条件成就时合同就生效。

特别提示

1. 人身保险条款中通常会约定:"本合同自本公司同意承保、收取保险费并签发保险单的次日零时起生效"。
2. 财产保险条款中,一般不约定生效时间,而是在保险单中载明具体生效日期。
3. 团体保险的承保协议中约定自交付保险费后次日起生效。

特别提示

由于我国保险实务中普遍采用"零点起保",所以,保险合同的成立与生效往往不一致。保险合同成立后但尚未生效前发生的保险事故,保险人不承担保险责任。

四、保险合同有效的认定

1. 认定保险合同有效与否的法律依据

认定保险合同有效与否的法律依据是《保险法》和《合同法》。

2. 《保险法》中关于合同无效的规定

(1)《保险法》第十二条第一款规定:人身保险的投保人在保险合同订立时,对被保险人应当具有保险利益。第三十一条第六款规定:订立合同时,投保人对被保险人不具有保险利益的,合同无效。

(2)《保险法》第三十四条第一款规定:以死亡为给付保险金条件的合同,未经被保险人同意并认可保险金额的,合同无效。

(3)《保险法》第十二条第二款规定:财产保险的被保险人在保险事故发生时,对保险标的应当具有保险利益。第四十八条规定:保险事故发生时,被保险人对保险标的不具有保险利益的,不得向保险人请求赔偿保险金。

(4)《保险法》第十九条规定:采用保险人提供的格式条款订立的保险合同中的下列条款无效。

①免除保险人依法应承担的义务或者加重投保人、被保险人责任的。

②排除投保人、被保险人或者受益人依法享有的权利的。
3.《合同法》中关于合同无效的规定
(1)因一方以欺诈或胁迫手段订立且损害国家利益的合同。
(2)恶意串通且损害国家、集体或第三人利益的合同。
(3)以合法形式掩盖非法目的的合同,即形式上合法,但内容上和目的上非法。
(4)损害社会公共利益的合同。
(5)违反法律、行政法规中强制性规定的合同。
因为保险合同也是合同的一种,有上述情况之一的保险合同就是无效合同。

五、保单生效后投保方应履行的义务

1.通知义务
(1)标的的危险程度显著增加时应及时通知保险人,如车辆改装、加装或变更用途等。
注意:因标的危险程度显著增加而发生的保险事故,如果被保险人没履行通知义务的,保险人不承担赔付但应退还剩余保费。

特别提示

"危险程度显著增加"在现实中应由保险人来判断。根据"谁主张谁举证",涉诉由保险人举证,由法官决定是否采信,目前无明确法律依据,属法官自由裁量权。

(2)标的转让时被保险人或受让人应及时通知保险人。

特别提示

1.保险人增加保费或解除合同必须满足"转让导致标的危险程度显著增加30天内"的条件。

2.未通知时的拒赔须满足:转让导致保险标的危险程度显著增加,但需退还部分保费。

(3)事故发生后应当及时(48h内)通知保险人。
注意:迟报案未必导致拒赔。拒赔应满足如下条件。
①迟报案的原因是由于故意或重大过失引起。
②迟报案导致的后果影响到了无法核定"该不该赔"、"赔多少"等实质性问题。
③保险人未能从其他途径(如社会上很关注或媒体已报道)知道保险事故的发生。
拒赔的金额应是无法确定的部分。
依法选择自行协商方式处理的交通事故,也应当立即通知保险人,并要依照《交通事故处理程序规定》签订记录交通事故情况的协议书。
(4)发生与保险赔偿有关的仲裁或者诉讼时,被保险人应当及时书面通知保险人。
注意:由于被保险人未及时通知保险公司导致无法及时抗辩所造成的损失,保险公司不负责赔偿。

(5)重复保险时应将有关情况通知保险人。

注意:除合同另有约定外,各保险人按照其保险金额与保险金额总和的比例承担赔偿保险金的责任,但保险人需按比例退保费,即保险金额总和超过保险价值的部分,可请求各保险人按比例返还保险费。

2.安全防损义务

《保险法》第五十一条规定:被保险人应当遵守国家有关消防、安全、生产操作、劳动保护等方面的规定,维护保险标的的安全。保险人可以按照合同约定对保险标的的安全状况进行检查,及时向投保人、被保险人提出消除不安全因素和隐患的书面建议。投保人、被保险人未按照约定履行其对保险标的的安全应尽责任的,保险人有权要求增加保险费或者解除合同。保险人为维护保险标的的安全,经被保险人同意,可以采取安全预防措施。

为此,被保险人主要应做过如下工作。

(1)做好车辆的维护工作并按规定检验合格。

(2)保险车辆的装载必须符合法律法规中有关机动车辆装载的规定,使其保持安全行驶技术状态。

(3)投保人及被保险人应根据保险人提出的消除不安全因素及隐患的书面建议,及时采取相应的整改措施,但保险人应在合同中约定对保险标的的安全状况进行检查。

3.出险时的施救义务

《保险法》第五十七条规定:保险事故发生时,被保险人应当尽力采取必要的措施,防止或者减少损失。保险事故发生后,被保险人为防止或者减少保险标的的损失所支付的必要的、合理的费用,由保险人承担;保险人所承担的费用数额在保险标的的损失赔偿金额以外另行计算,最高不超过保险金额的数额。

注意:对被保险人因未及时采取施救或保护措施而扩大的损失,保险人有权拒赔。

4.协助保险人检验、查勘义务

(1)事故车辆在修复前应当会同保险人检验,协商确定修理项目、方式和费用。否则,保险人有权重新核定;因被保险人原因导致无法重新核定的,保险人有权拒绝赔偿。

(2)发生保险事故后,被保险人应当积极协助保险人进行现场查勘。

5.索赔时提供单证的义务

《保险法》第二十二条规定:保险事故发生后,按照保险合同请求保险人赔偿或者给付保险金时,投保人、被保险人或者受益人应当向保险人提供其所能提供的与确认保险事故的性质、原因、损失程度等有关的证明和资料。保险人按照合同的约定,认为有关的证明和资料不完整的,应当及时一次性通知投保人、被保险人或者受益人补充提供。

注意:《保险法》约束了保险人多次要求被保险人补充索赔材料,即保险公司认为已收到的索赔材料不完整时,必须一次性明确告知所需的补充材料。

6.协助保险人向第三方追偿义务

《保险法》第六十一条规定:保险事故发生后,保险人未赔偿保险金之前,被保险人放弃对第三者请求赔偿的权利的,保险人不承担赔偿保险金的责任。保险人向被保险人赔偿保险金后,被保险人未经保险人同意放弃对第三者请求赔偿的权利的,该行为无效。被保险人故意或者因重大过失致使保险人不能行使代位请求赔偿的权利的,保险人可以扣减或者要求返还相应的保险金。

《保险法》第六十三条规定:保险人向第三者行使代位请求赔偿的权利时,被保险人应当向保险人提供必要的文件和所知道的有关情况。

【案例 3-1】

某人将车停在位于市中心的小区停车场内,因停车证丢失致使自己的被盗车辆无法赔偿。试问,本案中被保险人丢失停车交费凭证是否构成过错致使保险人不能行使代位求赔权?保险人是否可以扣减或者要求返还相应的保险金?

【法理分析】

本案中被保人的行为应当构成过失致使保险人不能行使代位求偿权,因为其应当可以预见其车辆可能被盗,停车交费凭证应脱离车辆保管。

至于是否构成《保险法》要求的重大过失,至少保险公司可做相关抗辩与举证(比如车辆停放处属于较繁华地段,人员复杂,交通极为便利,对丢车的可预见性较强),最终由法官来作判断。

六、保单生效后保险公司应履行的义务

1. 对被保险方负有保密的义务

保险人对在办理保险业务中知道的投保人、被保险人的业务和财产情况及个人隐私,负有保密的义务。

2. 应及时受理被保险人的事故报案,并尽快进行查勘

注意:保险人在接到报案后的 48h 内,由于保险人的原因未及时进行查勘且未给予受理意见,造成财产损失无法确定的,以被保险人提供的财产损毁照片、损失清单、事故证明和修理发票作为赔付理算依据。

3. 及时核定保险责任的义务

《保险法》第二十三条规定:保险人收到被保险人或受益人的赔偿或者给付保险金的请求后,应当及时作出核定;情形复杂的,应当在 30 日内作出核定,但合同另有约定的除外。核定结果应及时通知被保险人;保险人未及时履行前款规定义务的,除支付保险金外,应当赔偿被保险人因此受到的损失。

为此,保险公司在合同中一般作了如下约定:保险人未能在 30 日内作出核定的,应与被保险人商定合理期间,并在商定期间内作出核定。

 特别提示

交强险保险责任的核定与商业险有所不同:对涉及财产损失的,保险公司应当自收到被保险人提供的证明和资料之日起 1 日内,对是否属于保险责任作出核定。对涉及人身伤亡的,保险公司应当自收到被保险人提供的证明和资料之日起 3 日内,对是否属于保险责任作出核定。

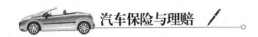

（1）保险人应根据事故的性质、损失情况，及时向被保险人提供索赔须知；审核索赔材料后，认为有关的证明和资料不完整的，应当及时一次通知被保险人补充提供有关的证明和资料。

（2）保险人延迟审核的，应当赔偿被保险人因此受到的损失，同时保险公司及其主管人员还将面临被处罚的风险。

4. 及时赔付的义务

（1）对属于保险责任的，保险人应在与被保险人达成赔偿协议后 10 天内支付赔款。[《保险法》第二十三条第一款]

（2）对不属于保险责任的，保险人应当自作出核定之日起 3 日内向被保险人发出拒绝赔偿通知书，并说明理由。[《保险法》第二十四条第一款]

（3）保险人在收齐索赔单证之日起的 60 日内仍然不能确定赔付的，应当根据已有证明和资料将可以确定的数额先予支付；最终确定赔付金额后，应当支付相应的差额。[《保险法》第二十五条]

注意：保险人延迟赔付的，应当赔偿被保险人因此受到的损失，同时保险公司及其主管人员还将面临被处罚的风险。

 特别提示

交强险赔付的时限与商业险有所不同：

1. 对属于保险责任在 2000 元以下的仅涉及财产损失赔偿案件，被保险人索赔单证齐全的，保险公司应在当日给付保险金。

2. 对属于保险责任在 10000 元以下的人身伤亡赔偿案件，被保险人索赔单证齐全的，保险公司应当在 3 日内给付保险金。

3. 对属于保险责任在 50000 元以下的人身伤亡赔偿案件，被保险人索赔单证齐全的，保险公司应当在 5 日内给付保险金。

4. 对属于保险责任的交强险赔偿案件，被保险人索赔单证齐全的，保险公司应当在被保险人提出索赔申请不超过 7 日内给付保险金。

5. 保险人在收齐索赔单证之日起 20 日内仍然不能确定赔付的，应当根据已有证明和资料将可以确定的数额先予支付；保险人最终确定赔偿或者给付保险金的数额后，应当支付相应的差额。

 特别提示

客户迟迟拿不到赔款怎么办？

1. 先通过客服电话进行投诉。由公司和被保险人之间进行协商，看能不能解决。

2. 如果公司内部不能解决赔付，则通过行业内的机制解决，即向行业里的保险合同纠纷调解委员会申请调解，由调解委员会解决合同纠纷。

3. 如果调解不成，可向法院起诉，最终通过诉讼解决相应的理赔问题。

七、续保与退保

1. 续保

（1）含义。所谓续保是指保险期满以后，投保人在同一保险人处重新办理汽车保险的行为。如果保险期满以后，投保人在另外的保险人处重新办理汽车保险的行为称为转保。

（2）采用续保方式进行投保的好处。

①保费可以享受优惠。

②可以享受保险人的无赔款优待，即如果投保车辆在上一年保险期限内保险人没有赔款，那么，续保时可享受减收保险费的优待，优待金额为本年度续保险种应交保险费的10%。

③可以从保险人那里得到连续不断的、可靠的保险保障与服务。

（3）续保应提供的单据。

①提供上一年度的机动车辆保险单。

②保险车辆经交通管理部门核发并检验合格的行驶证和车牌号。

③所需的保险费。

注意：续保时的保险金额和保险费要重新确定。

（4）续保需注意的事项。

①续保应在原保单到期前的一个月内办理。

②续保应到上一年度机动车辆保险单的出单地点办理。

③上年度无赔款的汽车，如果续保的险种与上年度不完全相同，无赔款优待则以险种相同的部分为计算基础；如果续保的险种与上年度相同，但投保金额不同，无赔款优待则以本年度保险金额对应的应交保险费为计算基础。不论汽车连续几年无事故，无赔款优待一律为应交保险费的10%。

④被保险人投保车辆不止一辆的，无赔款优待分别按车辆计算。上年度投保的车辆损失险、第三者责任险、附加险中任何一项发生赔款，续保时均不能享受无赔款优待。不续保者不享受无赔款优待。

⑤对没有实行理赔网络平台的地区，出险次数多时最好换家保险公司。

如果驾驶记录良好，理赔次数较少时，可以考虑续保，这样可以得到更多的费率优惠。反之，投保人可以选择其他的保险公司，以便在得到相同保障的情况下，能缴纳更少的保费。

下面的案例可以进一步说明这个问题。张先生开车5年，连续4年未出险，这次投保车损险、商三险、盗抢险、玻璃单独破碎险、车上人员责任险和不计免赔率特约险等险种，根据汽车保险条款费率规定，由于张先生的个人安全驾驶记录等原因，优惠比例为40%。

另外一个案例则正好相反。李先生由于驾驶经验不足，一年间发生了5次事故，有2次还差点伤人。现在他来投保车损险、商三险、盗抢险、玻璃单独破碎险、车上人员责任险、不计免赔额特约险等险种，由于上年多次发生事故，车损险上浮比例为80%。如果一年内出险7次以上，那选择人保车险条款投保，车损险费率就将上浮200%。

2. 退保

《保险法》第十五条规定：除本法另有规定或者保险合同另有约定外，保险合同成立后，投保人可以解除合同，保险人不得解除合同，即投保人具有随时退保的权利。

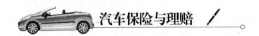

(1)退保一般出于以下几种原因。

①汽车按规定报废。

②汽车转让而对方又不愿进行保险直接过户的。

③汽车重复保险的。

④对保险公司不满,想换保险公司的。

(2)退保车辆须符合的条件。所有退保的车辆都必须符合下述条件。

①车辆的保险单必须在有效期内。

②在保险单有效期内,车辆没有向保险公司报案或索赔过。从保险公司得到过赔偿的车辆不能退保;仅向保险公司报案而未得到赔偿的车辆也不能退保。

③合同中没有特别约定不得退保的情况。

例如,通过银行贷款买车时,由于银行是第一受益人,所以银行一般要求保险公司在合同中约定"未经银行书面同意,被保险人不得退保"。

(3)退保所需提供的单证。

①退保申请书。退保时要向保险公司的业务管理部门递交退保申请书,写明退保的原因和时间,并签上字或盖上公章。

②保险单原件。若保险单丢失的则需事先补办。

③保险费发票。一般需要原件,有时复印件也可以。

④被保险人的身份证明。被保险人是单位的需要单位的营业执照,被保险人是个人的需要身份证。

⑤证明退保原因的文件。

a.因车辆报废而退保,需提供报废证明。

b.因车辆转卖他人而退保,需提供过户证明。

c.因重复保险而退保,需提供互相重复的两份保险单。

(4)退保流程。

①提交退保申请书和其他相应的单证。

②保险公司业务管理部门对退保申请进行审核后,出具退保批单,批单上注明退保时间及应退保费金额,同时收回汽车保险单。

③退保人持退保批单和身份证,到保险公司的财务部门领取应退还的保险费。

注意:保险公司计算应退保费是用投保时实缴的保险费金额,减去保险已生效的时间内保险公司应收取的保费,剩下的余额就是应退给投保人的保险费,即应退保险费=实缴保险费－应收取保险费。退保的关键在于应收取保险费的计算。一般按月计算,保险每生效一个月,收10%的保险费,不足一个月的按一个月计算。

(5)退保的权利人及退保时机

《保险法》第五十四条规定:"保险责任开始前,投保人要求解除合同的,应当按照合同约定向保险人支付手续费,保险人应当退还保险费。保险责任开始后,投保人要求解除合同的,保险人应当将已收取的保险费,按照合同约定扣除自保险责任开始之日起至合同解除之日止应收的部分后,退还投保人。"

所以,退保的权利人是投保人而非被保险人;投保人在保险合同生效前或生效后均可向保险公司申请退保。

(6)保险合同成立后投保人退保的性质

除货物运输保险合同和运输工具航程保险合同(如船舶的航次保险)外,其他保险合同,投保人都具有法定任意解除权。

所以,投保人有自由解除(无需任何理由)已成立并生效的保险合同的法定权利,且无需经过保险人的同意。这与普通合同的法定解除权不同。

普通合同的解除有:约定解除和法定解除两种形式,且法定解除合同是有条件的。

(7)保险合同解除的生效时间

《合同法》第九十六条规定:"当事人一方依照本法第九十三条第二款、第九十四条的规定主张解除合同的,应当通知对方。合同自通知到达对方时解除。对方有异议的,可以请求人民法院或者仲裁机构确认解除合同的效力。法律、行政法规规定解除合同应当办理批准、登记等手续的,依照其规定。"

所以,投保人解除保险合同的意思通知到达保险公司时,即保险合同立即被解除,而无需合同相对方即保险公司的同意。

【案例3-2】 投保人解除合同的认定。

2012年6月,张某为自己的私家车向某财产保险公司投保了交强险、车损险、商三险、自燃损失险等险种,保险公司于2012年6月出具了保险单,载明保险期限自2012年6月10日0时起至2013年6月9日24时止。2012年6月11日,投保人张某当面向保险公司递交了"退保申请书";6月12日凌晨3时,张某驾驶的被保险车辆在回家的途中突然发生自燃,导致车辆几乎报废,6月12日上午10时,保险公司完成了退保手续的审核后向被保险人出具了"退保批单",载明保险合同自2012年6月12日0时解除。

车辆发生自燃烧毁后,被保险人张某向保险公司提出索赔,而保险公司却以保险合同已解除、车辆自燃事故未发生在保险期限内为由拒赔。被保险人张某不认可拒赔决定,遂向法院提起诉讼。本案中,保险公司的拒赔理由是否成立呢?

【法理分析】

在实践中,投保人提出退保申请和保险公司出具批单、退回保费之间一定存在时间差。但法律规定,解除合同通知到达保险公司时,保险合同立即于次日零时解除法律效力。

本案中,投保人于2012年6月11日当面向保险公司递交了"退保申请书",即产生了保险合同解除的法律后果,亦即双方基于保险合同所产生的权利义务关系于同日终止。投保人不再缴纳保险费,保险公司也不再承担保险责任。

保险公司随后完成的退保手续审核并向投保人出具的退保批单仅为其处理投保人退保的公司内部管理流程,是其向投保人履行的后合同义务行为,其内部行为不影响投保人单方解除保险合同的权利。鉴于此,2012年6月12日发生的保险事故,因不在保险期内,保险公司据此拒赔的理由是成立的。

八、综合实训

1.展业人员初核训练

王某于2009年购买了一辆桑塔纳3000型轿车,主要用于上下班代步。2010年,王某因

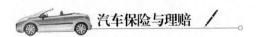

下岗而将私家车挂靠在本市某出租公司名下,从事个体出租营运。试完成下列问题。

(1)如果还在保险期内,王某应如何处理原保险合同?

(2)当保险期结束后,王某需要续保时,你作为展业人员如何对该保险车辆实行保险初核工作?

(3)你作为展业人员,请对王先生续保险种提供一份参考方案。

2. 录入投保单信息、提交核保训练

根据本章第一节综合训练中的投保单填写训练内容,试在本校实验室的保险承保系统实训软件上,完成对上述投保单的录入信息和提交核保工作。

 思考与练习

一、单选题

1. 保险合同成立后,除《保险法》另有规定或者保险合同另有约定外,(　　)不得解除合同。

　　A. 保险人　　　　B. 投保人　　　　C. 被保险人　　　　D. 受益人

2. 财产保险在保险责任开始前,投保人要求解除合同的,应当按照合同约定向保险人支付(　　),保险人应当退还(　　)。

　　A. 手续费/保险费　　　　　　　　B. 保费/保险费

　　C. 工本费/保险费　　　　　　　　D. 工本费/手续费。

3. 关于保险单的说法不正确的是(　　)。

　　A. 保险单由保险人签发并交给被保险人

　　B. 保险单是保险合同的主要书面形式

　　C. 保险单是被保险人索赔的主要依据

　　D. 保险单是保险人理赔的主要依据

4. 车主若进行自主投保决策时,第一步要(　　)。

　　A. 选择保险公司　　　　　　　　B. 对自身风险进行识别

　　C. 选择投保渠道　　　　　　　　D. 选择规避风险的方法

5. 电话投保的保费可享受的最高优惠为(　　)。

　　A. 15%　　　　B. 20%　　　　C. 30%　　　　D. 45%

6. (　　)方式是最放心的一种投保方式。

　　A. 网上投保　　　　　　　　　　B. 柜台投保

　　C. 电话投保　　　　　　　　　　D. 通过专业代理投保

7. 汽车保险的续保业务一般在原保险期到期前(　　)开始办理。

　　A. 一个月　　　B. 半个月　　　C. 三个月　　　D. 二个月

8. 在实践中,保险合同中的特别约定一般都是由(　　)作出的。

　　A. 保险人　　　B. 被保险人　　　C. 投保人　　　D. A + B

9. 如果保险期满以后,投保人在同一保险人处重新办理汽车保险的行为称(　　)。

　　A. 投保　　　　B. 转保　　　　C. 核保　　　　D. 续保

10. 可以享受保险人的无赔款优待的条件之一是（　　）。
   A. 投保　　　B. 转保　　　C. 核保　　　D. 续保

11. （　　）不是车辆退保须符合的条件。
   A. 本期投保采用的是续保
   B. 保险单必须在有效期内
   C. 在保险单有效期内没有向保险公司报案
   D. 在保险单有效期内没有向保险公司索赔

12. （　　）不是直接营销方式。
   A. 电话营销　　　　　　　B. 网络营销
   C. 保险营业大厅　　　　　D. 保险代理人营销

13. 车主在投保时可以选择约定驾驶人，可约定的驾驶人最多（　　）。
   A. 1个　　　B. 2个　　　C. 3个　　　D. 4个

14. 可以享受保险人的无赔款优待时，其优待金额为本年度续保险种应交保险费的（　　）。
   A. 5%　　　B. 10%　　　C. 20%　　　D. 30%

15. 投保人为订立保险合同而向保险人提出的书面邀约称之为（　　）。
   A. 投保单或要保书　　　　B. 保险单
   C. 保险凭证　　　　　　　D. 批单

16. 投保人与保险人就保险合同的条款达成协议，称之为保险合同的（　　）。
   A. 生效　　　B. 履行　　　C. 成立　　　D. 有效

17. 保险合同对双方当事人产生了约束力，称之为（　　）。
   A. 生效　　　B. 履行　　　C. 成立　　　D. 有效

18. 由于某种法定或约定的事由的出现，致使保险合同双方当事人的权利义务归于消灭，称之为合同的（　　）。
   A. 解除　　　B. 终止　　　C. 变更　　　D. 中止

19. 被保险人未履行通知义务的，因保险标的危险程度显著增加而发生的保险事故，保险人（　　）。
   A. 应承担全部赔偿责任　　　B. 应承担部分赔偿责任
   C. 不承担赔偿责任　　　　　D. 视情况而定

20. 在保险人的各项基本义务中，最重要的是（　　）。
   A. 说明义务　　　　　　　B. 及时签单义务
   C. 保密义务　　　　　　　D. 赔偿或给付保险金义务

21. 保险人收到被保险人或者受益人的赔偿或者给付保险金的请求后，应当及时作出核定；情形复杂的，应当在（　　）内作出核定，但合同另有约定的除外。
   A. 10日　　　B. 20日　　　C. 30日　　　D. 60日

22. 投保人提出保险要求，保险人同意承保的，即属于（　　）行为。
   A. 要约　　　B. 反要约　　　C. 承诺　　　D. 受约

23. 张某为其汽车投保了车损险。某日车库发生地基开裂、房屋倾斜。如果张某未将此种情况通知保险公司,那么( )。

    A. 张某违反了保险标的危险程度显著增加的通知义务

    B. 保险公司有权加收保险费

    C. 保险公司对汽车本身发生的事故损失承担赔偿责任

    D. 对汽车造成的第三者伤害,保险公司将承担赔偿责任

24. 对属于保险责任的,保险人应在与被保险人达成赔偿协议后( )内支付赔款。

    A. 10 日   B. 20 日   C. 30 日   D. 60 日

25. 对不属于保险责任的,保险人应当自作出核定之日起( )内向被保险人发出拒绝赔偿通知书,并说明理由。

    A. 30 日   B. 10 日   C. 3 日   D. 5 日

二、多选题

1. 车险产品的"性价比"主要体现在( )方面。

    A. 产品价格   B. 产品的保障范围   C. 保险的服务   D. 直赔服务

2. ( )方式属于"保险直销"方式。

    A. 柜台投保   B. 通过4S店投保   C. 上门投保   D. 网上投保

3. 代理人"扣单"是车险中介惯用的"陷阱"之一,所谓"扣单"就是( )。

    A. 代理人挪用保费   B. 也称"撕单子"

    C. 伪造的假保单   D. 一单保两车

4. 可以享受保险人无赔款优待的条件是( )。

    A. 续保   B. 转保

    C. 上一年保险期限内没有赔款   D. 上一年保险期限内没有报案

5. 车险选择4S店投保的主要优点是( )。

    A. 维修质量有保障   B. 能提供直赔服务

    C. 能提供的险种多   D. 服务质量高

三、判断题

1. 目前车险的价格,保监会规定最多打七折。 ( )

2. 保险直销也称电销。 ( )

3. 一单保两车在车险中也称"撕单子"。 ( )

4. 在填写投保单时,约定驾驶人一栏必须填写。 ( )

5. 投保人通过4S店投保的主要优点是提供直赔服务。 ( )

6. 对于普通车主而言,通过大型汽修厂或4S店投保最方便且相对安全。 ( )

7. 未上牌照的新车在填写投保单时,必须在"号牌号码"一栏的空格内填入"新"。 ( )

8. 保险人具有随时解除保险合同的权利。 ( )

第四章 汽车保险理赔实务

 学习目标

通过本章的学习,你应能:
1. 正确叙述汽车保险理赔的流程及内容;
2. 知道机动车保险事故的类型及现场查勘方法;
3. 分析汽车保险的核损与核赔的操作要领;
4. 正确完成思考与练习。

第一节 汽车保险理赔概述

机动车辆出险后,如果事故责任车辆投保了相应的汽车保险,被保险人就可以依据保险合同向保险人提出索赔请求,而保险人应依据保险合同的约定及时履行赔偿责任。

汽车保险理赔(以下简称"车险")是从保险公司角度而言的。那么,当保险公司接到报案后,就会委派查勘定损人员进行现场查勘,并对事故损失进行定损,然后根据现场查勘的第一手资料和事故责任比例及保险责任范围对保险标的进行核损、理算赔款、核赔、支付赔款和结案回访。

保险理赔工作是保险政策和作用的重要体现,也是保险人执行保险合同,履行保险义务,承担保险责任的具体体现。保险的优越性及经济补偿作用在很大程度上都是通过理赔工作来实现的。

一、汽车保险理赔的基本原则

1. 保险理赔的含义

保险理赔就是当标的发生保险事故时,因权利人提出索赔申请,保险人依据保险合同的约定及相关法律法规,审核、认定保险责任并给付赔偿金的行为。

简单地说,理赔就是"有理由的赔付",理赔就是赔偿金申请、审核、给付的过程。

2. 汽车保险理赔的基本原则

机动车辆保险业务量大,出险概率高,加之理赔工作技术性强、涉及面广,情况又比较复杂,如何更好地贯彻理赔工作质量,充分维护被保险人的合法权益是做好机动车辆保险理赔工作的关键。因此,在机动车辆保险工作中必须坚持以下原则。

(1)树立为保户服务的指导思想,坚持实事求是的原则。在整个理赔工作过程中,体现了保险的经济补偿职能作用。当发生汽车保险事故后,保险人要急被保险人之所急,千方百计避免扩大损失,尽量减轻因灾害事故造成的影响,及时安排事故车辆修复,并保证基本恢复车辆的原有技术性能,使其尽快投入生产运营。保险人在处理理赔工作中,必须有高度的服务意识,坚持实事求是的原则。良好的服务水平能提高被保险人的满意度,从而提升公司的形象。

(2)重合同,守信用,依法办事。保险人是否履行合同,主要看其是否严格履行经济补偿义务。因此,保险方在处理赔案时,必须加强法制观念,严格按条款及相关法律办事,该赔的一定要赔,而且要按照赔偿标准及规定赔足;不属于保险责任范围的损失,不滥赔,同时还要向被保险人讲明道理,拒赔部分要讲事实、重证据。拒赔理由准确且充分体现了保险人本着重合同,守信用,依法办事的原则处理赔案。在汽车保险公司,对于出具任何一张拒赔通知书都会有明确的理由,以让被保险人心服口服。

(3)坚持八字方针。"主动、迅速、准确、合理"是保险理赔人员在长期的工作实践中总结出来的经验,是保险理赔工作优质服务的最基本要求。

①主动。主动是指保险理赔人员受理及接待要热情主动,调查及查勘要积极主动。

②迅速。迅速是指保险理赔人员赔案处理(查勘、定损、赔款及修车)要迅速。

 特别提示

目前,各保险公司为提高服务水平都加快了结案速率,以太平汽车保险为例,对于损失3000元以下的纯车损案件,被保险人递交完材料后半小时内可以收到支付现金。

③准确。准确就是要求保险理赔人员从查勘、定损到赔款计算,都要做到准确无误,不错赔、不滥赔、不惜赔。

④合理。合理就是要求保险理赔人员在理赔工作过程中,要本着实事求是的精神,坚持按条款办事。在许多情况下,要结合具体案情准确定性,尤其是在对事故车辆进行定损过程中,要合理确定事故车辆维修方案。

理赔工作的"主动、迅速、准确、合理"原则是辩证的统一体。如果片面追求速度,不深入调查了解,不对具体情况作具体分析,盲目结论,或者计算不准确,草率处理,则可能会发生错案,甚至引起法律诉讼纠纷。当然,如果只追求准确、合理,忽视速度,不讲工作效率,赔案久拖不结,则可能造成极坏的社会影响,甚至损害保险公司的形象。因此,保险理赔人员应从实际出发,为保户着想,既要讲速度,又要讲质量。

【案例4-1】

2001年12月初,王某驾驶大客车从南京载客至天津,经河北某地段时,因占道行驶而与迎面开来的刘某驾驶的载有有毒化工原料的货车相撞,致使两车严重受损,且各车上人员多人受伤。两车碰撞后,货车上装有毒气的铁桶和塑料桶破损,因毒气四溢而导致上述受伤人员又因吸入毒气伤势更加严重。

在这次事故中,客车驾驶人王某及其乘客共花去医疗费3万元,货车驾驶人刘某及其押运员共花去医疗费用2万元。已知王某的客车投保了车损险、第三者责任险和车上人员责任险。试回答下列问题。

(1)在这起交通事故中,应由谁负责任?

【法理分析】

因为《道路交通管理条例》中规定:车辆、行人必须各行其道,而王某占道行驶,显然违反规定,所以王某应负事故的全部责任。

(2)客车、货车的车身损失如何赔偿?

【法理分析】

因为客车投保了车损险,且事故属于意外碰撞,所以客车的损失应由保险公司赔偿。又因为客车投保了第三者责任险,而王某负有全责,所以货车的损失也应由该保险公司负责赔偿。

(3)车上人员伤亡如何赔偿?

【法理分析】

因为客车投保了车上人员责任险,所以客车驾驶人王某及其乘客的医疗费用应由该保险公司负责赔偿。又因为客车投保了第三者责任险,所以货车驾驶人刘某及其押运员的医疗费用也应由该保险公司负责赔偿。

(4)问题的焦点是,两车相撞后,毒气伤人这部分损失是否属于保险责任范围?

【法理分析】

因为根据近因原则,引起该起交通事故中人员伤亡的近因是两车相撞而不是毒气四溢,所以,若遵守理赔工作中的"合理"原则的话,毒气伤人这部分损失也应该赔偿。

二、汽车保险理赔的特点

汽车保险与其他保险不同,其理赔工作也具有显著的特点。理赔工作人员必须对这些特点有一个清醒和系统的认识,了解和掌握这些特点是做好汽车理赔工作的前提和关键。

1. 被保险人的公众性

我国汽车保险的被保险人曾经是以单位、企业为主,但是,随着个人拥有车辆数量的增加,被保险人中单一车主的比例正在逐步增加。这些被保险人的特点是,他们购买保险具有较大的被动色彩,加上文化、知识和修养的局限,他们对保险、交通事故处理、车辆修理等知之甚少,从而增加了理赔工作的难度。

2. 损失率高且损失幅度较小

汽车保险的另一个特征是保险事故虽然一般损失金额不大,但是,事故发生的频率较高。保险公司在经营过程中需要投入的精力和费用较大,有的事故金额不大,但是,仍然涉及对被保险人的服务质量问题,保险公司同样应予以足够的重视。以某公司南京地区分部为例,金额小于1000元的赔案占总案件数的80%以上,年出险频度在3次以上,这就要求保险人必须有强大的理赔队伍,进而增加了运营成本。另一方面,从个案的角度看,赔偿的金额不大,但是积少成多也将对保险公司的经营产生重要影响。

特别提示

　　保险业内人士认为,在现有的保险市场环境下,若把理赔中的查勘、定损和理算全部交给国外最好的保险公估公司的话,目前国内这些保险公司会因无偿付能力而破产。

3. 标的流动性大

　　由于汽车的功能特点,决定了其具有相当大的流动性。车辆发生事故的地点和时间不确定,要求保险公司必须拥有一个运作良好的服务体系来支持理赔服务,主体是一个全天候的报案受理机制和庞大而高效的理赔网络。目前,各汽车保险公司一线理赔人员都为24h值班制,以满足客户的服务需求。

4. 受制于修理厂的程度较大

　　在汽车保险的理赔中扮演重要角色的是修理厂,修理厂的修理价格、工期和质量均直接影响汽车保险的服务。大多数被保险人在发生事故之后,均认为由于有了保险,保险公司就必须负责将车辆修复,所以,在车辆交给修理厂之后就很少过问。一旦因车辆修理质量或工期,甚至价格等出现问题,将保险公司和修理厂一并指责。事实上,保险公司在保险合同项下承担的仅仅是经济补偿义务,对于事故车辆的修理以及相关的事宜并没有负责义务。由于汽车保险理赔对修理厂的高度依赖,汽车保险公司逐步加大了与修理厂的合作力度,如增设了委托拖车、代索赔等一条龙服务措施,从而大大提高了保险公司的服务水平。

 特别提示

　　目前车险公司合作意向主要为一类厂,即特约维修站,这样做的优点有以下几点。
　　1. 维修质量可靠。
　　2. 服务水平优良。
　　3. 与特约维修站的合作可以减少道德风险。

5. 道德风险普遍

　　在财产保险业务中,汽车保险是道德风险的"重灾区"。汽车保险具有标的流动性强、户籍管理中存在缺陷和保险信息不对称等特点。由于汽车保险条款尚不完善,相关的法律环境不健全及汽车保险经营中的特点和管理中存在的一些问题和漏洞,给了不法之徒可乘之机,汽车保险欺诈案件时有发生。据保守数据估计,在理赔赔付中,20%以上被认为是道德风险所致。

三、汽车保险理赔的流程

　　被保险人使用标的发生保险事故后,应向承保公司报案,同时保险公司立即启动理赔程序。随着网络化办公的普及,现在保险公司的理赔流程与传统理赔流程有一些细微的变化,不同保险公司之间也存在着一定差异,但总体而言,机动车辆理赔工作一般都要经过受理报案、调度、查勘定损、核损、缮制、核赔、赔付结案、存档这几个步骤。图4-1为机动车保险一般赔案的理赔业务流程。

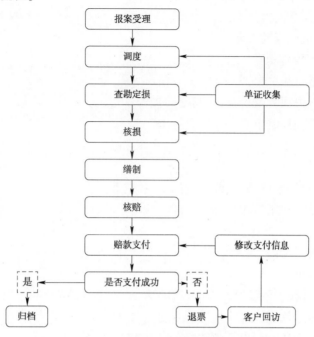

图 4-1　机动车保险理赔流程图

1. 受理报案

受理报案是指被保险人发生保险事故必须及时向保险公司报案,保险公司应将事故情况登录备案。根据规定,投保人、被保险人或者受益人知道保险事故发生后,应当及时通知保险人。报案是被保险人(或其权益相关人)向保险公司提请索赔申请的第一步,也是必须的一步,接报案是保险公司受理申请的关键。

目前各保险公司大都建立了后援服务中心,开通了 24h 全国统一服务热线。车险公司客服电话服务内容非常广泛,包括:受理报案、保单查询、电话销售、投诉建议及咨询等。客服电话是保险公司形象的一大窗口,所以客服人员应具备良好的服务意识。受理报案的主要工作内容有:

(1)确认客户身份,了解客户保单信息及保障范围。
(2)了解出险情况,确认案件经过并详细记录。
(3)对可能存在的风险点进行相关信息的核实确认,并记录。
(4)对客户进行必要的理赔服务提醒。

2. 调度派工

调度派工是受理报案结束后,保险公司安排查勘人员对人伤情况及车辆、财产损失等进行查勘和定损的过程。调度对时效要求非常高,一般在几分钟内完成,以确保查勘人员能及时与客户联系,告知客户相关注意事项;同时调度人员需将该案件查勘人员在系统内调至案件处理查勘人员,以便查勘员在系统内录入案件查勘信息。

由于查勘人员在收到任务未查勘之前无法判断事故的情况及相关风险点,所以调度人员是受理报案与查勘员连接的桥梁,调度人员根据报案提供的信息转告知查勘人员,并提示相关风险点,以便查勘,准确高效地处理案件。

3. 查勘定损

(1) 接受调度,进行查勘准备。

(2) 联系客户,现场查勘。

(3) 指导客户填写相关单证。

(4) 初步确定损失项目及价格,出具定损报告。

(5) 告知客户相关理赔事宜。

4. 核损

(1) 判断事故真实性。

(2) 核定更换项目、维修项目、修复费用、施救费等。

(3) 确定物损赔偿费用。

5. 缮制

(1) 收集审核理赔单证。

(2) 对赔案赔款理算。

(3) 初步审核保险责任。

(4) 结合系统做赔款理算。

(5) 与被保险人沟通理赔事宜。

(6) 上传单证到理赔系统,录入缮制信息内容提交核赔。

6. 核赔

(1) 审核是否属保险责任。

(2) 审核事故真实性。

(3) 审核事故损失。

(4) 审核理赔单证。

(5) 审核理算。

(6) 审核赔款支付。

7. 结案支付

待核赔通过后,内勤人员应结案支付赔款。

8. 客户回访

为了更好地提高理赔服务水平,赔案结案后保险公司一般会对客户进行服务满意度回访,及时发现理赔服务中存在的问题并予以改进提高。

9. 归档

(1) 单据清分。

(2) 案卷管理。

四、综合实训

1. 接报案训练

根据实验室保险公司接报案页面完成接报案工作。

2. 调度派工训练

根据实验室保险公司调度页面完成调度派工工作。

第二节 事故车辆的查勘与定损

一、现场查勘

查勘人员接到调度员的派工赶到事故现场,调查事故车的基本情况,调查当事人,询问事故发生的经过,拍摄现场照片,做好现场笔录,缮制查勘报告。

1. 现场查勘概述

(1) 保险事故现场的类型。保险事故现场(以下简称"现场")是指发生保险事故的被保险车辆及其与事故有关的车、人、物遗留下的同事故有关的痕迹证物所占有的空间。事故现场必须同时具备一定的时间、地点、人、车、物五个要素,他们的相互关系与事故发生有因果关系。

现场按事故状态可分为原始现场、变动现场和恢复现场。

①原始现场。原始现场是指发生事故后至现场查勘前,没有发生人为或自然破坏,仍然保持着发生事故后的原始状态的现场。这类现场的现场取证价值最大,它能较真实地反映出事故发生的全过程。所以也称第一现场。

②变动现场。变动现场是指发生事故后至现场查勘前,由于受到了人为或自然因素的破坏,使现场的原始状态发生了部分或全部变动的现场,所以也称第二现场。这类现场给查勘带来种种不利因素,由于现场证物遭到破坏,不能全部反映事故的全过程,给事故分析带来困难。

对于变动现场,必须注意识别和查明变动的原因及情况,以利于辨别事故的发生过程,从而正确分析原因和责任。变动现场又可分成下列三种现场。

a. 正常变动现场。正常变动现场是指在自然条件下非人为地改变了原始状况,或不得已而在不影响勘察结果的前提下人为地有限度地改变了原始状态的交通事故现场。

 特别提示

产生现场变动的原因有以下几点:

1. 抢救伤者:因抢救伤者或排除险情而变动了现场。
2. 保护不善:现场的痕迹被过往车辆、行人或围观群众破坏。
3. 自然破坏:因风吹、雨淋、雪盖、水冲、日晒等自然条件而变动了现场。
4. 快速处理:因一些交通主要干道、繁华地段发生道路交通事故后,造成交通堵塞,需立即排除而变动了现场。
5. 特殊情况:执行任务的消防、救护、警备、工程救险车及首长、外宾、使节乘坐的汽车在事故发生后,因任务需要驶离现场。

b. 伪造现场。伪造现场是指当事人为逃避责任、毁灭证据或达到嫁祸于人的目的,或者为了谋取不正当利益,有意改变或布置的现场。

伪造现场的特征:现场中,事故诸元的表象不符合事故发生的客观规律,物体的位置与痕迹的形成方向存在矛盾,只要公估人员深入细致的进行调查研究和分析,其中的漏洞不难发现,现场的真伪是不难识别的。

c. 逃逸现场。逃逸现场是指肇事人为了逃避责任,在明知发生交通事故后,故意驾车逃逸而造成的破坏现场。

值得注意的是,若当事人不知道发生事故(即没有察觉)而驾车驶离现场、造成现场变动的应视为变动现场。

《道路交通安全法》明确规定,造成交通事故后逃逸的,由公安机关交通管理部门吊销机动车驾驶证,且终生不得重新取得机动车驾驶证。

③恢复现场。恢复现场有两种情况:一是对上述变动现场,根据现场分析、证人指认,将变动现场恢复到原始现场状态;二是原始现场撤除后,因案情需要,根据原现场记录图、照片和查勘记录等材料重新布置恢复现场。为与前述的原始现场相区别,这种现场一般称为恢复现场。

(2)现场查勘的目的。现场查勘是证据收集的重要手段,是准确立案、查明原因、认定责任的依据,也是保险赔付、案件诉讼的重要依据。其目的包括定性、定责和定损三项。

①定性:查明事故的真实性。通过客观、细致的现场查勘,证明案件是否属于普通单纯的交通事故,是否属于为骗保而伪造的事故,即确定事故的真实性。

②定责。

a. 确定标的车在事故中的责任。无交警处理的案件,应判明被保险车辆的事故责任比例。通过对现场周围环境、道路条件的查勘,可以了解道路、视距、视野、地形、地物对事故发生的客观影响;对事故经过进行分析调查,查明事故的主要情节和交通违法因素,分清标的车在事故中所负的责任。但有交警处理或指引客户报交警、派出所等执法部分处理的案件("警检"案件),相关事故责任以执法部门的认定为准。

b. 确定事故的保险责任。通过现场的各种痕迹物证,对当事人和证明人的询问和调查,对事故经过进行分析调查,查明事故发生的主要情节,结合保险条款和相关法规,确定事故是否属于保险责任范畴。

③定损:确认事故的损失项目并预估损失金额。通过对受损车辆的现场查勘,分析损失形成的原因,确定该起事故中造成的标的车及第三者的损失范围。通过对第三者受损财物的清点统计,确定受损财物的型号、规格、数量以及受损的程度,为核定损失提供基础资料,损失较小者可以现场确定事故损失。

(3)现场查勘的方法。

①沿着车辆行驶路线查勘法。这种方法适用于事故痕迹清楚的现场。

②从中心(事故车辆)向外查勘法。这种方法适用于现场范围不大,痕迹和物证较集中的现场。

③从外向中心查勘法。这种方法适用于范围大、痕迹和物证较分散的现场。

④分片分断查勘法。这种方法适用于面积大、距离长和伪造的现场。

特别提示

当遇到下列情况时,应通过现场实验进行科学考察:
1. 认定痕迹或事故原因有异议时。
2. 在关键问题上意见无法统一时。

【案例4-2】
现场勘察当场拒赔案件。
查勘时间:2007年7月14日。
查勘地点:白云区石井某路段。
标的车型:上海大众POLO(1.4L/两厢)。
现场当事人:张三。

张三描述当时事故情况如下:张三当时与其老板李四一起驾驶车辆由c地至d地,当时开车的是李四,张三坐在副驾驶位,当避让一自卸车导致车右侧剐蹭路边树干,造成右边车身受损,李四现在正在赶往开会地,让张三代为办理向保险公司报案事宜。

查勘过程:接到公司调度派工,查勘员何某当即与当事人联系并赶赴现场,抵达现场后,发现事故地点较为偏僻,车流量较少,路面较为宽广、干净,似乎与泥头车经常性出入地带有所不符;观察车损情况,车损部位为右前车门、右后轮眉、右后保险杠。再次询问张三碰撞的全过程,张三描述车是"贴着树由前剐到后的"。观察右后视镜外壳的受损情况,发现右后视镜壳体外沿有剐碰痕迹,但系旧痕,非本次现场所能够形成;根据"损失对照原则",观察树的碰撞痕迹,发现由地面到树上有剐碰痕迹的位置,高度等同于A4纸张的尺寸,而与车损高度相比明显不符。勘验单证,张三提供的是三证(驾驶证、行驶证、保险卡)的复印件,疑问随即而来,现场无单证原件,却提供了复印件,难道是车主能够"预知"事故的发生?而且提供的这些复印件光亮整洁,无折叠痕迹,应为刚复印不久。根据此现场的情况,现场与张三做《询问笔录》一份,并在笔录中让张三确认事故发生的时间、地点和碰撞过程、碰撞部位。

查勘结论:事故发生的地点已经有悖常理,碰撞的痕迹明显与车损不相符,提供的单证犹如事前备好,此案件系明显的摆放现场,属谎称发生事故以骗取保险赔偿金的案件。

处理情况:现场要求张三报交警,但交警要求张三到交警队处理,于是让张三报110处理,但张三质疑为何报110?查勘员于现场向张三表示需请110现场判定一下碰撞的痕迹。张三迟疑后开始大发雷霆,并威胁查勘员,查勘员坚持立场。张三表示要直接向公司投诉后驾驶车辆离去。返回公司后,查勘员作《赔案说明》一份(注明建议作拒赔处理),并将该案件相关资料上交公司。此后,张三再无下文。

【案件分析】
假的终究是假的,他不会因为声音的大小、势力的强弱而变成真的,但是,查勘员在查勘过程中,是否注意观察事故现场周边的环境,是否对手中勘验的单证多存疑问,是否仔细做好"损失对照"的环节,确实是判断事故真实性的重中之重,如果自己对事故的真实性都举棋不定,那么,"声音"的大小,或许确能成为左右自己手中之笔的"利器",而一旦如此,查勘员也就违背了自己的职业操守。

2. 现场查勘的基本流程

现场查勘就是一个对事故定性、定责的过程,即通过仔细了解现场情况,确定损失原因以及是否属于保险责任。该项工作主要由保险公司或公估公司的查勘人员完成。查勘人员在接到调度指令后,应第一时间赶赴事故发生现场,对事故的真实性进行核实,协助客户处理现场,并告知客户相关索赔事项。

(1) 查勘准备。在赶赴现场之前,必须携带必要的查勘工具和救护用具,准备好查勘单证及相关资料。需准备的查勘用品及用具,如图4-2所示。

① 准备查勘工具及仪器。查勘车辆、照相用的相机、录音笔、电池及充电器等,重大案件需携带录像机;测量用的钢卷尺或皮尺;记录用的签字笔、书写板、三角板、印泥等文具;夜间查勘需准备手电筒;雨天查勘需准备雨伞、胶靴等;视情况还需准备反光背心、事故警示牌、手套等防护用品;新手查勘还需准备事故现场所在地的地图备查。

图4-2 查勘基本工具

有条件的业务部还可常备创可贴、云南白药、碘酒、十滴水、风油精、正气水、药棉、纱布、绷带或医用胶带等常用药具。

② 准备相关资料。现场查勘需准备现场查勘报告单、定损单、索赔指导书、出险通知书、赔款收据、事故快速处理书、旧件回收单、隐损件专用贴纸(标签)和其他委托单位要求在现场派发或收集的资料。

③ 查阅抄单。查阅抄单的具体内容如下。

a. 保险期限。复核出险时间是否在保险期限以内,对于出险时间接近保险起讫时间的案件,作出标记,以便现场查勘时重点核实。

b. 承保险种。记录承保险种,注意是否只投保了交强险和商三险;对于报案有人员伤亡的案件,注意是否承保了车上人员责任险,车上人员责任险是否指定座位;对于火灾车损案件,注意是否承保了自燃损失险;对于与非机动车的碰撞案件,注意是否承保了无过失责任险等。

c. 新车购置价、保险金额和责任限额。记住抄单上的新车购置价,以便现场查勘时对照与实际新车购置价是否一致。从抄单的新车购置价和保险金额上可以确定投保比例。注意各险种的保险金额和责任限额,以便于现场查勘时心中有数。

④ 阅读报案登记表。阅读报案登记表的主要内容,即被保险人名称、标的车牌号、出险时间、地点、原因、处理机关、损失概要、被保险人、驾驶人及当事人联系电话,查勘时间、地点。

上述内容不应有缺失,如有缺失应向接报案人员了解缺失原因及相应的情况。

⑤ 检查查勘用车。出发前,检查查勘车辆车况。离合器、制动器性能是否良好,备胎情况及更换工具是否随车携带,燃油油量能否满足当天查勘要求,另外,检查相机等查勘工具、

救护用具、作业资料等是否完备,各类电子设备电量是否充足。

(2)赶赴现场。

①接受查勘调度,联系客户。

a. 接到客服中心调度时,查勘员如果是在非查勘定损过程中,应即时记录事故发生地点、客户姓名、联系电话、车牌号码、车架号码及报案号,并了解该案简单事故经过、核赔人是谁、是否VIP客户、是否需推荐修理厂等案件相关信息。然后在5min内与客户电话联系,了解事故事故详细地点及简单经过,告知客户预计到达现场的时间,对客户做初步的事故处理指导。

b. 查勘员如果正在另一事故现场勘查过程中,正在处理的事故现场在短时间内能处理完毕,并预计能够按时或稍晚时候可以赶到下一个事故现场的,查勘员应即时记录好案件信息并在5min内与客户联系,说明情况,消除客户的急躁情绪,让客户心中有数,并把情况向客服中心反馈。

事故现场在短时间内不能处理完毕并预计不能够按时赶到下一个事故现场的,查勘员应及时与客服中心进行沟通,取得客服中心的支持,另行调度。

c. 查勘员如果正在修理厂定损过程中,应即时记录好案件信息并在5min内与客户联系,说明情况,告知预计到达事故现场的时间。离开修理厂时,要有礼貌地同客户或修理厂有关人员道别,并告知厂方如果有什么问题请随时打电话联系。

车损较大不能在短时间内处理完毕的,查勘员应拍好车损外观照片,并与客户或修理厂有关人员进行沟通,取得他们的理解,然后赶赴下一个现场案件地点进行查勘。

当修理厂位置偏远,且经简单拆检后即可定损完毕的,应及时与客服中心进行沟通,取得客服中心的支持,另行调度。

d. 查勘员在赶赴现场遇到道路严重堵塞、停滞不前或查勘车发生故障不能前往等特殊情况,导致不能按时到达事故地点时,应立即向客服中心反馈,取得客服中心的支持,另行调度,并及时向客户说明。

②在约定的时间内到达现场。

(3)与客户接洽。到达事故现场后,查勘员应先将查勘车辆停放在不影响通行的安全位置,携带好查勘工具下车;当事故现场不好停车(或难以通行)时,可先让一名查勘员携带着查勘工具在现场(或现场附近)下车,先行前往事故现场,另一名查勘员在停放好查勘车辆后,应及时赶赴事故现场。

到达现场后,公估人员首先要通过车牌号码来确认事故现场,即查勘的现场,同时要确认客户身份,并向客户进行自我介绍。介绍的标准用语是"您好,请问是××先生/小姐吗?我们是××保险公司的查勘员,我姓××,这是我的名片"。随后将名片递送给客户,同时向客户表明"受××保险公司委托,您的这次事故由我来处理",以取得客户配合,同时消除客户急躁情绪。

若到达现场时,客户已经离开现场,须反馈给调度,对客户去向加以跟踪。

若事故现场有受损车辆及有人员伤亡的应指导客户积极实施求援,并将情况反馈给调度。

> **特别提示**
>
> 施救处理
>
> 在一个公估人员向客户做自我介绍的同时,另一名公估人员要确认现场是否存在以下情况:
>
> 1. 查看事故现场是否有人员受伤。对于有人伤的案件,公估人员应指导客户拨打120和122报警,并保护好现场,协助将伤员送往医院等(因抢救需要移动现场车辆或人员位置的,要做好标记);如属于群死群伤的大案件,积极协助客户、交警部门妥善处理人伤事宜。
>
> 2. 查看事故车辆是否处于危险状态。如事故车辆仍处在危险状态,公估人员应指导客户联系122、119或协作厂实施拖、吊、灭火等救援工作。

(4)拍摄现场照片。由于事故现场极易被破坏,故在了解事故现场概况的同时,公估人员应及时拍取现场照片。现场照片的拍摄贯穿着整个现场查勘的主要工作。

现场照片的拍摄要按以下要求进行:

①拍摄原则。先拍摄原始状况,后拍摄变动状况;先拍远景,后拍近景,再拍局部;先拍摄现场路面痕迹,后拍摄车辆上的痕迹;先拍摄易破坏易消失的,后拍摄不易破坏和消失的。照片必须清晰(车牌号码、车架号码、发动机号码、车损部位)、完整(能全面反映事故情况、损失情况),必须带有日期。

②相机要求。相机必须设置日期,且显示的日期必须与拍摄日期一致,严禁以各种理由调整相机的系统日期;数码照相机的照片大小调整为640×480;尽量避免使用立式拍摄,严禁使用对角拍摄。

③现场照相内容。凡涉及车辆和财产损失的案件,必须进行拍照。照片应有反映事故现场全貌的全景照片(方位照片),还要有反映受损车辆号牌及受损财产部位和程度的近景照片。近景照片即能确认事故责任的现场照片,如紧急制动痕迹,车辆直接碰撞的位置,能反映车辆损失详细情况的照片等。近景照片一般分全车外观照(概览照片)、中心照片(事故车辆损失部位照)、细目照片(特写照片或事故车辆损失部位局部照)和资料照片等。

④现场拍照顺序。

a. 第一幅拍摄全景照。

● 要求:能反映事故全貌、标的号牌、现场遗留物、事故接触部位、事故现场明显标志(路牌、门牌、建筑物),使人见到照片时能认出或明了事故发生的地点,如图4-3所示。

● 拍摄方法:面对事故碰撞部位呈45°角拍摄远景照。如果是在第一现场拍摄,还应拍现场照片,应从远距离采用俯视角度拍摄和从中远距离采用平视角度拍摄的方法确认事故现场。

b. 第二幅拍摄全车外观照。

● 要求:能够反映车牌号、出险车整体面貌及碰撞位置,反映受损车辆的受损部位和完好部位,以车为主,环境为辅,如图 4-4 所示。
● 拍摄方法:面对损失最为严重的部位呈 45°角拍摄全车外观照,最好从前、后两个角度拍摄。

图 4-3　某事故车全景照

图 4-4　某事故车全车外观照

c. 第三幅拍摄中心照片(事故车辆损失部位照)。
● 要求:反映受损部位的整体状况和碰撞点(接触点),便于直观判断损坏程度,要把损失部位及四周关联物体都拍摄在内,如图 4-5 所示。
● 拍摄方法:以碰撞点为中心,以适中的距离拍摄能够反映碰撞点、损失部位整体情形的照片,先整体后局部,由里及外。

d. 第四幅拍摄事故车辆损失部位局部照。
● 要求:反映受损部位的局部状况,为修换标准提供技术支持,如图 4-6 所示。
● 拍摄方法:采取局部放大方式拍照。为了能反映与其他部位的联系,拍摄距离也不宜过近。

图 4-5　某事故车的中心照片

图 4-6　某事故车的损失部位局部照片

e. 第五幅拍摄标的 17 位编码照(或车架号照片)。
● 要求:17 位代码反映清晰,易于辨认。
● 拍摄方法:整幅近照。

特别提示

对套牌车或改装车,还需拍摄铭牌和发动机号。

f. 第六幅拍摄三者事故损失部位照。
- 要求:反映事故接触点、受损部位、受损程度、标的号牌。
- 拍摄方法:由远及近,由里及外,先整体后局部。

g. 第七幅拍摄事故当事人驾照。
- 要求:反映有效期限、年检时间,且要求易于辨认。
- 拍摄方法:整幅近照,先核对后拍照。

h. 第八幅拍摄事故车辆行驶证。
- 要求:反映车主、号牌、VIN码、年检时间。
- 拍摄方法:整幅近照,先核对后拍照。

特别提示

1. 单方事故照片,要拍摄有固定静止物被刮、擦、撞痕迹的近景照。
2. 对于底盘损坏的车辆,应在车辆提升后或在维修槽里进行拍摄,并保证有足够的光线。
3. 大件损伤不明确的,应拆下来单独拍摄全景照,并拍摄损伤细节处照片。
4. 可修可换部件的照片应能详细反映损伤程度;穿孔部件照片不能清晰反映的,可以插上钥匙再拍,断裂处可用手指指明再拍。
5. 对于拖带车辆(含挂车)或拖带其他物体的应拍摄所有车辆及拖带物,并做出必要说明。

- 照片的具体数量根据事故类型和损失程度确定。
- 照片均应配以文字标注,对损坏部件用红笔画小圈,再用蓝、黑笔在照片侧用文字说明。
- 照片的上传,原则上按上述拍摄的顺序传送,但方位照片应系统连贯的反映现场概况。

i. 玻璃破碎的拍照要求。
- 破碎不明显的,客户坚持更换的,现场敲碎后拍照。
- 在玻璃拆除后进行拍照,反映标的号牌。
- 在玻璃破碎处涂着色剂或颜料后拍照,反映标的号牌。

j. 隐损件的拍摄要求。
涉及隐损的零件及容易扩大损失的零件(如前照灯、散热网、散热器等)需贴标签拍摄,标签上必须签署公估人员姓名和查勘时间。

(5)核对标的车辆情况。如果事故车辆可以自行移动,在确认事故的真实性、保险责任和事故责任之后,公估人员可同意(或要求)事故当事人将事故车辆移到不影响交通的地方,继续核实标的车的情况。核实标的车的情况要按以下流程进行。

①查验保单(保险卡)。通过查验,确认是否在我公司投保。若客户不能提供保险单(证)的,查勘人员应立即与调度人员进行承保情况确认。

②了解报案人、驾驶人身份。报案人应为被保险人或事故当事人,属代报案的,需提供被保险人委托书、受托人身份证原件等。如报案人无法提供相关手续,可依据正常工作流程先行处理,但应在查勘报告中特别注明,同时告知报案人提交索赔单证时,务必携带委托手续。

调查驾驶人员姓名、驾驶证号码、准驾车型,了解驾驶人员是否是被保险人或其允许的驾驶人员或保险合同中约定的驾驶人员;特种车出险,要查验是否具备国家有关部门核发的有效操作证;对驾驶营业性客车的驾驶人员,要查验是否具有国家有关行政管理部门核发的有效资格证书,并对相关证件拍照。

③核对保险标的。

a. 核实事故车辆的车牌号、车架号(VIN 码)或发动机号。特别注意车架号(VIN 码)是否与保单相符,确认事故车辆是否为承保标的,并拍摄车架号码,拍照不清楚的情况下拓印;对于套牌的进口车、改装车、特种车,要注明国产型号和原厂车型;若事故车辆信息与保单记录不符,应及时调查取证,现场向报案人(或被保险人)做询问记录,并要当事人签名确认。

b. 核实事故车辆的行驶证记录与事故车辆是否一致,是否有效,并做好记录,拍照留存。

c. 核实事故车辆的使用性质。确认事故车辆出险时使用性质与保单载明的是否相符,不相符的,应及时调查取证,现场向报案人(或被保险人)做询问记录,并要当事人签名确认,且在查勘记录中说明。

d. 核实出险车辆的装载情况。核实车辆的载客人数、货物质量、是否运载危险品、车辆结构有无改装或加装。在查勘报告中记录载客人数、货物质量、高度等;车辆装载异常或挂有营运牌的,注意索取运单、发货票等资料留存。

 特别提示

1. 虽然现代的汽车大多数车架号与 VIN 码相同,但不允许用核对 VIN 码的方法来替代车架号,因为 VIN 码比车架号易仿造。

2. 识别行驶证真伪的办法。

①用紫光灯查看塑封套上的防伪标记(应与行驶证卡片上的暗记图形相同)。

②查看行驶证上的汽车彩照与实物是否相符。

③查看行驶证的纸质、印刷质量、字体字号。

④查看行驶证副页上的检验合格章。

(6)查勘现场。查勘现场就是要确认事故的真实性,要确认标的车在事故中的责任,要确认事故或损失是否属于保险责任范畴。

①确认事故的真实性。

a. 观察碰撞、剐擦痕迹的位置、高度(可用卷尺测量)是否相吻合,以及造成的损失是否合理对等。

b. 观察碰撞位置是否有对方车身颜色的油漆或物体的脱落物,如树皮、人员的毛发等。

注意:若碰撞后有漆面脱落,但现场及对方的车身上均找不到脱落的油漆,或虽有油漆但颜色不吻合时,说明碰撞情况不实。

c. 观察现场是否有车辆紧急制动痕迹或轮胎拖印。若现场无任何车辆紧急制动痕迹但造成的损失却较大,这显然是不可能的。

d. 观察现场是否有碰撞造成损坏的散落物,如漆面、塑料碎片、灯具玻璃碎片等。根据散落物的位置可以初步判断碰撞的第一接触点和车辆碰撞后的运动路线,必要时应将散落的玻璃碎片进行拼合,若有残缺无法拼合时,则表明不是第一现场。

e. 对于停放车辆被撞的情况,可检查车辆的冷却液温度是否处于较低温度或发动机是否发热,以判断报案情况是否属实。

f. 对于非碰撞造成的事故,同样可以根据现场情况,分析事故成因及事故的真实情况,如翻车事故可以根据现场的车辆紧急制动痕迹、抛出物的方向、车辆装载情况及出险时的天气、路面情况等判断事故真实情况。

g. 调查事故时间,了解确切出险时间是否在保险有效期限内,对接近保险起讫期出险的案件,应特别慎重,认真查实。要详细了解车辆启程或返回的时间、行驶路线、委托运输单位的装卸货物时间等,以核实出险时间,同时,对出险报案时间进行对比,核对其是否超过48h。

h. 调查事故地点,查验承保车辆的出险地点是否和报案地点一致,提车保单还需了解出险地点是否与保单约定的行驶区域范围相符。如对非道路事故自行移动现场有疑义的,应进行现场复勘或现场复位,损失较大或事故存在疑点的,应及时提示客户向110报案。

通过对事故现场的仔细勘验,查勘员要对事故的出险时间和地点做出判断,以确认事故是否真实。

②判定事故责任。先通过查勘车辆行驶后遗留的轮胎印痕,勘查现场环境和道路情况,可确认事故车辆的行驶路线。再结合出险驾驶人或事故目击人员的叙述,查勘员可根据《道路交通安全法》和《道路交通安全法实施细则》的相关规定对事故责任做出判定。

判定事故责任后,应了解交警对责任划分的情况,如果双方对事故责任的判定相近,则要查清事故各方所承担的责任比例,同时还应注意了解保险车辆有无在其他公司重复保险的情况;如果双方对事故责任的判定有明显出入,则应收集足够的证据,为以后保险公司采用诉讼办法不采信事故责任认定书作准备。

交通事故责任分为全责、主责、同责、次责、无责几种。如果标的车辆在事故中没有责任,可以直接开始缮制《现场查勘报告》,在报告中注明标的车无责,并告知客户向有责任的一方索赔的程序后,可结束查勘工作。

③出具《交通事故快速处理书》。如事故所在城市实施了交通事故快速处理、快速理赔机制,查勘员要根据现场情况,向事故当事人出具《交通事故快速处理书》。

需要注意的是,向事故当事人出具《交通事故快速处理书》,只是证明事故的真实性和确定事故责任,并不代表委托单位就必须要承担相应的赔偿责任。

④绘制现场草图。重大赔案应绘制《机动车辆保险车辆事故现场查勘草图》。现场草图要反映出事故车位、道路情况及外界影响因素。

⑤查明事故发生的原因。采取多听、多问、多看、多想、多分析的办法。观察车辆行驶线路,车辆碰撞位置、痕迹,车辆制动痕迹等现场情况,特别注意撞击点的合理性,散落物的材质与受损车所装配件材料的一致性。现场收集事故证据、证明材料等。对有驾驶人员饮酒、

吸食或注射毒品、被药物麻醉后使用保险车辆或无照驾驶、驾驶车辆与驾驶证准驾车型不符、超载等嫌疑时，应立即协同公安交警部门获取相应证人证言和检验证明。

出险的真实原因是判断保险责任的关键，对原因的确定应采取深入调查的办法，切忌主观武断。对于事故原因的认定应有足够的事实依据，通过必要的推理，得出科学的结论，应具体分析说明是客观因素，还是人为因素，是车辆自身因素（如轮胎爆裂引起事故），还是受外界影响；是严重违章，还是故意行为或违法行为等，尤其对于保险责任的查勘，应注意确定是外部原因引起、是损伤形成后没有进行正常维修而继续使用造成损失扩大所致，还是车辆故障导致事故。对损失原因错综复杂的，应运用近因原则进行分析，通过对一系列原因的分析，确定导致损失的近因，从而得出结论。凡是与案情有关的重要情节，都要尽量收集、记载，以反映事故全貌，同时，应获取证明材料，收集证据等。

⑥判断是否属于保险责任。查明真实的事故原因后，查勘员要结合《保险法》、《合同法》和相关保险条款对存在疑点（如标的车驾驶人和三者车驾驶人描述不一致）或报案不符的事项做重点调查，必要时对当事人或目击人做询问记录。

询问记录要求走访有关现场见证人或知情人，弄清真相，同时进行《机动车辆保险车辆事故现场查勘询问笔录》，做出询问记录，并由被询问人过目签字。

各种除外责任参见《机动车交通事故责任强制保险条例》和《机动车商业保险行业基本条款（A、B、C款）》。

如果查明事故非保险责任范畴，查勘员可以直接开始缮制《现场查勘报告》，在报告中注明事故非保险责任范畴，并向客户解释清楚后，可结束查勘工作。

（7）现场定损。对符合现场定损条件的小额事故，现场与客户协商定损，当场出具损失确认书，双方当场签字确认后，推荐客户到公司合作网点或集中定损点修理。

①剔除非事故或非保险责任内损失。现场查勘时，查勘员要确认事故车辆的损失部位。对非本次事故造成的损失（或非保险责任范畴内的损失）要予以剔除，并做好客户的沟通解释工作，取得客户的理解和确认。

②核定事故车辆损失。对于责任明确、车损较小、没有隐损件的事故，查勘员要在现场核定维修工时和配件价格，出具《定损单》，并在有需要回收的受损零部件上粘贴回收标签，告知客户妥善保管核准更换的受损零部件，以备回收。

③清点财产损失情况。对于造成其他财产损失的案件，查勘员应现场确认第三方财产损失的型号、数量等，对于货品及设施的损失，应核实数量、规格、生产厂，并按损失程度分别核实；对于车上货物，还应取得运单、装箱单、发票、核对装载货物情况；对于房屋建筑、绿化带、农田庄稼等，要第一时间丈量损失面积，告知客户提供第三方财产损失清单，并对受损财产仔细拍照。现场清点后，要列出物损清单，并要求事故双方当事人在清单上签名确认。

（8）缮制查勘报告。查勘员在完成上述现场查勘工作后，要将上述情况汇总形成文字材料，即要制作《现场查勘报告》。

填写现场查勘报告时，注意记录驾驶人反映的事故经过，公估人员如实简要记录现场及地面情况、碰撞部位及碰撞痕迹，并对事故的真实性给出评价。

现场查勘报告的文字样本如下。

事故经过：××年×月×日×时×分，驾驶人××驾驶标的车在××路由×往×行驶至××路段时，因××与××号三者车发生碰撞，有/无交警处理。

现场情况：①现场未/已变动，车辆的相对位置；②现场地面无散落物（散落有××等物，经拼凑还原比对，与××车缺损处吻合，见照片）；③现场地面留有由××车造成的××形状（如弧形、S形、直线形等）的车辆紧急制动拖痕，长约××米；④现场地面是否湿滑等。

碰撞部位及痕迹：①标的车的××、××部位与三者车（或××物体）的××、××部位碰撞，对痕迹的走向、新旧、表征和高度等进行描述；②其中××车的××部位附着××颜色的油漆，与××车身（或××物体）油漆/不吻合，三者车的碰撞部位为××、××，××部位有撞击印（擦灰印等），××部位受损；③本事故有/未造成物损，有/无人员伤亡；④经查，标的车主的行驶证与驾驶证未过期，与三者车非同一被保险人，车架号无误。

相关事项：因标的无责或现场未划分责任，告知到厂后通知定损，已发放索赔资料/光盘一套，案件编号为×××等事项。

事故结论：经查，本事故痕迹吻合，真实。××车全责，被保险人有/无违约情形，或标的车驾驶人有××违约行为，详见查勘询问记录，建议不予受理或转调查。

现场查勘报告一般样式见表4-1。

机动车辆保险现场查勘报告（正面） 表4-1

出险情况	出险地点		是否第一现场		现场挪动原因	
	出险时间		出发起程日期		行驶路线	
	出险原因		主观原因		客观原因	
	驾驶人		驾驶证号		准驾车型	
	酒后驾驶		驾驶证是否有效		驾驶人年龄	
	出险险别		车上人员伤亡		第三者人员伤亡	
	第三者财产损失		施救方式		同车人员姓名	
车辆情况	制动性能		轮胎情况		出事后手柄位置	
	行驶证号		年检情况		车主	
	核定座/吨位		实载座/吨位		车架号	
	厂牌型号		登记日期		发动机号	
	车载货物		车况		车辆产地	
道路情况	路面情况		路面附着情况		弯道或弧度	
	车辆通行量		人车是否混道		路面障碍	
	车辆紧急制动印长		现场遗留物		气候	
报案情况	向公安机关报案时间		交警是否出现场		交警姓名	
	定责初步意见		交警处理意见		标的的交强险承保公司	
	标的是否承保交强险		三者是否承保交强险		三者交强险承保公司	
查勘分析						

查勘人：　　　　　　　　　　　　　　　　　　　　　　年　月　日

第四章 汽车保险理赔实务

机动车辆保险现场查勘报告(反面)

事故现场示意图
北 ↑　西 →　东　南

简单的问题询问

被调查人签字：　　　　　　　　　　　　　　　　　　　年　月　日

(9)索赔告知。

①讲解理赔流程和宣传公司的特色服务。

②发放索赔须知及索赔申请书。

③指导客户填写《机动车辆保险索赔申请》,要求当事人填写详细出险经过,当事人必须亲自签名。

(10)告别客户离开现场。在告知客户事故处理程序和索赔流程后,查勘员可以离开现场,赶赴处理下一个事故,但应注意如下问题。

①在离开现场前,查勘员要向客户告别,告别的标准用语是"××先生/小姐,您的事故现场我们就处理完了,我们现在要赶去处理下一个事故,如果您对事故处理或索赔过程中有什么不清楚的地方,可以和我联系"。

②如客户提出要搭乘顺风车,在不影响下一个工作的情况下(如暂时没有接到调度或顺路),可以送客户一程,或将客户送到交通方便、便于乘车的地方。

③在现场查勘结束后,公估人员应将现场查勘情况反馈给公司客服中心或委托单位客服中心;对于存有疑点而在现场又无法取证的疑难案件更要把疑点向客服中心详细反馈。

(11)上传材料。查勘员必须在规定时间内将现场查勘的所有相关资料上传至汽车保险理赔系统,遇有疑难问题,与搭档沟通达成一致意见后,及时与核赔人员沟通,并将沟通意见上传汽车保险理赔系统。最后,在规定时效内,向内勤人员移交查勘定损单证。

二、车辆定损

现场查勘结束后,查勘人员应会同被保险人一起进行车辆损失的确定,制作定损单。

如果涉及第三者车辆损失的,还应包括会同第三者车损方进行定损。车辆的定损涉及维修的技术和车主多方面的利益,同时也是保险公司汽车保险理赔中最复杂的环节,在实际运作的过程中,经常存在车主与保险公司在定损范围与价格上存在严重分歧的情况,车主总是希望能得到高的赔付价格,而保险公司则正好相反。因此,只有坚持定损原则,使定损的流程更加规范、合理时,才能有效化解汽车保险服务中的矛盾。

1. 汽车保险定损概述

想一想

1. 车辆事故损失由保险公司定损合理吗?

2. 两车相撞,在全责、同责、主责和次责三种情况下,该由哪一车辆方的保险公司进行定损?修车发票怎么开?

首先,我们来分析一个案例。崔小姐驾车与王先生的车相撞,经调查,该事故完全是由于王先生的违章行为引起的。交管部门出具了事故认定书,崔小姐要求王先生赔偿。王先生称,应由自己的保险公司来处理这个问题。由于王先生在甲保险公司投保了商三险,于是他就请甲公司来给崔小姐的车定损赔偿。但甲公司所作出的赔偿额不符合崔小姐的要求,崔小姐要求更多的赔偿。但王先生称如果不要保险公司赔,那么自己就不赔了。崔小姐一气之下,将王先生告上了法庭。经法院审理,依据交管部门出具的交通事故认定书,并且经该市物价局价格鉴定中心鉴定出具了车损价格,最后由王先生赔偿了崔小姐的车损金。

本案的焦点有三个,具体如下。

首先,赔偿的主体是谁?因为王先生是肇事者且负事故的全部责任,所以,本案的赔偿主体是王先生而非保险公司,即崔小姐的损失应全部由王先生承担。又因为王先生向保险公司投保了商三险且负有事故责任,所以王先生由此遭受的损失部分应由保险公司承担,即王先生可以用这笔钱去赔偿崔小姐,这两种赔偿不能混为一谈,因为这是两个不同的法律关系。

其次,交警能否决定赔偿金额?在赔偿方面,交警只有两个权力,即确定事故责任的权力和进行调解的权力。

最后,崔小姐的车损金额,保险公司和价格鉴定中心究竟谁说了算?

(1)定损的模式。

①保险公司定损,即先由保险公司定损,然后与被保险人及第三方(如交警、修理厂)协商确定保险事故损失费用。

②公估定损,即由公估机构确定保险事故损失费用。

③专家定损,即由专家(如鉴定中心)确定保险事故损失费用。

注意:保险公司定损只是一种行业惯例,而不是法律规定;由保险公司定损时,为体现公平,定损金额应与被保险人协商;因为公估定损或专家定损较公平,所以法院判决时一般以它们为准。

特别提示

车主在投保时,为减少纠纷,最好与保险公司事先约定一定的定损、维修标准。

(2)定损的方式。定损方式分为现场定损、集中定损和分散定损。

①现场定损。对符合现场定损条件的(在授权范围以内的),现场与客户协商定损,并双方签字确认。现场定损后,原则上不再追加定损项目和定损金额,若有异议可引导客户到就近集中定损点定损。

注意:现场定损只适用于在授权范围以内的案件(如损失在1000元以内或换件项目在3件以内的案件)。

②集中定损。对不符合现场定损条件或现场定损有异议的,直接引导客户到就近集中定损点或业务合作网点进行拆检定损。

注意:一般而言,对3年内的新车,则引导其至业务合作网点为主,而对3年以上车辆,则引导至集中定损点为主。

③分散定损。对重要客户、异型车辆、特种车辆或引导集中定损无效的,定损人员应主动与客户协商定损时间和地点,分散定损数量一般不超过定损任务总量的30%。

(3)涉及多家保险公司时的定损。

①负全责的情形:双方车辆均由肇事方的保险公司定损,且最好由肇事方的保险公司指

定的修理厂负责修复双方的车辆。

②负主责的情形:双方车辆由各自的保险公司定损(但两辆车要同时在场),但由负主责方的保险公司指定的修理厂负责修复双方的车辆。

③负同等责任的情形:双方车辆由各自的保险公司定损(但两辆车不需要同时在场),且各修各的车。

(4)定损员的职责。

查勘定损人员通过实际查勘和检查,根据事故车辆损失情况,与被保险人、修理厂协商确定零部件更换项目及价格,维修项目及工时费,并缮制《机动车辆保险损失情况确认书》。

(5)车辆定损的要求。

定损人员应认真检查验受损标的,确定损失部位、损失项目、损失程度,主动与客户以及修理厂协商修复方案,修复方案包括换件项目、检修项目、拆装费用、修理费用和残值处理等几个方面,对于小额案件,应突出效率和服务;对于大额案件,应在加强风险控制的同时,提高服务质量,坚持双人现场拆检,采取"先确定项目和修理费用、后报价"的方式来提高工作效率。

(6)定损原则。

①以修为主,以换为辅,坚持能修不换的定损原则。

②以本次事故为限,严格区分本次事故受损范围。

③以原厂配置为限,严格区分原厂配置和新增配置。

④以实际价值为限,坚持按补偿原则核定损失。

⑤坚持一次性协商定损为主,修复验车为辅的定损原则。

(7)定损注意事项。

①定损核价工作应掌握的原则。

a.定损核价工作首要原则:积极掌握定损主动权。

b.严格遵照定损核价权限,超出权限范围的应及时上报有关部门或领导,协商处理意见。

c.修理范围仅限于本次事故所造成的车身损失。

d.事故车辆以修复为主,能修复的配件尽量修复,不能随意更换新的配件。

e.可局部修复的,不可按总成大修计算工时费;可更换单独零件的,不能按更换总成配件计算费用。

f.配件价格必须按本公司或各保险公司相关规定上报核价,配件费遵循"有价有市"和"报供结合"的原则。

g.管理费、残值要参照当地汽修市场行情和保险同业的标准(或惯例)确定,更换配件的管理费率一般不得超过15%。

h.残值应与被保险人或维修厂协商处理,并从总维修费中扣除,保险人收回的配件残值不再从总维修费中扣除。

②明确区分几个界限。

a.应注意本次事故造成的损失和非本次事故造成的损失的界限。区分时一般根据事故部位的痕迹进行判断。本次事故的碰撞部位,一般有脱落的漆皮痕迹和新的金属刮痕;非本次事故的碰撞部位,一般有油污和锈蚀。

b.应注意事故损失和机械损失的界限。保险人只赔偿条款载明的保险责任所导致的事故损失。因制动器失灵、机械故障、爆胎,以及零部件的锈蚀、老化、变形、开裂等造成的汽车本身损失不应负责赔偿。但因这些原因造成的保险事故,可赔偿事故损失部分,非事故损失部分不予赔偿。

c.应注意汽车保险事故损失和产品质量或维修质量问题而引发事故损失的界限。若由产品质量或维修质量引发的车辆损毁,应由生产厂家、配件供应厂家、汽车销售公司或汽车修理厂家负责赔偿。汽车质量是否合格,保险人不好确定,如对汽车产品质量问题存有怀疑,可委托机动车辆的司法鉴定部门进行鉴定。

d.应注意过失行为引发事故损失与故意行为引发事故的界限。过失行为引发的事故损失属于保险责任,故意行为引发的事故损失属于责任免除。

③注意车辆送修规定。

a.受损车辆未经保险人同意而自行送修的,保险人有权重新核定修理费用或拒绝赔偿。

b.经定损后,被保险人要求自选修理厂修理的,超出定损费用的差价应由被保险人自行负责。

c.受损车辆解体后,如发现尚有因本次事故造成损失的部位没有定损的,经定损员核实后,可追加修理项目和费用。

2.车辆定损的流程

车辆定损流程如图4-7所示。

(1)接受定损调度。接受客服中心定损调度时,定损人员如果是在非查勘定损过程中,在不影响行车安全的前提下,应记录事故发生地点、客户姓名、联系电话、车牌号码、车架号码及报案号,并了解该案简单事故经过、有无现场查勘、有无非事故造成损失、案件负责人是谁、是否大客户等案件相关信息。

(2)预约定损时间、赶赴定损地点。接到定损调度后,在5min内与客户约定时间进行定损,并告知客户或修理厂预计到达的时间。迅速赶赴定损地点。

对于车损较大需二次或多次定损的,定损人员应拍全事故车辆损失照片,对外观件先行定损,并告知客户或修理厂有关人员相关后续事宜,然后赶赴下一个修理厂进行定损,定损工作处理完后,应再安排时间返回该修理厂继续定损。

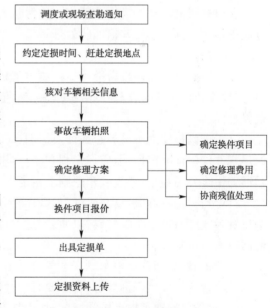

图4-7 车辆定损流程图

注意:下列情况下需通知当事人或标的车主到场。

①事故中对方负全责或主要责任的。

②损失严重,责任未分的。
③有较多隐损,需拆检定损的。
④对方车主对损失有争议的。

(3) 核对车辆相关信息。核对出险车辆的厂牌、型号、VIN 码、牌照号、车架号(要求拓印/拍摄车架号)、发动机号、吨位或座位等是否同行驶证、保险单上的内容完全一致。以临时牌照投保的车辆,要检核临时牌照的有效期限和行驶的规定路线。

(4) 事故车辆拍照。
①第一幅:事故车辆外观照。要求反映受损车辆的受损部位和完好部位、标的号牌,以便判断事故车辆受损程度。拍摄时,面对损失最为严重部位呈 45°角拍摄全车外观。
②第二幅:事故车辆损失部位照。要求反映受损部位的整体状况和碰撞点(接触点),便于直观判断损坏程度。拍摄时,先整体、后局部,并由里及外进行拍摄。
③第三幅:事故车辆损失部位局部照。要求反映受损部位的局部状况,为修换标准提供技术支持。拍摄时,应采取局部放大方式拍照。
注意:照片的具体数量根据事故损失程度确定,但照片的顺序原则上按以上要求上传,双代案件和 3 万元以上事故车辆照片一般应配以文字标注。

(5) 确定修理方案。
①确定换件项目。
②确定修理项目及费用。
③协商残值处理。换件残值应与被保险人协商处理,按金属件的 2%～5% 作价在定损金额中扣除,协商不成,残值回收处理。
注意:

a. 对损失无法确认或需进一步检测方能确定的零部件,可在损失确认书上注明待查项目,待检测条件成熟时,以检测数据作为定损依据。待查项目确定时间控制在拆检完毕或车辆修复以前。

b. 对于修换标准不易界定或涉及老旧车型配件的,客户坚持要求更换原厂配件时,可按原厂配件价格标准定损,但应在定损单上注明需修复验车方可赔付,告知客户在提车前,必须通知保险公司验车,修复验车原则上由定损人员检验。

c. 对确实需要拆检、复查或试车方可确定的隐损件,必须粘贴"核损待检封",并签署定损员姓名、查勘日期、车牌号码,以便复查。对需要回收的部件,也需粘贴"核损待检封",以便回收人员核实、回收。

d. 定损时,如遇到受损车辆安全气囊爆出,定损人员必须第一时间在安全气囊上签署姓名、日期,检查气囊是否拆检过,有必要时用检测仪调出故障码核对。

e. 定损时,发现车损有异常情况时,必须明确要求修理厂不得拆检或修理受损车辆,并立即向相关案件负责人汇报,在得到案件负责人的明确指示后,方可按案件负责人的指示继续查勘定损。

f. 定损人员在初步核定维修方案后,必须明确告知修理厂要等保险公司将价格核定之后,方可修车,避免产生差价纠纷,特别是面对一些高档车的维修厂家。

(6) 换件项目报价。报价手册结合电话报价。

(7)出具定损单。定损人员在查勘定损完毕后,要对本次事故的真实性、碰撞痕迹以及是否有损失扩大等做出总结,并出具手工定损单,双方签字确认;需复勘现场的,与客户协商复勘方式,安排复勘事宜,并在定损单上注明需复勘现场。

表4-2为某保险公司的手工定损单格式。

表4-2中的"修理项目名称"一项,只需写出工种名称,在"工时费"中应写出该工种所有项目的总价钱,将具体的维修项目名称列在相应工种名下。

某保险公司定损单格式 表4-2

		零部件		配件编号	数量	工时费	估计价格(元)	报价	备注
		部位	名称						
零部件更换项目清单	1		左前照灯		1		1127		
	2		右前照灯		1		1127		
	3		右前示廓灯		1		300		
	4								
	5								
	6								
		小计			3		2554		
		修理项目名称			工时	工时费(元)		材料费	备注
修理项目清单	1	事故拆装				80			
	2	钣金				350			
	3	前机盖整形							
	4	右前翼子板整形							
	5	喷漆				600			
	6	前机盖全漆、右前翼子板全漆							
		小计				1030			

(8)定损资料上传。手工定损单经客户签字后应缮制计算机定损单,并在要求的时限内将损失照片和定损单上传到理赔系统,使信息进入核价审核平台。定损人员在理赔系统上输入定损单时,配件名称必须标准、规范,必要时必须注明零件编码或指明安装位置及作用。定损人员在理赔系统上书写查勘备注时,必须完整、规范、明了,且必须在备注中签注定损人员的姓名及上传资料的日期。

定损完毕后,修理厂要求增补配件及工时项目的,定损人员应要求承修厂出具书面增补报告。定损人员收到书面增补报告后,核实增补项目是否受损以及是否属于本次事故造成的损失,核定增补项目或工时后,报案件负责人审核,再补录到理赔系统中。

3.定损项目的修换原则

事故车辆定损时,除了坚持"以修为主、能修不换"的总原则外,在实际的定损中,对不同的部件或材料的修换,其原则又有差异。定损人员若掌握正确的定损项目的修换原则,既能避免不法分子利用机动车骗保,也能保护广大车主的正当利益。

(1)零部件修复与更换。

①原则。

a. 零部件的修复或更换,一般按照"损坏件能否修复、安全件是否允许修复、工艺上是否可以修复、是否有修复价值"的原则来确定。具体情况如下:

● 以二类以上维修企业技术水平无法修复或在工艺上无法保证修后质量的应更换。

● 受损配件修复后使用可能影响车辆的安全及性能时,应考虑更换;但若维修能够达到相应的技术要求和标准,从常规和技术的角度考虑,则不必进行更换,应坚持以修为主的原则。

● 当配件修复费用超过或等于该配件更换费用时应更换;当配件修复费用超过或等于该配件更换费用的70%时可以更换;但若该配件价值昂贵,且在市场上难以采购时,应协商修理,其修理费用可以依实际情况依照相应的比例进行上浮。

b. 材料更换依照保险的基本原理——"补偿原则"确定。具体情况如下:

● 一般情况下,涉及安全因素的配件应更换正厂配件;原则上,在综合类修理厂维修车辆,表面覆盖件建议更换配套零件(符合国家标准)。

● 如损坏件本身不是正厂配件,则以配套零件进行更换。

● 稀有、老旧、高档车型的配件,更换标准应从严掌握;部分老旧车型,零配件在市场已无法购买的,可与客户和修理厂协商,以拆车件进行更换。

● 所有更换件定损规格不得高于原车事故前装配的品牌、规格。

② 标准。零配件及总成更换标准见表4-3。

零配件及总成更换标准　　　　　　　　　　　　表4-3

零件名称	标　准
前、后保险杠	保险杠靠近轮胎位置的吊耳、固定码断裂或断脚的给予更换。如果保险杠凹陷扭曲面积较大的应该给予更换,因为修复会导致保险杠面积比正常的大,难以安装。 如果保险杠凹陷裂开的给予更换正厂配件,断裂和破碎的给予更换付厂配件。注:应检验损坏配件是否为正厂配件,如为正厂配件,则应给予更换正厂配件。 保险杠的杠体穿孔且缺损的予以更换
前、后保险杠内骨架	撞扁在1/3以上的(以厚度或长度计算,材料为铝合金),折曲弯度大于30°以上难以修复的或修理工时费用大于更换的,给予更换。注:根据保额以及霉烂情况,予以等价值更换
前保险杠支架	撞扁在1/3以上的,折曲弯度大于30°以上难以修复的或修理工时费用大于更换的,给予更换
中网、杠体栅格	断脚、撞扁或表面断裂或影响美观的(电镀件),折曲弯度大于30°以上难以修复的或修理工时费用大于更换的,基本给予更换
前照灯和尾灯总成	撞碎、撞穿灯面、灯壳或撞断灯脚的给予更换处理。灯面磨损深,抛光抛不平的基本给予更换。当灯具表面磨损,无法修复,但不影响继续使用的情况,应将灯具回收,并给予更换
转向灯	
雾灯	
翼子板灯	
发动机罩	撞击损坏位置扁碎、撞穿或撞折的发动机罩(特别是骨位折曲在1/3以上的;铰链位置在前面的,是固定受力位而且是主力的),铝合金发动机罩在周边10cm以上损坏、穿孔的可以更换
发动机罩撑杆	撑杆有弯曲现象、撑杆芯有划痕、撑杆球头脱落的给予更换
前风窗玻璃下饰板	金属缺损的给予更换,塑料裂开在5cm以下不影响使用和美观的给予修复

续上表

零件名称	标准
前风窗玻璃饰条	前风窗玻璃胶条和金属饰条开裂和缺损的给予更换
后视镜	外部缺损和只碎镜片的给予更换半总成,电动后视镜的电控转向器损坏的给予更换总成
龙门架	损坏在1/3以上的,撞扁、撞曲、撞折和发动机罩锁扣位置以及铰位损坏的(钢材),或材料为塑料、玻璃钢的,给予更换
散热器网	轻微变形,给予修复;有穿漏现象(因有压力)或有折曲的,断脚的给予更换
散热器	轻微变形,或水道管穿孔细微的,铜制水道管可用铜焊焊补的给予修复,铝制水道管可用氩弧焊给予修补;水道管撞扁、撞碎,断脚或要截断改变水道的(因缩短水道影响水降温时间,容易造成水温高)给予更换
风扇总成(含电动机)	胶扇叶和金属扇叶有缺损、变形的给予更换;电动机表面完好、轴无变形或轴承无异响及转动正常的(必要时可通电试)不给予更换
前翼子板	前面撞扁、撞折或骨位折曲超1/3以上,贯穿划破超过10cm以上的,给予更换;侧面凹陷无论大小都不给予更换,应给予修复。修复工时大于换件价格的给予更换
前翼子板内骨架	影响避振机座造成前轮定位和前束有问题的给予更换
前纵梁	折曲或撞扁或扭曲1/3以上的给予更换
前、后桥	要观看其撞击位置主要在轮位或纵梁(严重折曲)和前桥上,如货车撞不到该位置不会损坏,小车若用眼看到损坏的或看不到的就要观看其前桥底部的四颗大螺钉有无移位变形,下摆臂固定位有无变形,如有则给予更换,如无就不能更换
仪表台壳	塑料有爆裂、穿洞、变形的给予更换,真皮面尽量给予修复
发动机脚胶	断裂、缺损的给予更换
脚胶支架	同上(铝合金,或铸成一体)
避振器	变形、避振机芯有明显划痕或明显碰撞痕迹的基本予以更换
下悬架挂臂	变形、有明显碰撞痕迹的基本予以更换
转向节	变形、有明显碰撞痕迹的基本予以更换(可以考虑将轴承一同更换)
转向机	变形、有明显碰撞痕迹的基本予以更换
横、直拉杆	变形、有明显碰撞痕迹或有裂痕的基本予以更换
半轴	变形、有明显碰撞痕迹的基本予以更换
半轴万向节(球笼)	有损坏的基本予以更换
正时传动室盖	缺损或裂开、变形的给予更换
发动机油底壳	撞损直径1/3,深度3cm以上的给予更换
气门室盖	缺损、爆裂、变形的给予更换
汽缸体中缸	螺栓断裂一个的原则上予以修复;如有缺损、崩烂的给予更换
汽缸体波箱壳	同汽缸体中缸
油底壳	撞损、变形,凹陷深度在2mm以上的给予更换
进、排气歧管	铸铁件变形、缺损的给予更换;塑料件有损坏的基本予以更换
前排气管	变形偏离支承点超过5cm,或撞穿及撕裂的原则上给予更换
中排气管	
后排气管	

续上表

零件名称	标 准
三元催化器	内、外部破裂,有异响的给予更换
消声器	凹陷深度超过1cm的或撞穿的,有异响的原则上给予更换
前、后立柱 A、B、C柱	撞穿的,或柱体凹陷变形部分达到柱体20%的原则上给予更换
车门壳	缺损的、撞穿直径超过10cm或弯曲角度超过1/3的原则上给予更换;窗框部位凹陷变形部分达到框体20%的给予更换
车门玻璃升降器总成	胶扣断裂、钢丝散开、齿轮牙缺损,举升支架变形超过1/4,或电动机受损不能运转的原则上给予更换
下裙饰板、车门外饰板、轮眉饰板	缺损、断脚(码)、塑胶的饰板弯曲部分超过板体的1/3或撕裂的原则上给予更换
天窗玻璃导轨	变形导致天窗玻璃滑动不畅的原则上给予更换
后翼子板	后面撞扁、撞折或骨位弯曲超1/4以上,贯穿剥码超过10cm以上的,给予更换;侧面凹陷无论大小都不给予更换,应给予修复;修复工时大于换件价格的给予更换
后翼子板内骨架	缺损或弯曲角度超过1/3的原则上给予更换
后窗台板	饰板裂开、钢材支架变形范围达到50%,缺损的原则上给予更换,其他情况不建议更换
油箱总成	撞穿、边角凹陷超过1cm的原则上给予更换,塑胶的油箱有超过1.5mm深度的划痕或有褶皱的原则上亦给予更换
行李舱盖	撞损位置扁碎、撞穿或撞折特别是骨位折曲在1/4以上的行李舱盖,给予更换,中间凹陷的无论大小不能更换
行李舱盖撑杆	撑杆有弯曲现象、撑杆芯有深的划痕、撑杆球头脱落的,给予更换
行李舱地板	缺损或撞穿直径超过20cm以上的给予更换
ABS执行器	线束插头、插座损坏,电路板部位受明显撞击,泵体有明显撞击造成的损坏,基本予以更换
安全气囊电脑	气囊爆出、气囊游丝、电脑、气囊、感应器(奥迪A6/A4、广本系列无感应器)予以更换
轮辋(包括铝合金)	变形失圆、缺损的基本予以更换
发动机罩、行李舱的锁扣	变形的基本予以更换
门锁	明显变形、破裂的基本予以更换
门把手	有明显摩擦痕迹、断裂的(含塑料、电镀面)基本予以更换
防撞胶条	有变形、明显摩擦痕迹、断裂的(含塑料、电镀面)基本予以更换
玻璃压条	有变形、明显摩擦痕迹、断裂的(含塑料、电镀面)基本予以更换
天线	天线杆有变形、断裂的基本予以更换
倒车雷达感应器	有损坏的基本予以更换

注:水浸车造成的零配件损失另行确定更换标准。

(2)钣金件的修换。

①原则。

a.损坏以弯曲变形(弹性变形)为主应进行修复。

b. 损坏以折曲变形(塑性变形)为主应进行更换。

②弯曲变形(弹性变形)。

a. 弯曲变形的特点。

● 损伤部位与非损伤部位的过渡平滑、连续。

● 通过拉拔矫正可使它恢复到事故前的形状,而不会留下永久性的变形。

b. 弯曲变形的修复方法。先对车身结构的整体变形和钣金件上间接损伤进行拉拔、矫正,然后对钣金件表面,特别是直接损伤的撞击点进行整平作业。即使撞损不是很严重,车身没有整体变形,也要修理间接损伤,再修理直接损伤部位。如果间接损伤中有挤缩变形(隆起或卷曲变形),应先进行拉拔使之展开,然后在折曲部位进行整平作业,并使弹性变形得以恢复后,再对直接损伤的撞击点进行整平处理。图4-8为某轿车车身钢板的弯曲变形图。

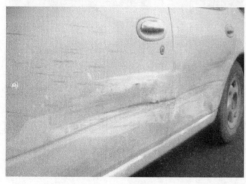 

图4-8　某轿车车身钢板的弯曲变形图

③折曲变形(塑性变形)。

a. 折曲变形的特点。

● 弯曲变形剧烈,曲率半径很小,通常在很短的长度上弯曲90°以上。

● 矫正后,零件上仍有明显的裂纹和开裂,或者出现永久变形带,不经高温加热处理不能恢复到事故前的形状。

b. 折曲变形的更换原则。

● 如果损伤发生在平面内,则矫正工作比棱角处的严重起皱和折曲可能容易得多。如果在轮廓分明的棱角处发生了折曲变形,则只能采取更换的方法。例如,车门玻璃框折曲

(图4-9)则应采取更换的办法。
- 如果损伤部位处于纵梁的端部附近,而且压偏区并未受到影响或变形的范围影响不大,通过拉拔即可矫正的(图4-10),则必须修复;如果压偏区已出现折曲,并将碰撞力传递到后部,造成后部也变形的(图4-11),则必须予以更换。

 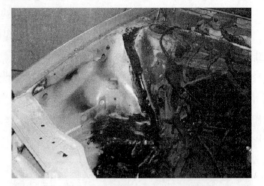

图4-9　车门玻璃框折曲变形图　　　　　　图4-10　轿车纵梁附近的折曲变形1

- 如果损伤位置在发动机或转向器安装位置附近,重复性载荷会造成疲劳破坏(重复振动力或应力会加重并产生二次变形),这些安装位置发生折曲变形后,则必须更换。例如,紧抱转向器的广州本田前桥发生折曲变形应更换处理。
- 由于严重冷作硬化而造成的严重折叠起皱变形,则必须更换。例如,车门严重折叠起皱变形(图4-12)应予以更换。

图4-11　轿车纵梁附近的折曲变形2　　　　图4-12　载货汽车车门严重折叠起皱变形

- 如果只有一个未曾完全修复的轻微折曲变形,其解决方法就不能与在大面积上有多个折曲变形的方法相同,应采取挖补法修复。
- 如果已经更换某个配件一部分,客户强烈要求再更换一些相邻部分的配件,在比较容易、费用也不大情况下,允许予以更换。
- 在将变形周围部分均矫正到适当尺寸,剩下折曲变形部分确实无法矫正好,而且这部分形状复杂,无法采用挖补法修复的,则该部件应予以更换。

(3)塑料件的修复。

①原则。热塑性塑料件损伤以修复为主,热固性塑料件损伤需更换。

②热塑性塑料件特点。

a. 反复加热而变软,其外观及化学成分并不发生变化,冷却后即变硬,可用塑料焊机焊接,太阳灯加热修复变形。

b. 在受到热、催化剂或紫外线的作用后会产生化学变化,其固化后的形状是永久性的,再加热和使用催化剂也不会使其变形,其无法焊接,但可用无气流焊机进行"黏结"。

③车身塑料件鉴别方法。

a. 查看 ISO 识别码。此码常在注塑时模压在塑料件上,通常需要拆下该零件可见,号码常标在注模号或零件码前面。缩写符号见表4-4。

常用汽车塑料的名称及应用　　　　　　表4-4

符号	化学名称	应用举例	属性
AAS	丙烯腈—苯乙烯	—	热塑性
ABS	丙烯腈—丁二烯—苯乙烯共聚物	车身板、仪表板、护栅、前照灯外罩	热塑性
ABS/MAT	丙烯腈—丁二烯—苯乙烯共聚物	车身板	热固性
ABS/PVC	丙烯腈—丁二烯—苯乙烯共聚物/聚氯乙烯	—	热塑性
EP	环氧树脂	玻璃钢车身板	热固性
EPDM	乙烯—丙烯二烯共聚物	保险杠冲击条、车身板	热固性
PA	聚酰胺	外部装饰板	热固性
PC	聚酰酸酯	护栅、仪表板、灯罩	热塑性
PPO	聚苯撑氧	镀铬塑料件、护栅、仪表前板、前照灯外罩、装饰件	热固性
PE	聚乙烯	内翼子板、内衬板、阻流板	热塑性
PP	聚丙烯	内饰件、内衬板、内翼子板、散热器挡风帘、仪表板、保险杠、面罩	热塑性
PS	聚苯乙烯	—	热塑性
PUR	聚氨酯	保险杠面罩、前后车身板、填板	热固性
TPUP	热塑性聚氨酯	保险杠面罩、防石板、填板、软质仪表前板	热塑性
PVC	聚氯乙烯	内衬板、软质填板	热塑性
RIM	反应注模聚氨酯	保险杠面罩	热固性
RRIM	强化反应注模聚氨酯	外车身板	热固性
SAN	苯乙烯—丙烯腈	内衬板	热固性
TPR	热塑橡胶	帷幔板	热固性
UP	聚酯	玻璃钢车身板	热固性

b. 查阅车身修理手册。

④常见塑料件的修换原则。

a. 保险杠。规则撕裂总长度达30cm以上(图4-13),不规则撕裂总长度达20cm以上,部分缺失面积或刺穿面积达25cm^2以上(图4-14),可以考虑更换。

严重扭曲变形、变形面积超过50%的可以考虑更换;50%以上保险杠固定支架(插口)

完全断裂的可以考虑更换,但只有少数支架完全断裂、其他支架部分断裂时,应进行修复。

图4-13　保险杠被撕裂　　　　　图4-14　保险杠部分缺失

b.仪表板。中度扭曲变形、变形面积超过30%以上、较难恢复原貌的可以考虑更换;规则破裂长度达10cm以上、不规则破裂长度达8cm以上的可以考虑更换;部分缺失或刺穿面积15cm²以上,或3处以上边缘、支架完全断裂的可以考虑更换;仪表大板有特殊花纹、纹路,外观严重划伤、刮伤后经过表面处理不能大致恢复原貌的,应考虑更换。当副气囊弹开,副气囊盖板和仪表大板是属于整体式的,则仪表大板原则上可以更换。仪表板变形情况如图4-15～图4-17所示。

图4-15　仪表板扭曲变形　　　　　图4-16　仪表板破裂

c.灯具。灯具的支架、底座受损时应尽量修复,在下列情况下,无法修复或经过修复后明显影响使用性能(不能紧固,无法调整到灯光标准等)时,才能考虑更换。

● 两个支架的灯具,其中一个完全断裂,或者两个支架均部分断裂且无法修复。

● 三个支架的灯具,其中两个完全断裂,或者一个支架完全断裂、另外两个支架均部分断裂且无法修复(图4-18)。

● 四个支架的灯具,其中两个完全断裂、一个

图4-17　副气囊弹开

部分断裂,或者其中一个支架完全断裂、其余支架均部分断裂且无法修复。当其中的连接式整体支架完全断裂(图4-19),或者整体支架断裂部分超过50%。

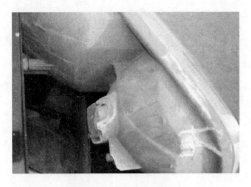
图 4-18　灯具支架断裂

图 4-19　灯具整体支架断裂

● 支架均有断裂情况时,可考虑更换。

(4)机械配件的修换。

①原则。超过配合尺寸,通过加工也无法得到装配技术要求,或变形通过矫正无法保证使用性能和安全技术要求,或断裂无法焊接或焊接后无法保证使用性能和安全技术要求,原则上必须更换。

②事故造成发动机损伤。

a.事故碰撞造成发动机缸体、缸盖的外部损伤。

发动机缸体、缸盖常用的材料为铸铁或铸铝,这些材料目前在许多机械专业加工厂均可焊接,定损时主要查看其损伤部位。固定安装位、仅表面裂纹、裂纹只延伸至发动机冷却水道边等,通过焊接工艺可以恢复正常使用;发动机冷却水道与油道间损伤、发动机冷却水道或油道与缸筒(气门座)间损伤、外部裂纹延伸至缸筒(气门座)等处,通常应更换缸体或缸盖。

b.事故发生引起发动机"飞车",造成拉缸、烧瓦等发动机内部损伤。

● 烧瓦。曲轴可以通过修理尺寸法按级磨曲轴,并给予更换加大尺寸轴瓦的方法修理。

● 拉缸。若活塞未损伤,可通过镶缸套或换缸套和活塞环的修理法即可;若活塞也拉伤,则通过修理尺寸法加大缸径、活塞,更换活塞及活塞环的修理法即可。

注意:这种现象一般只有发生在柴油发动机因事故翻车,机油倒灌燃烧室才会形成,汽油发动机是绝对不会发生的,在定损中一定要区分。这部分损伤一定要有现场测量以及能清晰反映损伤尺寸的照片。

③事故造成独立悬架损伤。现今轿车的前后悬架基本都是麦弗逊式或其变形款,其主要结构是由螺旋弹簧加上减振器组成,可避免螺旋弹簧受力时向前、后、左、右偏移的现象,限制弹簧只能作上下方向的振动,并可用减振器的行程长短及张力来设定悬架的软硬及性能。由于这种结构相互间连接基本为活动缓冲式连接,对碰撞力传导有明显阻止作用,所以在定损核价时要认真检查。

a.注意仔细研究碰撞着力点位置、碰撞力传递方向、明显被碰撞损坏的有哪些部件。

b.仔细研究悬架各连接点松动量,检查连接点磨损情况,判断松动是自然磨损引起还是碰撞引起,从而推断碰撞力传导距离。

c.注意连接点有无变形夹紧情况,有变形夹紧则碰撞力有可能通过该连接点传导引起相连件损坏,应重点检查。

d. 可以肯定非碰撞力传导件,也绝非事故损坏件。

e. 减振器检查办法。检查减振器有无漏油,区分事故造成漏油还是机件磨损渗油(通过查看油痕迹即可区分),事故造成漏油,则应更换;拆下减振器,检查有无变形、弯曲,有则予以更换;用手握住减振器两端,将其拉伸和压缩,若拉伸或压缩时用力都极小,表明减振器功能减退,与事故损坏无关。

④油箱的修换原则。

a. 汽油油箱凹陷、扭曲变形通过抵压、校正等机械修复手段不能恢复原貌的,基本予以更换。

b. 油箱有深度划伤、有褶皱的,基本予以更换。

c. 汽油油箱有撞穿或渗漏的,基本予以更换。

d. 柴油油箱中度以下损伤、刺穿或渗漏的,应尽量修复。

(5)电子元件损伤的修换原则。

①车辆上除安全气囊的电子元件、控制单元外,其他电子元件、控制单元事故受损均必须有明显被撞击痕迹和因撞击造成变形、损伤、烧蚀(注意区分事故与非事故引起的烧蚀),才必须更换。

②电阻的改变会影响车辆性能、安全的线束,如发动机控制系统线束、自动变速器控制系统线束、ABS线束、数据总线等,若5条以上线路断裂,或插头损坏不能牢固可靠的安装、亦无单个插头供更换时,可考虑更换线束。不涉及电脑数据传输、电阻的改变对车辆性能影响不大的线束,如灯光线束、后部线束、电动窗线束、仪表线束、空调(手动)线束等,应以修复为主,除非两个及以上插头完全碎裂无单个插头供更换时,可考虑更换线束。所有伤、断线路均采取对接锡焊法修复。

③事故中造成安全气囊爆炸时,应认真检查有无外装碰撞传感器:若有,安全气囊系统控制电脑一般通过解码可重复使用3~4次;若无,则内置碰撞传感器控制电脑一定要更换。

④座椅安全带关系驾驶人和乘客的生命安全,是车辆使用过程中的经常损坏件,只有气爆式安全带发生碰撞并造成安全气囊爆炸时才有可能是保险责任损坏。

⑤更换电控系统控制电脑(必须为原厂件)不需解码仪检测解码工时费,只有单换感应器(传感器)才需解码仪检测解码工时费。

(6)易耗材料的修换原则。

①无内胎轮胎穿漏、鼓包(应注意区分是否本次事故造成)、边缘撕裂的予以更换,但胎面的擦伤和轻微损伤不需更换。

②轮辋(包括铝合金轮辋)变形失圆、失衡、缺损(超过1cm时)的,予以更换;外观凹陷等其他损伤应尽量修复(对于表面经过特殊材料处理的轮辋,由于修复后喷漆不能达到原先的效果,可灵活处理)。

③汽车上的各种橡胶皮带均与行车的安全性密切相关。正时皮带、转向助力泵皮带、冷却风扇皮带、制动软管和散热器软管等均以橡胶制成,但橡胶会随着使用时间的延长而逐步老化。当皮带龟裂甚至断开时,会导致配件受损或转向盘沉重等问题。定损中,要重点检查是维护不善龟裂、磨损等情况损坏引起事故,还是事故直接造成损坏。

④汽车中的制动摩擦片、制动蹄片、离合器片、轮胎等零件由于工作中的不断磨损,本身

有一定的使用寿命。事故中造成损坏,核价时应折旧。

⑤脂类(如机油)和工作液类(如制动液、蓄电池电解液、冷却液等)具有润滑、冷却、防锈等作用,与发动机、变速器、离合器、制动装置、蓄电池的正常运作息息相关。这些油液在使用过程中会渐少和劣化,从而降低汽车配件的性能并可能导致发动机和其他装置产生烧蚀、不良运作等故障。定损中,要严格区分是事故造成损耗还是原车自然损耗。

⑥使用超过设计寿命极限的配件不仅会引发故障,也有可能导致交通事故。因此,定损过程中要重点检查,进行剔除。

4. 定损核价的修复费用

目前,我国汽车维修行业的价格一般是由各省交通运输部门和物价局根据当地市场和物价指数,联合制定的。即《机动车辆维修行业工时定额和收费标准》,同时以此作为机动车辆维修行业的定价依据。而对于需要更换的零配件价格,既要符合市场情况,又要能让修理厂保质保量地完成维修任务,所以,零配件的报价应做到"有价有市"。本书的定损核价修复费用以上海地区为例。

(1)事故车辆修复费用组成。事故车辆的修复费用主要由三部分组成,即维修工时费、需更换的配件费(包含管理费)和残值。

①维修工时费。

a. 事故相关部件拆装工时费。

b. 事故部分钣金修复工时费(包辅助材料费)。

c. 事故部分配件修复工时费(含外加工费项目)。

d. 事故相关的机修工时费。

e. 事故相关的电工工时费。

f. 事故部分喷漆费(包含原材料费用)。

②需更换的配件费。

a. 配件市场上主要的三种价格形式。

● 由汽车生产厂家对其特约售后服务站规定的配件销售价格——厂家指导价。

● 当地大型配件交易市场上销售的原装零配件价格——市场零售价。

● 符合国家级汽车厂家质量标准,合法生产及销售的装车件、配套件(OEM)价格——生产厂价格。

保险公司确定事故车辆修复中需更换的配件价格一般采用市场零售价为基础,再加一定的管理费为原则。

b. 配件管理费。配件管理费是指保险公司针对保险车辆发生保险责任事故时,保险人对维修企业因为需更换的配件在采购过程中发生的采购、装卸、运输、保管、损耗等费用,以及维修企业应得的利润和出具发票应交的税金而给出的综合性补偿费用。

③残值。车辆因事故遭受损失后,残余部分或损坏维修更换下来的配件,只需经再加工就可以生产再利用的价值,由此,保险人对因事故遭受损失后残余部分或维修后更换下来的损坏件,按照维修行业惯例和维修市场行情估算出这部分价值,这部分价值称为残值,原则上划归保险人所有。

(2)维修工时费的计算。

工时费 = 工时定额 × 工时单价 + 外加工费

①工时定额。工时定额是指实际维修作业项目核定的结算工时费。其工时定额的确定原则如下。

a. 大项目确定维修工时费时，应注意各种项目的兼容性，而不是简单的累加工时。

● 车身钣金。车门、车顶维修时需有内饰及附件拆装工时费，后侧翼子板重大变形维修与更换隐含拆装后风窗玻璃。

● 机修。独立式前悬架只有事故损坏更换上/下悬架、拉杆等相关附件才需电脑前轮定位(注意：不是四轮定位)，制动器只有拆装或更换油管路件才需检修和调整；吊装发动机工时已包含了拆装与发动机相连的散热系统、变速器及传动系统工时，发动机只有更换汽缸体才可定损大修工时(内部磨损件需更换属非保险责任，为配合原部件需对汽缸体加工的属保险责任)，更换新汽缸盖应含铰削气门座和研磨气门工时。

● 电工。更换前照灯应含调整灯光工时，空调系统中更换任何涉及制冷剂泄漏件均须查漏、抽空、加/补制冷剂工时，更换电控系统电脑(必须是原厂件)不需解码仪检测解码，只有单换感应器(传感器)才需解码仪检测解码。

b. 所有维修工时费均包含辅助材料费(消耗材料费、钣金焊接材料费)和管理费(利润、税金)。

c. 喷漆工时费应包含喷漆需要的原子灰、漆料、油料、辅助剂料等材料费，工时定额以实色油漆材料为基准工时费，原车辆使用为珍珠油漆，工时费可适当上浮。

d. 局部砂板喷漆范围以最小范围喷漆为原则(即一概不以最近的接缝、明显棱边为断缝收边)。

②工时单价。工时单价指维修事故车辆单位工作时间的维修成本费用、税金和利润之和，也即单位小时的收费标准。

工时单价确定原则如下。

a. 工时单价以二类地区价格为基础，在二类地区营业的一类维修企业最高限价为 80 元/h，二类维修企业最高限价为 60 元/h，三类维修企业最高限价为 40 元/h。

b. 工时单价随地区等级变化而变化，一般相邻等级地区的工时单价可以浮动 10% 左右。

③外加工费。外加工费是指事故车辆维修过程中，本厂以外协作方式由专业加工企业进行加工、维修而发生的费用。通俗地讲，外加工费就是实际发生在厂外加工的费用。

外加工费确定原则如下。

a. 索赔时可直接提供外加工费发票，本厂不得再加收管理费。

b. 凡是已含在维修工时定额范围内的外加工费，不得另行列项或重复收费。

(3) 常见车型档次分类。常见车型档次分类见表 4-5。

常见车型档次分类   表 4-5

分 类	车 辆 名 称
低价值经济型车	适用于普通漆出租车、轻型客车、载货汽车、江铃、江淮、羊城、红塔等
10 万 ~ 15 万元价值的车辆	普桑、捷达、富康、赛欧、POLO、高尔、飞度、嘉年华、乐骋、威驰、菱帅、菲亚特、千里马、赛弗、风云、旗云、标致206、金杯、福田、五十铃天王系列、奥铃、庆铃、桑塔纳 2000/3000、伊兰特、雅绅特、凯越、乐风、福克斯、标致307、本田思域、花冠、阳光、赛拉图、海南马自达、宝来、高尔夫、富利卡、得力卡、瑞风、东方之子等

续上表

分 类	车 辆 名 称
15万~25万元价值的车辆	景程、雅阁、奥德赛、帕萨特、别克君威、蒙迪欧、帕拉丁、起亚嘉华、图安、君越、索纳塔、凯旋、马自达6、锐志、风度Ⅰ、风度Ⅱ、风神蓝鸟等
25万~35万元价值的车辆	新皇冠、风度Ⅲ代、天籁、佳美2.2、佳美2.4、GL8、日产奇骏、沃尔沃S40、绅宝9-3等
35万元~50万元价值的车辆	宝马3系列、奥迪A4、奥迪A6、丰田霸道、陆地巡洋舰、三菱吉普V73、V74、富豪740、绅宝9-5等
50万元~100万元价值的车辆	奔驰W140、奔驰C202、宝马5系列、富豪S60、富豪S80、富豪S90、宝马X5等
100万元以上价值的车辆	奔驰C220、宝马7系列等

(4)上海地区工时费的定损参考标准。

①钣金工时定损。

a.钣金工时定损原则。

● 一般车型:按损坏程度及损坏面积,并结合修复部位的难易程度来核定修理工费。

● 特殊车型:价值较高的车型或老旧车型,当外观件、车身骨架及大梁等变形严重时,可以与客户和修理厂协商,修理工时费可按该配件价格的20%~50%核定。

b.钣金工时定损参考标准。钣金工时定损参考标准见表4-6。

上海地区钣金工时定损标准(单位:元)　　　表4-6

名 称	损失程度	工时费范围
前后保险杠	轻度	50~80
	中度	80~150
	严重	150~250
前后保险杠内杠	轻度	30~60
	中度	60~150
前翼子板	轻度	60~100
	中度	100~150
	严重	150~200
前纵梁	轻度	200~500
后翼子板	轻度	80~120
	中度	120~180
	严重	180~300
车门	轻度	80~120
	中度	120~180
	严重	180~300
裙边	轻度	50~100
	中度	100~150
	严重	150~200

续上表

名　称	损失程度	工时费范围
前后围	轻度	50～100
	中度	100～150
	严重	150～250
元宝梁	轻度	200～300
车顶	轻度	100～150
	中度	150～250
	严重	250～350
发动机罩	轻度	150～200
	中度	200～300
	严重	300～400
行李舱盖	轻度	150～200
	中度	200～300
	严重	300～400
车架校正	轻度	500～1000
	中度	1000～2000
	严重	2000～3500
大梁校正	轻度	500～1200
	中度	1200～2000
	严重	2000～3000

说明：本标准适用于车价在10万～40万元事故车的修理。车价在40万元以上的修理工时费可在10%～30%内上浮，10万元以下车型修理工时费可在20%内下浮。

②油漆工时定损。

a. 漆工类工时费定损原则。

● 油漆工时费是指油漆材料费、油漆辅料费及油漆人工费之总和。

● 塑料件、亚光饰件、变色漆在工费核定时可按10%～40%比例上浮。

● 大型客车按单位面积核定工费。

● 轿车及小型客车按幅（每车13幅）核定工时费。

● 两幅喷漆的，按总费用的95%计算，三幅喷漆按90%计算，四幅喷漆按85%计算，五幅喷漆按80%计算，六幅喷漆按75%计算，七幅及以上按70%计算；单独反光镜喷漆给予工时费50～150元，涉及其他部位喷漆的，不单独给予工时费。

● 旅行车及商务车侧围可按轿车的2.5倍车门计算，车顶按轿车的2倍车顶计算。

● 国产中低档载货汽车喷漆标准250元/m²，国产高级载货汽车及进口载货汽车喷漆标准400元/m²。

● 大巴/中巴喷漆标准同载货汽车，但对于车身表面有花纹或特殊图样的另行协商定价。

b. 油漆工时定损参考标准。油漆工时定损参考标准(金属漆)见表4-7。

上海地区油漆工时定损参考标准(金属漆)(单位:元)　　　表4-7

项　目	喷漆(含工料)	
	半喷	全喷
前保险杠	280	460
前围板	—	180
发动机罩	—	550
前翼子板	—	380
前门	280	500
后门	280	500
车顶	—	600
后翼子板	240	500
后围板	150	250
行李舱盖	280	500
后保险杠	280	460
中柱	—	130
前/后柱	—	130
边梁	—	130
纵梁	—	130
全车喷漆	3600	

说明:本标准适用于车价在10万元左右的事故车辆,车价在7万元以下的下浮10%~30%,车价在10万~20万元上浮10%~30%,车价在20万~50万元上浮30%~50%,车价在50万~80万元上浮50%~80%,车价在80万元以上的上浮80%~150%,如奔驰、宝马、沃尔沃、凯迪拉克、罗孚、雷克萨斯、保时捷、奥迪A8等。

③拆装类工时费定损。

a. 拆装类工时费定损原则。

● 一般原则:按照拆装的难易程度及工艺的复杂程度核定工时费。
● 单独拆装单个零件按单件计算。
● 拆装某一零件必须先拆掉其他零件,则需要考虑辅助拆装的工费。
● 拆装机械零件和电器零件,需要适当考虑拆装后的调试或测试费用。
● 拆装覆盖件及装饰件,一般不考虑其他工时费。
● 检修线路或电器元件另外计算拆装费。
● 吊装发动机的,吊装费400~600元,但每次事故修复中只允许使用一次。

b. 拆装类工时费定损参考标准。拆装类工时定损参考标准见表4-8、表4-9。

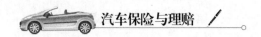

上海地区客车拆装工时定损标准(单位:元)　　　　表 4-8

项 目 \ 档 次		15 万元以下	15 万~40 万元	40 万元以上
拆装前、后保险杠		50	上浮 10%~30%	上浮 30%~50%
拆装前翼子板		50		
拆装前盖		80		
拆装车门	换总成	80		
	含附件拆装	120		
拆装后翼子板		220		
拆装行李舱盖		50		
更换行李舱后围板		150		
更换车顶	小型客车	200		
	轻型客车、吉普车	300		
更换前纵梁		200/条		
拆装龙门架	螺栓连接	30	—	—
	纤维	100		
	焊接	120		
座椅拆装（电动）	前座	50/张	80/张	
	后座	75	120	
全车机械座椅拆装		100		
全车内饰拆装		≤400	≤600	

上海地区载货汽车拆装工时定损标准(单位:元)　　　　表 4-9

项 目 \ 吨 位	1t 以下	1~3.5t	3.5~8t	8~15t	15t 以上
吊装发动机及变速器	300	400	500	600	800
拆装前、后桥	200	250	350	400	450
更换前轴(工字梁)	300	350	450	500	550
更换后桥壳	300	350	450	550	600
货厢拆装或更换	250	400	600	1200	1800
驾驶室拆装或更换	400	500	600	700	800
全车电器含线束拆装	650	850	1100	1250	1500
更换车架(含所有工种拆装工时)	1800	2400	2800	3200	3600

④电工工时定损标准。电工工时定损参考标准见表 4-10。

上海地区电工工时费定损标准(单位:元)　　　　表 4-10

项 目 \ 档 次		15 万元以下(基础值)	15 万~40 万元	40 万元以上
检修冷气加制冷剂	普通	200		
	环保	250		
电脑解码		500		1000
仪表台拆装		≤250	300~400	450~550
检修安全气囊 SRS(含写码)		500~1000		
检修 ABS		300		500

说明:

a. 车辆档次分类。本车按保额计算,第三者按车价计算。

b. 双空调的轻型客车可增加 50 元制冷剂费。

c. 当事故涉及 ABS、变速器电脑、发动机电脑、气囊电脑、音响受损时,方可给电脑解码费;电脑解码费与单项解码费不可同时使用。

⑤机修工时定损标准。机修工时定损参考标准见表 4-11 ~ 表 4-13。

上海地区机修工时费定损标准(单位:元) 表 4-11

项 目	档 次	15 万元以下	15 万 ~ 40 万元	40 万 ~ 70 万元	70 万元以上
发动机 (换中缸)	4 缸	500	700	800	—
	6 缸	—	1000	1500	2500
	8 缸	—	—	2500	3000
	12 缸				4500
座椅拆装 (电动)	前座	50		80	
	后座	75		120	
全车机械座椅拆装		100			
—		200 ~ 600		400 ~ 800	

说明:

a. 发动机换中缸时,涉及换气门的加 200 元工时费。

b. 非电喷发动机的工时费在表中的基础上下调 20%。

上海地区手动变速器(换中段壳体)工时费定损标准(单位:元) 表 4-12

项 目	档 次	15 万元以下	15 万 ~ 40 万元	40 万元以上
手动变速器解体换件		250 ~ 350	350 ~ 450	450 ~ 550

上海地区自动变速器(换中段壳体)工时费定损标准(单位:元) 表 4-13

项 目	档 次	15 万元以下	15 万 ~ 40 万元	40 万元以上
机械		500		—
电子		1000	1500	2000
手自一体		2000		3000
无级变速		3000		4500

说明:自动变速器的解体工序包括解体、清洗、检测和解码。

⑥零配件扣除残值标准。

a. 扣残原则。残值必须从维修总费用中扣除。对于更换项目中存在可变卖(如金属制品)或可回收利用(如部分车身贴纸,一般只需更换一部分,剩余部分仍可继续使用)的零件时,需要扣除残值。

b. 扣残的标准。残值的数额可依照更换件的剩余价值(废品回收或可继续使用)来折算,一般标准如下。
- 车价在 30 万元以上(含 30 万元)的,按更换配件材料费的 2%~3% 计算。
- 车价在 30 万元以下的,按更换配件材料费的 3%~5% 计算。
- 单件价格超过 200 元以上的高价电子元器件,一旦确定更换,因其残值很低,但道德风险较大,必须回收残件。

(5) 水浸车辆定损。

①定损原则。

a. 整车线路不予更换,采取清洁、烘干、除氧化层后继续使用。

b. 灯具如进水严重,可考虑更换。

c. 发动机采取拆解、清洁、烘干、润滑处理,可赔付发动机修理包、润滑油及机滤。

d. 电脑模块采取清洁、烘干、除氧化层后待检,经检验不合格后给予更换。

e. 气囊一般给予更换。

f. 功能电机(如发电机、起动机、压缩泵等)采取清洁、烘干、润滑后待检,经检验不合格后给予更换,注意可单换部分的不予换总成。

g. 辅助电机(如摇窗机电动机、座椅电动机等)采取清洁、烘干、触点防锈后,经弱电试验(6V)确定损坏后更换。

h. 音响功放、车载电话、喇叭等经清洁、烘干、除氧化层后,检验确定损坏后给予更换,音响功放需要确定是否为出厂配置。

②定损步骤。

a. 大面积的水灾发生,以当地气象部门正式公布的报告为准,当地新闻媒体予以正式刊登的,可以作为依据,不必另由气象部门出具气象证明。

b. 立即会同修理厂对水淹车进行处理,检查车损情况,注意发动机及变速器有无进水,拔下火花塞或喷油嘴,摇动发动机,看有无进水的迹象,千万不可随便起动发动机,否则仍易造成扩大损失。

c. 确认水灾中车辆的直接损失,若只淹到驾驶室内,而发动机、变速器等未进水,那么中档车以下级别车辆的损失包括拆装座椅及内饰、进行清洗烘干,中档车以上级别车辆则尚需检查电器部分,如发动机电控单元、变速器电控单元、ABS 电控单元等。若已淹到了发动机,则须用机油、变速器油进行清洗,同时,需对该车的"三格"进行更换,并对电子风扇、起动机、空调压缩机等电气设备进行维护作业。

d. 对扩大损失的车辆进行分单处理,直接损失部分现场核损,扩大部分先定损,再向相关负责人汇报,不要耽误修车。

注意:因水浸高度不同而引起的各档次车辆涉及的拆装范围不同,根据示意图确定各档次所需拆装的项目。

水浸位置示意图如图 4-20 所示。

③水浸车辆定损参考标准。水浸车辆定损参考标准见表 4-14。

图 4-20 水浸位置示意图

水浸车辆定损参考标准(单位:元)　　　　　　　　　　　表 4-14

车 辆 类 型	受损程度1 (指未淹到发动机而淹到车内的情况,包含电路、机械部分检修,座椅内饰拆装清洗)定损金额	受损程度2 (指已淹到发动机及变速器,车内已进水,另含三格、机油、变速器油、电子扇及起动机和空调压缩机维护、电路检修、底盘检修)定损金额
微型车(夏利、奥拓、英格等)	500	800
微型车自动挡(悦达、安驰等)	500	1000
小型车(捷达、桑塔纳、富康等)	700	1200
小型车自动挡(捷达、桑塔纳、富康等)	700	1500
中档车(起亚、欧雅、大宇等)	1500	1800
中档车自动挡(广本、帕萨特、别克等)	1500	2000
中高级车(奥迪、马自达等)	2000	2500
中高级车自动挡(奥迪、皇冠、风度等)	2000	3000
高档车(奔驰、宝马、林肯、富豪等)	2500	3500
中型客车	600	1000
重型载货汽车	500	1200
大客车	700	1500

(6)物损的定损。

保险事故导致的财产损失,除了车辆本身的损失外,还可能造成第三者的财产损失。第三者财产损失主要包括第三者车辆所载货物、道路、道路安全设施、房屋建筑、电力和水利设施、道路旁的树木花卉、道路旁的农田庄稼等。可见,第三者的财产涉及范围较大。所以,对第三者财产的定损要比车辆定损难得多。

①物损确定原则。

a.定损金额不能超过实际价值,因此要考虑适当的折旧(能明确就明确)。

b.物损的定损要有具体的品种、数量、规格、型号、价格依据。

c.简单财产损失应会同被保险人一起根据财产价值和损失程度确定损失金额,必要时请生产厂家进行鉴定。

d.对受损财产技术性强、定损较高的、难度较大的物品,如较难掌握赔偿标准,可聘请技术监督部门或专业维修部门鉴定,严禁盲目定价。

②物损的分类。

a.货物损失。

b.园林绿化损失,如树木、苗圃等。

c.市政道路设施损失,如电线杆、防护栏、隔离桩、消火栓等。

d.桥隧的损失。

e. 电力、通信设施损失,如电缆、光缆、闭路电视线路、变压器等。

f. 交通工具的损失,摩托车、助动车、自行车等。

g. 随身物品的损失,如手表、手机、衣物、眼镜等。

h. 房屋及其他设备损失。

③物损的定损方法。

a. 货物损失。

● 现场确定货物的名称、品种、规格、数量,再根据货物的损失程度(如外包装破坏,轻度损失、中度损失、严重损失、全损等几类)进行分类,列清单登记,双方当事人在清单上签字确认。厂方有供货发票的,价格以供货发票价格为参考。

● 不同程度的损失的赔付标准。外包装破坏,只赔付外包装的损失,再加上适当的整理费用;轻度损失,按货物价值的 5% ~20% 掌握;中度损失,按按货物价值的 50% 上下浮动 15% 左右掌握;严重损失,按货物价值的 70% 上下 10% 左右掌握;全损,根据物品的属性适当扣残值(5% ~20%)。

● 按货物的厂方(供货方)的出厂价计算货物的损失金额(要注意调查真实的出厂价格,厂方有供货发票的以供货发票价格为准)。

● 双方在确定损失的项目、数量、金额后,要签订货物损失确认书,双方当事人签字。

● 难以确认损失的可以聘请公估或有关技术部门进行鉴定,但定损人员应参与鉴定过程,要及时保持沟通和联系,适时提出处理主张和意见。

● 本车物损要注意对超载、超高、超宽和货物总价值情况的调查确认。调查时,一是要对驾驶人做好笔录,二是要查验运单,三是要对超高、超宽现场测量记录。

b. 绿化树木、苗圃的定损。

● 现场确定损失的树木的品种、数量、树径及苗圃的面积。

● 按上海物损赔偿标准中对应的品种、规格确认对应的损失金额,全损按赔偿标准赔付,部分损失按补偿标准赔付,补偿标准按赔偿标准的 80% 执行。

● 对轻度损失的可协商赔付,但要求路政部门提供赔偿正式收据。

c. 市政设施、桥隧的定损。

● 现场确认或根据现场照片确认损失的物损名称、数量、程度。

● 按上海市物损赔偿标准确定损失金额。一般路政部门都是全损按赔偿标准赔付,部分损失按补偿标准赔付。对轻度损失设施的要按比例赔偿或扣残值(残值可以按 5% ~ 20% 掌握)。

d. 摩托车、助动车、自行车的定损。

● 1000 元以下交警快速处理的按交警快速处理金额定损赔付。

● 非交警处理的且损失金额在 1000 元以下的,尽可能一次性定损完成(注明赔付的依据)。

● 损失超过 500 元的要列出详细的损失项目、金额清单,并要出具简单的定损单。

e. 衣物、手表、手机的定损。

● 确认手表、手机、眼镜、衣物等的品牌名称、规格,进而确认其市场价格。

● 根据其新旧程度,购买年限等来确定其折旧比例,电子产品的年折旧率为 20%,完全按规定的折旧率执行是有困难的,可根据具体情况适度浮动。
- 根据物损的损坏程度确定赔偿比例,轻度损坏一般可以给予 10%～20% 的价格补偿,但在实际处理过程中,责任人往往全额赔偿对方损失,这里就有惩罚性的因素,我们定损时应予以适当的剔除,并向客户做好解释。

f. 通信设施的定损。
- 通信设施的损失往往都与超高超宽等有关,定损时要注意现场取证。
- 光缆断裂的赔偿长度一般为 100m。
- 光纤的接续费一般为每芯 100 元以内。
- 注意光缆、电线的材质、规格。价格可上网查询。

④ 物损定损的工作步骤。确定受损项目(材质、规格、型号)→确定受损程度→确定受损数量→市场询价(包括材料询价和维修费用询价)→编制物损清单或工程预算→会同被保险人与受损方协商确定损失金额→双方签字确认。

【案例 4-3】
2008 年 7 月,驾驶人陆某驾驶牌号为沪 EL46××的桑塔纳轿车,在水电路因变道不慎与三者车(苏 FV63××,03 款广州本田雅阁)碰撞,当场报警,交警处理结果为沪 EL46×× 全责。陆某于 2008 年 3 月起在大地保险公司为该车投保了车损险和 20 万元的三者险。现双方车辆停放在南空汽车修理厂,请你作为保险公司的定损员为该起事故查勘定损。事故认定书如图 4-21 所示。

【查勘定损分析】
1. 事故现场查勘
(1)由于事故发生在道路上,加上无人员伤亡,损失较小,事故双方按照快速处理条例,在确认事故由沪 EL46×× 负全责后,及时移至上海市快速处理指定地点之一南空汽车修理厂,由责任方保险公司定损。标的车的全车照如图 4-22 所示。
(2)审核保险单原件,被保险人投保了交强险、车损险和 20 万元的三者险,确认具有理赔权利。
(3)是否存在除外责任。标的车驾驶人即车主,驾驶证有效期为 2009 年 1 月,行驶证有效期为 2008 年 8 月。询问三者车驾驶人,认定标的车驾驶人没有酒后驾车。双证照片如图 4-23 所示。
(4)分析两车碰撞痕迹。两车在水电路由北向南同向行驶,因标的车向右变道时未注意到右侧车道的三者车,造成标的车车头左侧与三者车碰擦。由于标的车减速,而三者车未及时减速,因此,三者车的右侧前车门、后车门和后翼子板被擦伤。事故真实,标的车负全责。事故现场草图如图 4-24 所示。
2. 标的车的损失确定
(1)标的车的损伤部位。
① 右前翼子板处,如图 4-25 所示。
② 前保险杠右侧,如图 4-26 所示。
③ 右前照灯处,如图 4-27 所示。

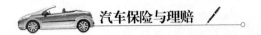

图 4-21 事故认定书

第四章 汽车保险理赔实务

图 4-22 标的车照片

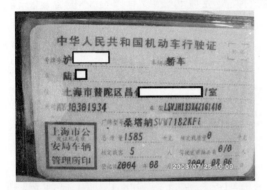 

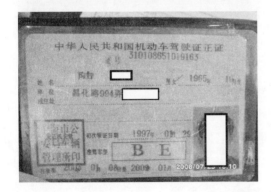 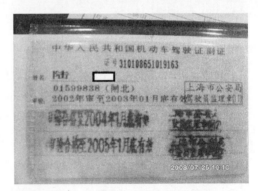

图 4-23 事故车辆的双证

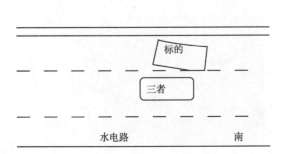

图 4-24 事故现场草图

图 4-25 右前翼子板受损

图 4-26 前保险杠右侧

图 4-27 右前照灯受损

(2)需要更换的零件:右前照灯。因为灯脚断掉,灯壳玻璃破裂、有擦痕,不能修复,只能更换新件。

(3)需要拆装的项目。
①拆装保险杠(为了对保险杠进行喷漆处理)。
②更换右前照灯。

(4)确定修理项目。
①右前翼子板整形、喷漆。
②右半保险杠整形、喷漆。
③更换右前照灯。

(5)确定更换零配件的价格。右前照灯:桑塔纳原厂配件约 380 元,加上管理费(按 10% 计)40 元,共需 420 元。

(6)确定各项工时费用。
①右前照灯拆装工时费:0 元,因为工时不足 1 工时,在配件的管理费中包含。
②右前翼子板整形:2 工时,工时单价 30 元/工时,共 60 元。
③右前翼子板做漆费:双涂层烤漆,$0.5m^2$,约 240 元。
④右半保险杠做漆费:双涂层烤漆,$1m^2$,约 450 元。

各项费用总计:1170 元。

3. 三者车的损失确定

(1)三者车的损伤部位。
①左前门如图 4-28 所示。
②左后门如图 4-29 所示。

图 4-28 左前门受损图

图 4-29 左后门受损图

③左后翼子板如图4-30所示。
④后保险杠左侧如图4-31所示。

图4-30　左后翼子板受损图

图4-31　后保险杠受损图

(2)需要更换的零件:左前、后门饰条。
(3)需要拆装的项目。
①拆装保险杠(为了对保险杠进行喷漆处理)。
②更换左前、后门饰条。
(4)确定修理项目。
①左前门整形、喷漆。
②左后门整形、喷漆。
③左后翼子板喷漆。
④后保险杠左侧喷漆。
⑤更换左前、后门饰条。
(5)确定更换零配件的价格。
①左前门饰条:251元(含安装、管理费)——由本田雅阁配件目录中查询。
②左后门饰条:205元(含安装、管理费)——由本田雅阁配件目录中查询。
(6)确定各项工时费用。
①左前、后门整形工时:8工时,工时单价50元/工时,共400元。
②左前、后门做漆费:双涂层烤漆,$1.5m^2$,约675元。
③左后翼子板做漆费:双涂层烤漆,$0.5m^2$,约225元。
④后保险杠左侧做漆费:双涂层烤漆,$1m^2$,约450元。
(7)残值:6元。
各项费用总计:约2250元。
4.定损结论
根据上述查勘事实,定损员作为中国大地保险公司的查勘人出具签字、盖章的"机动车辆保险查勘定损记录书",如图4-32所示。
5.完成"机动车辆查勘报告"
填写"机动车辆查勘报告",如实填写现场查验信息,并上传公司理赔部,由核赔人员进行核损。

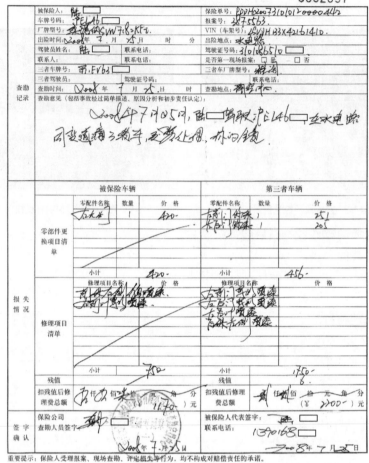

图 4-32 查勘定损记录书

事故损失金额计算如下。

(1) 两车共计损失为 3400 元。

(2) 三者车损为 2200 元。由被保险人在交强险支付三者车的损失 2000 元,其余 200 元在被保险人的商业三者险中赔付。

(3) 标的车损为 1200 元,在车损险中理赔。查勘报告如图 4-33 所示。

估计损失的金额不作为损失的依据,实际损失以修理厂开具的修理发票为准。

三、综合实训

1. 流程实训

(1) 车辆承保信息。

承保机构:A 市保险公司。

车型:帕萨特 B5。

被保险人:张某。

车损险保额:29 万元(重置价值为 29 万元)。

车牌号:海 B-12345。

保险期限:2004 年 2 月 2 日至 2005 年 2 月 1 日。

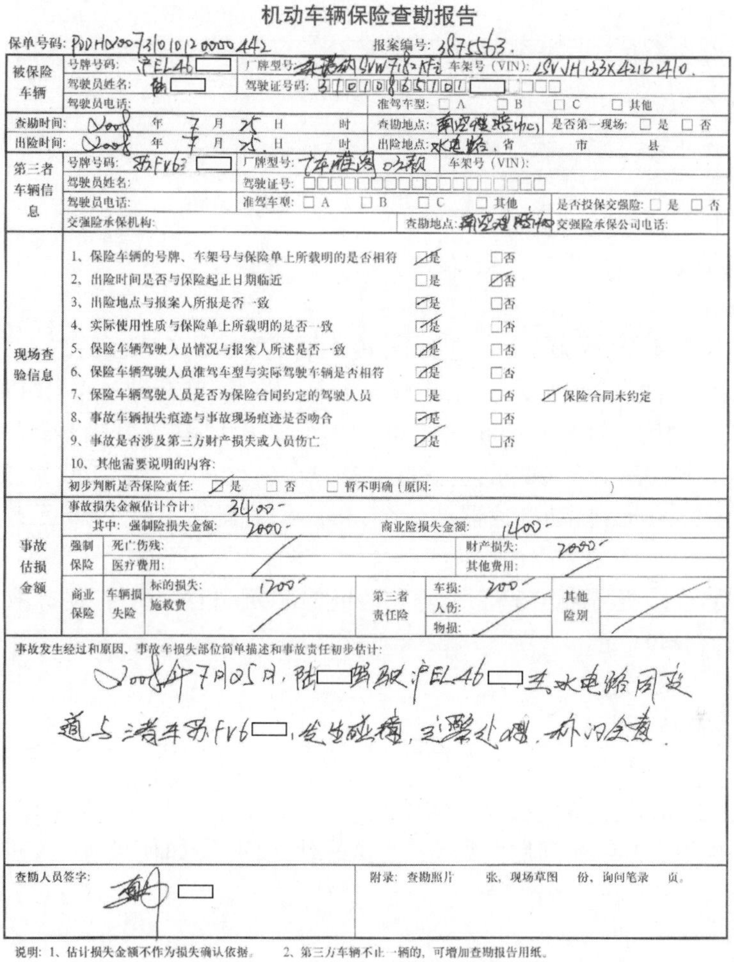

图 4-33 查勘报告

(2)案情。被保险人索赔申请书称:"本人于 2004 年 4 月 21 日下午 5 时驾驶'海-12345'车从 A 市进入 B 市 C 施工路段时,由于未看清路况,车辆前底盘撞在一块石头上,以至于车严重拖底,车当时熄火。我没有再打火,油底壳已漏,我联系了 B 市的上海大众维修站,车拖到维修站,因单方肇事,未报交警。"

客户出险后,A 市保险公司于 4 月 22 日委托 B 保险公司代查勘,B 公司于 4 月 24 日派人前往查勘,在 B 公司查勘报告中写有下面内容。

出险原因及经过:2002 年 4 月 21 日,被保险人张某驾驶标的车行驶至 B 市 C 路段时,由于雨天路滑,路面修路,不慎撞在路边石头上,将油底壳骑在上面。

勘察处理意见:经我公司查勘,情况属实,但现场我司去时路已修复部分,经到修理厂核实后确认。

查勘时间:2004 年 5 月 15 日。

(3)查勘定损情况。被保险人在向 B 市上海大众维修站支付修理费 37575 元后,凭修理发票向 A 保险公司索赔(查勘报告、定损报告已由 B 保险公司寄回 A 保险公司)。

事故车定损报告内容如下。

被保险人:张某。

投保险种:车损险和第三者责任险。

保单号:××。

车牌号码:××。

车型:帕萨特。

查勘日期:4 月 23 日。

发动机号:××。

底盘号:××。

更换配件:连杆 4 个,3800 元;缸垫 1 个,40 元;活塞 1 个,6100 元;缸盖 1 个,17200 元;卡簧 4 个,8 元;气门油封 20 个,560 元;连杆瓦 4 个,450 元;连杆轴瓦 4 个,450 元;曲轴前油封 1 个,160 元;曲轴后油封 1 个,506 元;汽缸垫 1 个,280 元;排气管垫 1 个,40 元;正时皮带 1 个,410 元;水泵密封圈 1 个,20 元;空滤器 1 个,90 元;火花塞 1 个,140 元;进气管垫 1 个,12 元;曲轴 1 个,2800 元;自动变速器油 2 个,360 元;右侧储物箱 1060 元;电线孔带 2 个,8 元。

修理工时费:发动机吊装 576 元,大修发动机 2160 元,机滤、机油、防冻液共 345 元。

材料费小计:34494 元。

工时费小计:3081 元。

总修理费:37575 元。

试问:

1)对于客户的索赔,A 保险公司如何处理?

2)你认为本案是否存在问题?如有,主要是什么问题,如何处理?如果没有,请问为什么?

2. 定损实训

一辆捷达牌出租车在路口等信号灯时,同方向行驶的一辆轿车车速过快,制动不及时,撞在了出租车后尾上,造成两车损坏。捷达出租车受损照片如图 4-34 所示。

图 4-34 捷达出租车受损照片

试问:(1)本次事故是谁的责任?

(2)根据照片,列出捷达出租车的具体损失项目,并认定换、修、待定项目,填入表4-15。

具体损失项目列表 表4-15

序号	项目	明细
1	换件项目	
2	待查项目	
3	拆装及维修项目	
4	钣金项目	
5	喷漆项目	
6	其他项目	

第三节 汽车保险的核损与核赔

一、汽车保险的核损

核损是继查勘定损完成后,核损员根据查勘员现场查勘的情况、估损单、损失照片等,初步核实事故的真实性、发生过程,核定车辆和相关物损损毁情况,确定车辆更换部件、维修工时、相关物损赔偿费用、施救费用的过程。同时,核损兼负查勘的管理监督工作、复勘工作、旧件处理工作等,是汽车保险理赔的风险控制核心环节。核损还可以进一步细分为核损(狭义)与核价:狭义的核损仅指核定损失的项目,核价是指核定每一个损失的具体报价。

1.核损概述

(1)核损的主要任务。

①审核车损、物损和人伤的查勘定损情况。

②判断事故的真实性(防止保险欺诈)。

③判断损失的可信度。

④判断估损价格的合理性(包括施救费用)。

⑤核损可细分为核损(狭义)和核价。

⑥核定公估费用(采用公估公司查勘定损的情况)。

(2)汽车保险核损的意义。

①理赔是保险公司控制风险的重点内容之一,而核损又是汽车保险理赔风险控制的核心环节。

②因为核损兼负查勘的管理监督和复勘工作,所以是防止保险欺诈的岗哨。

(3)汽车保险核损岗的八项工作职责。

①审核查勘员的现场查勘工作是否规范。

②审核事故的真实性(根据报案信息、查勘报告、照片、估损单等)。

③审核损失金额(估损单),即损失的可信度,包括车损零部件更换项目、维修项目及工

时费是否合理，物损项目、价格及维修费用是否合理，人伤费用项目是否合理等。

④审核施救费用及公估费用。

⑤对重大、疑难案件的介入处理。

⑥复勘的发起与指导。

⑦对案件的查勘估损质量进行考核。

⑧出具核损意见。

(4)核损的类型。

①按核损工作是否使用理赔系统分为网下核损和网上核损。

②按核损的对象分为车辆损失核损、第三者物损核损和人伤费用核损。

2. 车损网上核损工作流程

汽车保险核损的工作是一项细致而复杂的工作，其网上核损工作流程如图 4-35 所示。

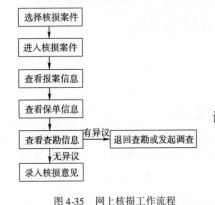

图 4-35　网上核损工作流程

(1)选择核损案件。

①进入汽车保险理赔系统。

②进入核损平台。

③查找核损案件。

点击“新案件”→输入报案号或保单号→点击“查询”。

(2)进入核损案件。

点击“确定”→进入待核损案件主页面。

(3)查看报案信息。

点击“报案信息”→进入报案信息界面，如图 4-36 所示。

查勘信息 | 委托信息 | 调度信息 | 报案信息 | 保单信息

报案基本信息：

报案号：	071120514	保单号：	7107036	主险代码：	362
联系人：		联系人地址：		联系人电话：	
签单公司名称：	广东省分公司汕头中心支公司澄海营销服务部				
报案类型：	电话	报案人邮编：			
估损金额：	0.0	币种代码：	RMB	估损金额外币：	400.0
行驶区域：	跨省	厂牌车型：	丰田佳美JTDBE30K700		
报案时间：	2007-08-31	出险时间：	2007-08-31	报案处理时间：	
报案人：	陈	报案人手机：		报案人电话：	0754-262
出险区域：		出险地点：	汕头金平区永安路		
出险经过：					
出险原因：					
损失情况：	陈驾驶标的车行驶时刮到墙，造成右后门，右后沙板，后保险杠受损。非现场。2007081119				
事故处理部门：		事故责任：			
不立案的原因：					
原因：					
备注：					

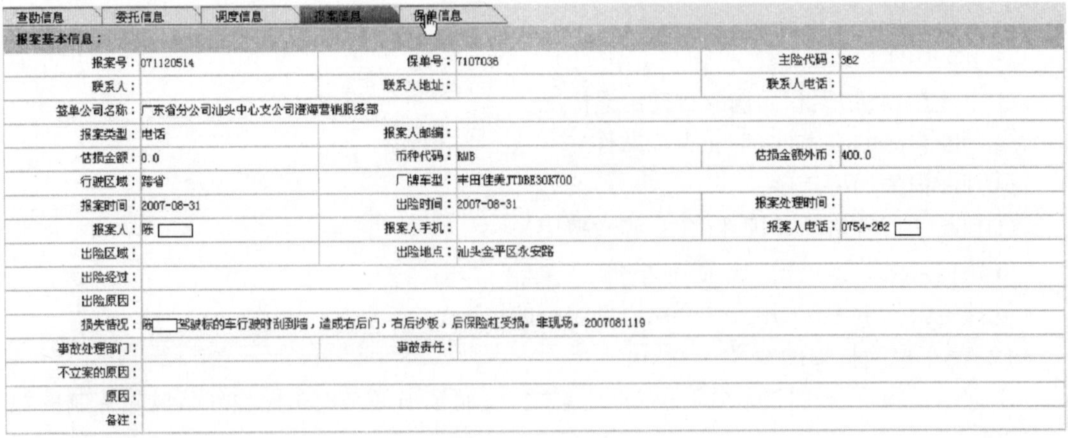

图 4-36　××保险公司汽车保险理赔系统报案信息界面

(4)查看保单信息。

点击“保单信息”→进入保单信息界面。

(5)查看查勘信息，(包括照片信息和定损录入信息)。

(6)录入核损意见。

审核查勘意见→录入核损意见→点击"确定"。

3. 车损核损技巧

(1) 报案信息核损时的风险关注点。

① 异常出险时间。

a. 出险时间距保单起保日 7 天内。

【风险关注点】

● 可能是先出险后投保,俗称为"倒签单"。

● 可能是重复索赔(上年度已办理理赔但未修理)。

● 可能是脱保期间出险(出险了才发现保单已过期,赶快投保)。

【审核要点】

● 审核查勘报告中是否记录上年承保公司保单号,以核实上年度的理赔记录和保单起止日。

● 重点审核车损痕迹新旧程度,初步判断是否有先出险后投保的可能,根据需要发起复勘或调查。

【案例 4-4】

某案件报案信息的出险时间为 2006 年 12 月 6 日,标的车行驶时撞上了一辆无牌照的本田思域,导致该报案车辆前部受损,对方车辆左前方受损但无人伤。

经核对车损照片,发现车损照片与 2006 年 8 月 16 日的历史案件完全相同(已零结案),且发现车损照片拍摄时间为 2006 年 8 月 13 日,如图 4-37 所示,而保单抄件的起保时期为 2006 年 8 月 15 日零时。

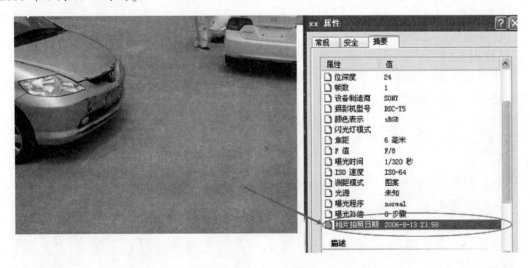

图 4-37 车损照片拍摄时间

结论:先出险后投保,再重复索赔。

b. 出险时间为餐后 1h 内。

【风险关注点】

可能是酒后驾车导致出险。

【审核要点】

核实查勘员是否为现场查勘或复勘现场,通过查勘员对驾驶人状态的描述判断是否酒后驾驶及调换驾驶人。

"狸猫换太子"可以通过交警证明上的驾驶人与保单上的指定驾驶人对照判断。

c. 出险时间为半夜(如21:00~次日凌晨3:00)。

【风险关注点】

可能是人造假案。因为人造假案往往会拼凑事故或人为制造事故。

【拼凑事故审核要点】

● 审核车辆受损痕迹与现场是否吻合,特别注意现场残留物。
● 审核现场照片中车辆受损配件的新旧程度、匹配情况。

【人为制造事故审核要点】

● 碰撞痕迹虽然相符,但碰撞轨迹不合逻辑,重点关注车辆制动痕迹、损失与人伤的程度是否吻合。
● 车辆配置是否齐全,车上或现场上是否有不属于车辆配置的可疑物。
● 是否有该损坏的配件却完好无损。
● 审核查勘报告中实际驾驶人与被保险人的关系。

②异常出险地点。

a. 维修厂附近出险

【风险关注点】

可能是维修厂作假,尤其是频繁出险和信誉不好的维修厂。

【审核要点】

核实维修厂的维修记录和报案人与报案电话。

【案例4-5】

报案信息显示2007年12月3日,周某驾驶其朋友徐某的威驰轿车在一维修厂附近与墙相撞,前保受损且车侧有划痕,如图4-38所示。

图4-38 事故现场及车损照片

【调查结果】

周某是该维修厂的员工,威驰车主徐某由于车身有轻微剐痕而将车送该维修厂维修,并把保单及相关证件都留在了维修厂,维修厂周某利用可以几天交车的时间故意制造了这起事故。

b. 偏僻或可疑地区出险(如郊外、山区、农村等)。

【风险关注点】

可能是车主骗保。

因为保险公司理赔查勘难以覆盖这些偏僻地方,所以往往也是骗保分子作假的避风港。

【审核要点】

查勘员是否现场查勘,仔细分析痕迹是否吻合,查找其他疑点。

③异常报案时间。

出险48h后才报案。

【风险关注点】

车主错过了报案时间,为防止被拒赔而以后来的时间报案。

【审核要点】

a. 审核各时间信息是否一致:如报案、查勘、交警证明、病历、发票等。

b. 由损伤部位的锈迹和车身上的灰尘厚度等判断。

④异常报案人。

a. 非车主或实际驾驶人报案且报案人对出险情况不太清楚。

【风险关注点】

● 可能是扩大的损失。

● 可能是假案。

● 可能是酒后驾车或无驾驶资格的人驾车后的调包行为。

【审核要点】

审核查勘报告中驾驶人与被保险人的关系以及报案人不了解案件的情况说明。

b. 修理厂人员、代理人或保险公司业务员报案。

【风险关注点】

可能受指点,有损失扩大的可能。

【审核要点】

核损提示要求被保险人本人亲自办理索赔手续。

c. 电话记录显示同一报案人累计报案次数在3次以上。

【风险关注点】

● 可能是维修厂或代理人作假。

● 可能是套牌,即多辆同型号的车共用一张保单。

【审核要点】

审核查勘员是否查勘现场或复勘现场;核损应说明提示此类案件需被保险人本人办理理赔,提示缮制注意;视情况提起调查。

(2)多车事故核损时的风险关注点。

【风险关注点】

碰撞痕迹是否吻合,是否有主动承担责任,是否为人为作假及拼凑事故。

【审核要点】

了解案件经过,确定我方应承担的责任;对有疑问的案件应核实其他车辆的投保信息及

理赔记录。

(3)两车碰撞损失大,但无人伤或仅轻微人伤。

【风险关注点】

是否更换了驾驶人或人为作假。

【审核要点】

根据事故车辆受损形态及事故证明、查勘报告、驾驶人笔录等,判断人员无伤或轻微伤的可能性;同时了解驾驶人与被保险人的关系是否正常;审核是否存在其他疑点。

(4)倾覆。

①损失较大且无人伤。

【风险关注点】

车辆倾覆一般会导致驾驶人或车上乘客受伤,如果车辆倾覆损失严重而无人伤应关注是否为人为作假。

【审核要点】

根据事故车辆受损形态、现场环境及事故证明、查勘报告、驾驶人笔录等,判断人员无伤或轻微伤的可能性;审核了解驾驶人与被保险人关系是否正常。

②应该受损部位却未受损,如发动机、变速器外部无损而内部损坏。

【风险关注点】

外部无损而内部损坏严重可能是由于机械故障而引起的损坏。

【审核要点】

审核受损件是否与标的车辆匹配,要求回收旧件;重点监控拆检过程。

(5)盗抢。

【风险关注点】

车辆被盗不属实、有经济纠纷、变更使用性质或有其他可索赔责任方。

【审核要点】

审核查勘相关材料,判断案件发生的可能性;重点审核标的承保情况,被保险人的财务情况;审核询问笔录等相关资料,了解与该车有关联的所有信息,判断标的出险时实际使用性质;审核标的是否在收费停车场内出险,是否有其他可索赔方;审核出险标的的实际价值。

(6)玻璃单独破碎。

【风险关注点】

有无更换,实际国产按进口玻璃更换或反之。

【审核要点】

标的的原配是否为进口玻璃,查勘拍摄玻璃标志是否与标的匹配,查勘是否拍摄更新玻璃之前空框照,复勘换后照片、进口玻璃标志。

(7)划痕。

【风险关注点】

划痕险一般风险较高,主要为在利益的驱动下造假划痕。

【审核要点】

为了尽量管控划痕风险,各保险公司对划痕案件的处理都有比较严格的要求,核损环节主要审核查勘是否尝试可以用抛光、打蜡处理,因为部分划痕未伤及底漆可以用此方法处理;查勘是否拍摄底漆照,保险公司通过拍底漆照可确定划痕已得到修理。

(8)火灾、自燃。

【风险关注点】

外界火源造成事故,有其他可索赔责任方;老旧、淘汰车的实际价值与保险金额差距;人为纵火。

【审核要点】

初步分析起火点,根据询问笔录及相关证明材料,判断是否由外来起火所造成;有其他责任方时,告知客户积极向责任方索赔;审查车辆起火前后客户的活动情况;根据询问笔录,了解被保险人的经济状况;初步判断是否人为纵火。

【案例4-6】

报案号:××××××

所属机构:××中心支公司业务处理中心

报案信息:被保险人××神华能源有限责任公司所持有的奥迪FV7241CVT轿车,车牌号码为发××××××,于2008年4月18日7时20分由梁某驾驶在陕西省榆林市与神木的交界处为了避让车,撞到树。

被保险人事后向保险公司报了案,支公司随即派了查勘员在修理厂对事故车进行了查勘,定损金额近8万元。

查勘员上传的照片如图4-39所示。

图4-39 查勘员上传的照片

【核损过程】

①审核报案记录(图4-40)。从报案记录可以看出：a. 标的起保日期为2008年4月18日零时，而出险日期为2008年4月18日7点20分，属出险后第二天报案；b. 出险为保单生效的当天；c. 未报交警处理。

②审核上传照片。从上传的照片可以看出：a. 没有在现场报案，查勘员也没有复勘现场；b. 照片上没有日期；c. 只有局部照片而没有现场照片。

③核损结论。标的离起保日7h出险，查勘员在23日查勘时只是做份笔录和区区四张局部损失照片。如此大的事故(定损金额将近8万元)，现场既未报案也未报交警处理，且未复勘现场及走访相关目击人，种种迹象表明：标的存在先出险后投保的可能较大。

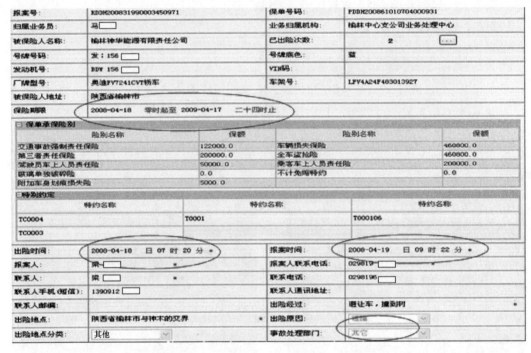

图4-40 报案记录

【核损处理】

核损岗随即将上述疑点与支公司理赔负责人进行沟通并要求调查此案，经出险地公司详细调查后，确定标的为公司的一个大客户，新车未上保险，行驶中出险，属先出险后投保，经与客户沟通，客户同意销案处理，销案金额近8万元。

由于此案在第一时间核损岗与出险公司负责人沟通统一思想，随即立即开展调查，取得了第一手证据，避免了时间延误导致难以取证。

二、汽车保险的核赔

核赔是对整个案件信息的审核，包括报案、查勘定损、核损、复勘及缮制。通过对上述信息的综合审核给出赔付意见，如果确认赔案符合要求则核赔同意，案件审核结束转入支付环节；如赔案不符合要求则需退回相应环节处理。

1. 汽车保险的核赔流程

汽车保险的核赔流程如图 4-41 所示。

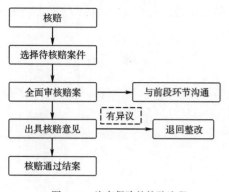

图 4-41　汽车保险的核赔流程

传统核赔一般是根据查勘提供的照片结合前段环节审核意见书及被保险人提交的单证原件进行审核，核赔人确认无误后，在缮制赔款计算书上签署核赔赔付意见。在核赔过程中，核赔人需查看审核单证原件，流程比较烦琐，特别是对于金额较大案件的多级审核，时效较低。

随着汽车保险理赔网络化的普及，核赔环节基本可以不必再审核单证原件。前段环节（如查勘、核损）审核意见都在系统内可以体现，同时案件所需单证由缮制人员上传在理赔系统中，核赔人可以直接查看系统就可以审核案件的全部信息，核赔人对案件的审核意见也可在系统中一一记录。由于核赔的网络化使得核赔工作可以实现远程办公，加上核赔工作为风险管控的核心环节，部分保险公司都积极筹划赔案的集中核赔，在加大风险管控的同时降低运营成本，以平安保险为例，其在 2004 年就建立了全国的核赔中心。

（1）进入理赔系统中的核赔环节，进入待核赔案件。从理赔系统进入待核赔案件与核损流程中的进入待核损案件大致一致，首先进入各主平台选择界面，然后进入核赔平台，接着查找待核赔新案件，然后进入待核赔案件。在核赔主页面也分别可以看到报案信息、保单信息、图片信息、核损信息、历次出险信息等主要二级对话框。

（2）查看报案信息。报案信息的内容与核损时的一致，审核与核损审核要点也基本相同。

（3）查看保单信息。保单信息的内容与核损时的一致，审核与核损审核要点也基本相同。

（4）查看图片信息。由于在缮制环节上传了部分理赔单证，所以在核赔环节审核图片信息时与核损审核时不一样；同时缮制环节仅仅是对单证本身的审核，而核赔是综合整个赔案情况审核单证，所以核赔审核单证的要求是建立在缮制的基础上，但从风险上的分析比缮制要求更高。

①车辆验标及损失图片信息参照核损工作流程中的"查勘图片信息"。

②单证审核参照缮制单证审核要求。

③核赔对单证的审核基于上述两点的综合分析。

 **想一想**

在核赔环节系统内的单证比核损环节一般多哪些单证？

（5）查看损失录入。损失录入如图 4-42 所示。

查看损失录入时与核损中的"查看定损损失录入"关注信息是否基本一致，核赔环节还要重点关注查勘点的损失录入与核损核定的金额是否一致。

（6）查看查勘及核损复勘意见（图 4-43）。查看查勘、核损及复勘意见关注的主要信息为几方处理人对案件的说明、意见是否一致，查看是否有对案件的特殊说明，如需要调查、加扣特殊免赔等。

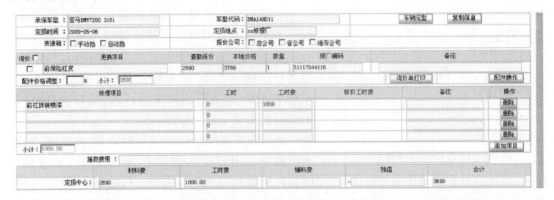

承保车型：	宝马BMW7200 318i	车型代码：	BMA1AMD11
定损时间：	2009-05-06	定损地点：	xx修理厂
变速箱：	□手动挡 □自动挡	报价公司：	□总公司 □省公司 □地市公司

车辆定型 复制信息

询价□	更换项目	查勘报价	本地价格	数量	原厂编码	备注
□	前保险杠皮	2690	3766	1	51117044118	

配件价格调整： % 小计：2690 询价单打印 配件操作

修理项目	工时	工时费	核价工时费	备注	操作
前杠拆装喷漆	0	1000			删除
	0				删除
	0				删除
	0				删除

小计：1000.00 添加项目

施救费用：

	材料费	工时费	辅料费	残值	合计
定损中心：	2690	1000.00		-	3690

图 4-42　损失录入

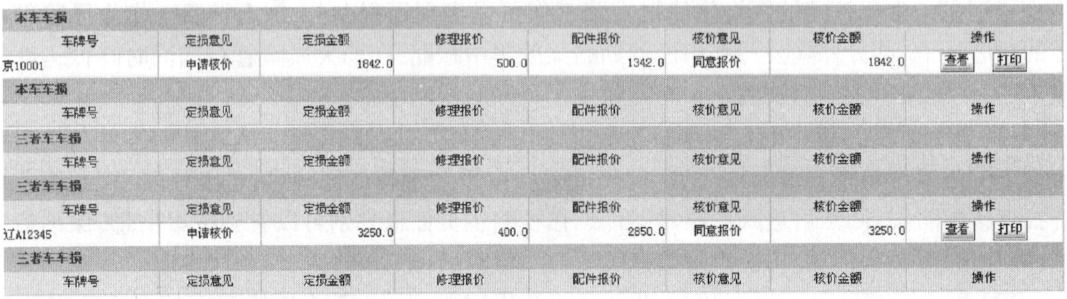

车牌号	定损意见	定损金额	修理报价	配件报价	核价意见	核价金额	操作
本车车损							
京10001	申请核价	1842.0	500.0	1342.0	同意报价	1842.0	查看 打印
本车车损							
车牌号	定损意见	定损金额	修理报价	配件报价	核价意见	核价金额	操作
三者车车损							
车牌号	定损意见	定损金额	修理报价	配件报价	核价意见	核价金额	操作
三者车车损							
车牌号	定损意见	定损金额	修理报价	配件报价	核价意见	核价金额	操作
辽A12345	申请核价	3250.0	400.0	2850.0	同意报价	3250.0	查看 打印
三者车车损							
车牌号	定损意见	定损金额	修理报价	配件报价	核价意见	核价金额	操作

图 4-43　查勘及核损复勘意见

(7)查看缮制录入规范及理算。查看缮制录入规范及理算主要根据案件的综合情况，审核缮制对损失的录入是否规范，计算是否正确，同时是否按要求录入与案件相关的一些信息。

①标的车损录入及理算金额(图 4-44)。

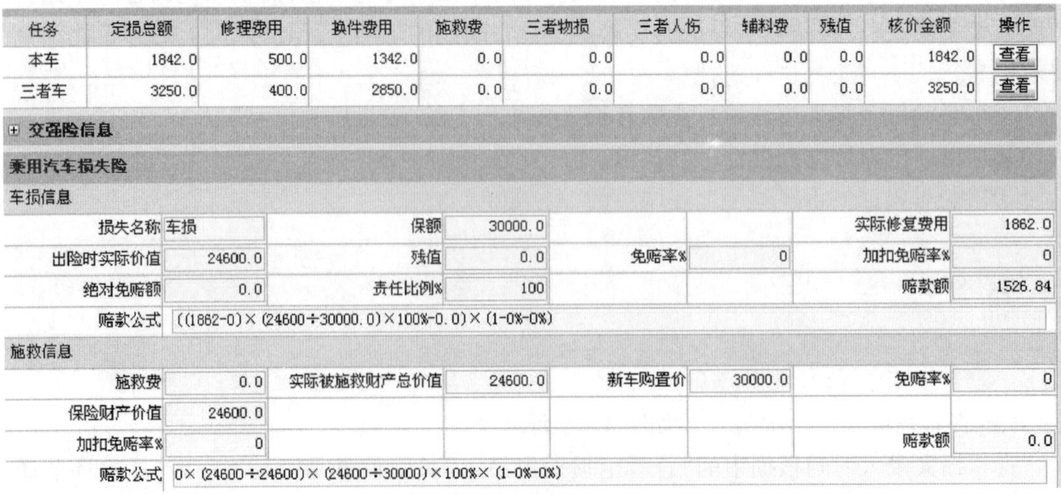

任务	定损总额	修理费用	换件费用	施救费	三者物损	三者人伤	辅料费	残值	核价金额	操作
本车	1842.0	500.0	1342.0	0.0	0.0	0.0	0.0	0.0	1842.0	查看
三者车	3250.0	400.0	2850.0	0.0	0.0	0.0	0.0	0.0	3250.0	查看

⊞ 交强险信息

乘用汽车损失险

车损信息

损失名称	车损	保额	30000.0			实际修复费用	1862.0
出险时实际价值	24600.0	残值	0.0	免赔率%	0	加扣免赔率%	0
绝对免赔额	0.0	责任比例%	100			赔款额	1526.84
赔款公式	((1862-0)×(24600÷30000.0)×100%-0.0)×(1-0%-0%)						

施救信息

施救费	0.0	实际被施救财产总价值	24600.0	新车购置价	30000.0	免赔率%	0
保险财产价值	24600.0						
加扣免赔率%	0					赔款额	0.0
赔款公式	0×(24600÷24600)×(24600÷30000)×100%×(1-0%-0%)						

图 4-44　车损金额录入

②三者物损的录入及理算金额(三者物损理算时,应注意商业险与交强险的关系,交强险未在本公司投保)(图4-45)。

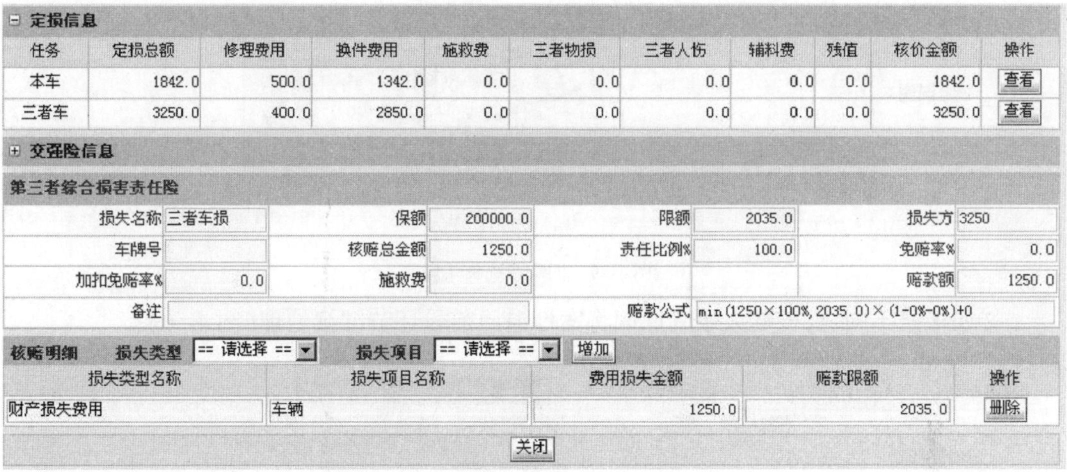

图4-45 三者物损金额录入

③附加险的录入及理算金额(图4-46)。

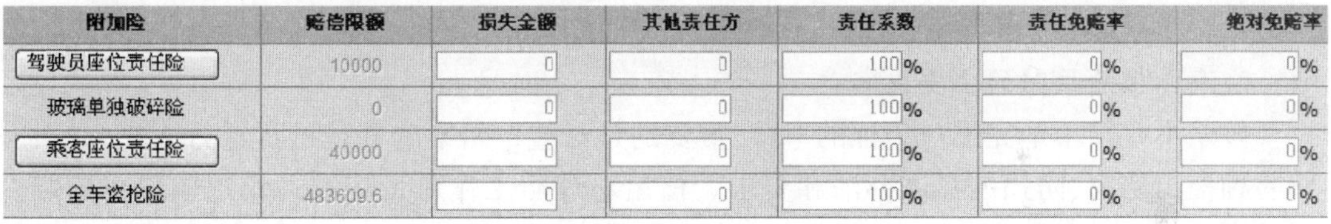

图4-46 附加险赔款

④其他特殊要点的录入,如快赔案件、诉讼案件、拒赔案件等。

(8)查看支付信息。查看支付信息应关注收款方是否符合要求,赔付金额是否正确,支付方式等,如图4-47所示。

图4-47 支付信息

(9)查看缮制意见。缮制意见为缮制人员对案件的信息的补充,应重点关注其对案件的特别说明,如图4-48所示。

图4-48 缮制说明

(10)审核的最终判断。

①核赔同意案件将自动结案并转入支付环节(图4-49)。

图4-49 同意系统确认提示

②如核赔不同意,核赔人录入原因将案件退回前段环节继续处理(图4-50)。

图4-50 退回操作

2.汽车保险核赔的主要内容

核赔不是简单地完成对单证的审核,重要的是对整个赔案的处理过程进行管控,并对核赔险种提出防灾、防损的具体办法和要求。核赔对理赔工作质量控制的作用体现在核赔人对赔案的处理过程:一是及时了解保险标的的出险原因、损失情况,对重大案件,应参与现场查勘;二是审核、确定保险责任;三是核定损失;四是审核赔款计算。核赔的防灾、防损作用体现在通过定期对核赔情况进行分析,发现出险案件之间的内在规律,提出防灾、防损的具体措施以及改善核保、核赔工作的意见和要求,提高承保业务质量和理赔工作质量。

(1)保单有效性。

①出险时间是否在承保有效期内。

②被保险人与行驶证车主是否一致,是否具有可保利益。

③保费是否到账(随着"见费出单"的规范的推行,此类情况将逐渐减少)。

(2)标的及三者车辆。

①标的车:核对车牌号、车架号、发动机号,确认出险车辆为保险标的。

②三者车:三者车的车辆外观、车架号、发动机号以及牌照号是否与客户报案、查勘照片、交警证明一致。

③三者物:三者损失物的外观、型号、数量等是否与客户报案、查勘照片、交警证明一致。

(3)保险责任。

①出险时间:是否在有效保险期内。

②出险地点:是否在保单载明的形式范围内。

③出险原因:是否承保相应险种,是否属于保险事故;判断原则为近因原则。
④驾驶人及驾驶资质。
⑤车辆性质:车辆合法性、年检情况及使用性质。
⑥保单特别约定:是否符合保单特别约定中明示的责任、义务。
(4)事故的真实性。
①事故要素齐全:时间、地点、人物、原因、事故过程、损失结果。
②事故表述一致:保险信息、查勘信息、核损信息、复勘信息、缮制信息等对于事故的描述完全一致。
③事故发生合理:事故的时间、地点、经过、结果等需符合常理且具备逻辑关系。
④事故可再现:原则上任何一起事故根据实际情况的描述都可再现,导致的结果应与索赔原因一致。
(5)事故损失。
①车辆损失。
a.审核车体的本身与受碰撞物的材料构成、颜色、运动轨迹、碰撞过程、碰撞点等是否匹配,报损项目是否可能由本次事故所导致。
b.审核车辆定损项目、损失程度是否准确、合理。
c.审核更换零部件是否按照规定进行了询价,定损项目与报价项目是否一致。
d.审核残值,确定其是否合理。
②其他财产损失。
a.通过照片及相关单证审核物损是否属于保险事故造成。
b.审核财产损失金额和赔款计算是否合理准确。
③施救费用。根据案情和施救费用的有关规定,核定施救费用单证是否有效以及金额确定是否合理。
(6)理赔单证。
审核确认被保险人按规定提供的单证材料是否齐全有效,有无涂改、伪造,是否符合单证规范要求。
(7)赔款计算。
①审核赔款理算是否正确。
②审核免赔率使用是否正确。
③查勘、核损、复勘意见中指出所需加扣的免赔额。
(8)索赔人。
①原则上索赔人应为被保险人。
②当索赔人为非被保险人本人时,应持有相应法律证明(法院判决书、被保险人死亡、失踪证明)或符合法律要求的被保险人委托办理索赔的授权委托书。
(9)支付对象。
①根据案件实际情况,确认赔款支付对象无误。
②原则上赔款只能支付给被保险人或法定受益人。
③被保险人或法定受益人委托办理领款的,应提供齐全的委托手续。

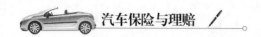

④某些特定的情况下,收款人也可以是交通事故受害人、医院、法院等。

(10)其他。按相关文件规定处理。

3. 核赔的退回处理

核赔人按照审核要求进行赔案审核,重点审核相关环节是否按照要求进行案件的处理,结合各环节的案件处理信息和承保情况综合考虑,给出最终赔付意见。对于无异议的案件核赔人核赔同意,案件将自动结案转入支付环节;如果核赔人对案件有异议,应退回前面相应环节责任人,进行进一步的处理。当核赔退回的问题得到完全处理后,再发送核赔审核,核赔确认处理无误后方可核赔通过,案件结案。核赔退回时应对问题说明清楚,以便问题处理人理会;相关问题责任人对于核赔退回案件应及时处理,问题处理完后应及时回复,回复时应针对核赔退回的问题做处理说明。常见的退回问题及处理方式见表4-16。

常见核赔退回问题列举　　　　　表4-16

常见问题类型示例	责任人	退回用语示例	回复用语示例
单证不全	缮制人员	缺××单证	××单证已补
理算错误	缮制人员	××险种计算错误	计算错误已修改(并上传计算错公式)
验标信息不全	查勘定损人员	缺车架号(或车牌、发动机号)	××已上传
损失项目异议	核损人员	××更换不合理	××已删除,做修复处理
项目价格异议	核损人员	××价格偏高	价格已修改
事故真实性异议	核损或调查人员	事故真实性异议,请调查	事故已调查,调查报告已上传
保险责任异议	客服人员	驾驶证年检不合格,不属于保险责任	案件已拒赔

三、综合实训

1. 核损实训

报案号:××××××

报案信息:被保险人李小姐所持有的红旗CA7204MT2轿车,车牌号码辽××××××,于2008年5月10日8时30分由李某驾驶在辽宁沈阳辽中下高速躲车时撞断路边树木翻到沟里,造成标的车翻倒,车身变形。标的车自2008年5月10日零时起保。

查勘定损员上传的照片如图4-51所示。

试回答下列问题。

(1)案件中有几处疑点?

(2)请你出具核损意见。

2. 核赔实训

在保险理赔软件的核赔系统平台上进行案件核赔操作。

第四章 汽车保险理赔实务

图 4-51

车辆损失照片

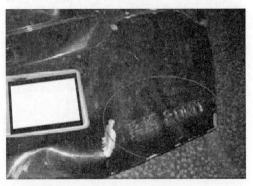

图 4-51　查勘定损员上传的照片

思考与练习

  1. 甲、乙两车都在某保险公司投保了机动车辆损失险，两车均按保险价值投保，保险金额都为 40000 元。两车在不同事故中出险，且均被承保的保险公司推定为全损。甲车投保时为新购车辆，即其实际价值与保险价值相等，残值作价 2000 元；乙车投保时该车已使用了两年，出险当时实际价值确定为 32000 元，残值作价 1000 元。试核定两车的损失。

  2. 甲、乙两车发生严重碰撞事故，甲车被推定全损，该车在某保险公司投保，车辆损失险保险金额为 80000 元，出险时车辆实际价值被确定为 65000 元，残值作价 3000 元。根据交通事故处理机关认定甲方负主要责任，承担 70% 的事故损失。试计算保险公司应支付甲车车辆损失险的赔款。

  3. 甲车投保了车辆损失险和第三者责任险(限额 50000 元)，在保险有效期内出车时，因雾大路滑，超速且占道行驶，与对面驶来的乙车相撞，造成对方车辆损坏严重，驾驶人受重伤，经交通事故处理机关现场查勘认定，甲车负全部责任。甲车投保的保险公司经对乙车查勘定损，核定车辆损失为 40000 元，乙车驾驶人住院医疗费 15000 元，其他费用(护理费、营养费、误工费等)按规定核定为 5000 元。根据以上两项内容，交通事故处理机关裁定甲车(被保险人)应承担赔偿费用 60000 元，已超过第三者责任险赔偿限额，试计算甲车保险公司应赔付甲车第三者责任险的赔偿金额。

  4. 论述机动车辆定损的原则。
  5. 需要携带的查勘单证主要有哪些？
  6. 事故车维修成本的构成是什么？
  7. 画出事故查勘定损流程图。

第五章　汽车保险索赔实务

 学习目标

通过本章的学习,你应能:
1. 正确叙述汽车保险的索赔流程;
2. 知道交通事故索赔与保险索赔的途径;
3. 分析交通事故损害赔偿的主体;
4. 正确完成思考与练习。

第一节　交通事故索赔概述

一些有过索赔经历的车主都知道,当发生道路交通事故后,第一,要拨打120或999急救电话对受伤人员进行救助,同时,可以采取一些恰当的紧急救助措施;第二,要保护好现场,如果因为救助伤者或者恢复交通秩序等原因,需要对受伤人员、车辆的位置进行挪动时,一定要标好挪动物的原位置,以免无法认定事故责任;第三,自行达成赔偿协议或者拨打122报警电话;第四,等待交警进行现场查勘并最终依法作出责任认定;第五,在规定时间内向保险公司报案;第六,由保险公司或公估公司的查勘人员到现场查勘,并出具《查勘报告》;第七,送车维修并进行定损;第八,车主提交单证;第九,保险公司进行核损、理算、核赔;第十,赔款结案。

保险理赔、保险索赔和交通事故索赔是有区别的。保险理赔是从保险公司角度而言的,保险索赔是从被保险人角度而言的,交通事故的索赔是从受害者角度而言的。当出现保险事故后,被保险人可就自己的事故损失向保险人提出索赔请求,这是被保险人的权利。

一、交通事故的应对

交通事故分道路交通事故和非道路交通事故,而两者在处理方式上是有区别的。爱车一旦发生交通事故该怎么办呢?车主应对措施的正确与否将关系到后续的保险理赔,自己的权益要学会争取最大的保障。

1. 交通事故

(1) 交通事故的定义。根据《道路交通安全法》第一百一十九条的规定:"交通事故"是指车辆在道路上因过错或者意外造成的人身伤亡或财产损失的事件。这里讲的车辆包括机动车(但在轨道上运行的火车、地铁等除外)和非机动车;道路是指公路、城市道路和虽属于单位管辖范围但允许社会机动车辆通行的地方,包括广场、公共停车场等用于公众通行的场所。

(2)交通事故的构成要件。

①事故必须发生在《道路交通安全法》中规定的道路上。

②事故必须由机动车或非机动车造成。

③车辆必须在运行过程中而非停止状态发生事故。

④必须要有损害后果的发生,即事故必须在客观上造成了人身伤亡或财产损失。

⑤事故责任人的主观心理只能是过失或意外。

交通事故的责任人的主观心理只能是过失或意外。过失是指加害人主观上应当预见到损害结果的发生,因粗心大意未能预先,或者虽已预见但因过于自信未采取恰当措施,导致交通事故的发生,如超载、违章等。

判断是否是"意外事故"一般有三个原则:第一是外来的、突发的,第二是出于不能抗拒或者不能预见的,第三是非主观因素造成的。如果发生的事故中有一个或多个不符合原则的,则不属于"意外事故"。判断是否为"过失"有两个原则:第一是加害人主观上应当预见到损害结果的发生,因粗心大意未能预先;第二是加害人虽已预见到损害结果可能发生,但因过于自信未采取恰当措施,导致交通事故的发生,如超载、违章等。

值得注意的是,虽然交道事故常常伴随着加害人违反了道路交通法规,但是否构成交通事故,并不以违反道路交通法规为前提。

【案例5-1】

开车轧死宠物是否也算交通事故?

某日,董小姐带着宠物狗在路边玩耍,并将狗放在人行道上想让其自由活动一下,但她没想到这只小狗突然跑到了公路上。而此时,赵先生开着一辆车正好经过,因为事出突然,他来不及制动车辆,就把狗轧死了。双方交涉时,董小姐称自己的狗很名贵,要求赵先生赔偿4000元,而赵先生只同意赔400元。双方协商不成只好找到交警队去解决问题。

【法理分析】

该起事故是属于一般民事侵权还是属于交通事故呢?首先要看该起事故是否符合交通事故的构成要件。第一,造成事故的是赵先生的车,属于机动车。第二,事故发生在公路上。第三,事故发生时赵先生的车正在正常行驶。第四,该事故造成了董小姐的宠物狗死亡,而宠物属于个人财产,应属财产损失范围。第五,该事故由于意外而造成。从以上分析可见,这起事故符合交通事故的全部构成要件,故应当按照交通事故处理。

(3)不属于交通事故的情形。

①车辆在不供公众通行的道路上发生的事故,如厂矿、油田、农场、林场等专有道路,乡村小道、农村场院、机关、学校、单位大院及住宅区楼群之间的道路,铁道口、渡口、港口、车站、机场、货场内等。

②车辆在道路上举行军事演习、体育竞赛时,工作、竞赛及演习人员发生的事故。

③工程车辆在道路上作业时发生的施工人员的事故。

④在车上发生挤伤、挤死的事故。

⑤车辆处于停止状态时发生的事故,如停在路边拉运煤的重型载货汽车上,煤块突然掉

落将人砸伤或行人撞到停在便道上的汽车上而受伤等。

⑥事故责任人在主观上属于故意造成的事故,如"碰瓷"。

特别提示

依据《道路交通安全法》第七十七条的规定,"车辆在道路以外通行时发生的事故,公安机关交通管理部门接到报案的,参照本规定处理"。

由于在道路以外的其他场所没有交通规则的标准,对于车辆和行人的行为很难进行违法行为认定和过错判断,所以其赔偿事宜原则上由当事人协商解决,协商不成的,可以由相关部门(如当地派出所)处理或向法院提起民事诉讼。但如果有人向公安机关交通管理部门报案的,公安机关交通管理部门应该负责处理,处理时可参照道路交通事故的规定。

【案例 5-2】

在商场广场上发生的撞人事故属于交通事故吗?

2004 年 5 月 1 日至 7 日,北京市某大型商场在搞大型活动。商场为了吸引更多的顾客,在商场的东边搭设了大型展台,展示各种商品并有许多促销活动,从而吸引了大量的顾客。在某外企工作的张小姐于 5 月 3 日驾驶私家车前往该商场购物。张小姐将自己的爱车停在商场的停车场内。张小姐购完物后从停车场取车经过广场离开时,王先生正骑单车来商场买家用电器。由于广场上人很多,驾驶经验不足的张小姐一见王先生骑车驶向自己,顿时紧张万分,当经过王先生身边时由于张小姐的错误操作,汽车撞上了自行车,导致王先生连人带车跌到在地上。广场上的人看见出了车祸,立即围了上来,张小姐在周围人的帮助下将王先生送到了医院,同时向在附近执勤的民警报了案。经医院检查诊断,王先生受了轻伤。那么商场的停车场和广场是否属于《道路交通安全法》中的"道路"呢?

【法理分析】

因为《道路交通安全法》明确规定,"道路"是指公路、城市道路和虽在单位管辖范围但允许社会机动车通行的道路,包括广场、公共停车场等用于公共通行的场所。而商场的停车场尽管属于商场,但社会车辆只要按照其规定缴纳停车费均可停车,因此该停车场属于公共停车场,而商场前的大片空地,显然属于广场。

所以,本案中的事故不管是发生在该商场的停车场内还是广场上均属于《道路交通安全法》中的"道路"。若结合交通事故的构成要件分析,可得出本案中的事故应当属于交通事故的结论。

【案例 5-3】

非道路交通事故交警可以处理吗?

某大学在周末时总会开设一些社会人士上的课,某公司经理张某在这一大学上 MBA。2005 年 9 月 10 日,张某将其驾驶的奥迪轿车停在大学生宿舍门口。中午,他接到家里的电话,说儿子不小心摔伤需要住院。他急忙发动汽车,在向外倒车时,由于心情焦急没有注意从宿舍门口出来的大学生林某,将其撞倒,张某回头见林某没有流血,于是就想继续驾车离开。周围其他学生因不满张某的做法,便将其轿车围住,并要求张某将林某送到医院进行救治。张某一口拒绝并试图强行将车开走。在场的一位大学生拨打了122报警电话,交通警察15min后赶到了现场,对事故作了处理并要求张某将林某送往就近的医院进行治疗。而张某对此提出异议,认为这不属于道路交通事故,应该由学校的有关部门负责处理。

【法理分析】

虽然发生在校园内的事故属于非道路交通事故,但根据《道路交通安全法》第七十七条的规定:"车辆在道路以外通行时发生的事故,公安机关交通管理部门接到报案的,参照本规定处理。"本案中,因为有人向公安机关交通管理部门报了案,所以,交警是有权力对该事故进行处理的,并可参照道路交通事故的规定处理。

(4)交通事故的类型。交通事故按事故的严重程度分可分为四种。

①轻微事故。轻微事故是指一次造成轻伤1~2人,或财产损失为机动车事故不足1000元及非机动车事故不足200元的事故。

②一般事故。一般事故是指一次造成重伤1~2人,或轻伤3人以上,或财产损失不足30000元的事故。

③重大事故。重大事故是指一次造成死亡1~2人,或重伤3人以上10人以下,或财产损失30000元以上不足60000元的事故;或虽未造成人员伤亡,但危及首长、外宾、著名人士的安全,政治影响很坏的事故。

④特大事故。特大事故是指一次造成死亡3人以上,或重伤11人以上,或死亡1人但同时重伤8人以上,或死亡2人但同时重伤5人以上;或财产损失60000元以上的事故。

 特别提示

道路交通事故伤害程度的区别:

1.重伤指符合下列情况之一的伤害:使人肢体残废或者毁人面貌的,使人丧失听觉、视觉或其他器官机能的,其他对于人身有重大伤害的。

2.轻伤指经医生诊断需治疗、休息1天以上,且不致重伤者。

3.死亡指事故发生后,当场死亡或伤后7天以内抢救无效死亡的。

2.事故现场当事人的应对措施

根据《道路交通安全法》第七十条规定:在道路上发生交通事故,车辆驾驶人应当立即停车,保护现场;造成人身伤亡的,车辆驾驶人应当立即抢救受伤人员,并迅速报告执勤的交通警察或者公安机关交通管理部门。因抢救受伤人员变动现场的,应当标明位置。乘车人、过往车辆驾驶人、过往行人应当予以协助。

在道路上发生交通事故,未造成人身伤亡,当事人对事实及成因无争议的,可以即行撤离现场,恢复交通,自行协商处理损害赔偿事宜;不即行撤离现场的,应当迅速报告执勤的交通警察或者公安机关交通管理部门。

在道路上发生交通事故,仅造成轻微财产损失,并且基本事实清楚的,当事人应当先撤离现场再进行协商处理。

根据《道路交通安全法实施条例》第八十六条规定:机动车与机动车、机动车与非机动车在道路上发生未造成人身伤亡的交道事故,当事人对事实及成因无争议的,在记录交通事故的时间、地点、对方当事人的姓名和联系方式、机动车牌号、驾驶证号、保险凭证号、碰撞部位,并共同签名后,撤离现场,自行协商损害赔偿事宜。当事人对交道事故事实及成因有争议的,应当迅速报警。第八十七条规定:非机动车与非机动车或者行人在道路上发生交通事故,未造成人身伤亡,且基本事实及成因清楚的,当事人应当先撤离现场,再自行协商处理损害赔偿事宜。当事人对交通事故事实及成因有争议的,应当迅速报警。第八十八条规定:机动车发生交道事故,造成道路、供电、通信等设施损毁的,驾驶人应当报警等候处理,不得驶离。机动车可以移动的,应当将机动车移至不妨碍交通的地点。公安机关交通管理部门应当将事故有关情况通知有关部门。

具体来说,道路交通事故的当事人应当采取的措施包括以下内容。

(1) 立即停车。当事故发生后,机动车驾驶人应首先采取紧急制动措施停车,这是第一义务;其次是停车后按有关规定操作,即拉紧驻车制动器操纵杆,切断电源,开启危险信号灯,夜间还需开启示宽灯、后位灯;再次是下车察看现场,确认事故是否发生,受害人及有关物品的损害情况,并在车后设置警告标志。

注意:切不可将车辆缓慢地靠向道路一边或向前缓慢停车,或者向后倒车再停,因为这些行为将对事故现场造成不同程度的破坏,使事故责任无法认定及事故损失进一步扩大,更不可驾车逃逸,这是违法行为,甚至构成犯罪。

(2) 根据损害情况的不同采取自撤离现场或迅速报警。

①适用迅速撤离事故现场的情形:《道路交通安全法》第七十条第二、三款规定:在道路上发生交通事故,未造成人身伤亡,当事人对事实及成因无争议的,可以即行撤离现场,恢复交通,自行协商处理损害赔偿事宜;不即行撤离现场的,应当迅速报告执勤的交通警察或者公安机关交通管理部门。在道路上发生交通事故,仅造成轻微财产损失,并且基本事实清楚的,当事人应当先撤离现场再进行协商处理。

a. 未造成人身伤亡,当事人对事实及成因无争议的。

b. 仅造成轻微财产损失且基本事实清楚的交通事故。

②应保护现场并立即报警的情形。

a. 造成人员死亡、受伤的。

b. 发生财产损失事故,当事人对事实或者成因有争议的,以及虽然对事实或者成因无争议,但协商损害赔偿未达成协议的。

c. 机动车无号牌、无检验合格标志、无保险标志的。

d. 载运爆炸物品、易燃易爆化学物品以及毒害性、放射性、腐蚀性、传染病病原体等危险物品车辆的。

e. 碰撞建筑物、公共设施或者其他设施的。

f. 驾驶人无有效机动车驾驶证的。

g. 驾驶人饮酒、服用国家管制的精神药品或者麻醉药品的。

h. 当事人不能自行移动车辆的。

有上述第二项至第五项情形之一,车辆可以移动的,当事人可以在报警后,在确保安全的原则下,对现场拍照或者标划停车位置,并将车辆移至不妨碍交通的地点等候处理。

注意:推行当事人自撤现场、自行协商处理物损交通事故的办法,会给保险公司带来一定的道德风险。除了保险公司应加强并严格事故车辆勘验外,上海市机动车联合信息平台开发的保险失信档案管理信息系统,使得交通事故理赔案件得到了实时监控。凡因故意制造虚假交通事故骗取保险金而被保险公司拒赔或被公安机关查处的个人、单位,都将在该系统中予以记录,作为今后限制其保险业务及其他金融业务的依据。待条件成熟后,该系统将与上海市社会联合诚信系统进行整合,使信用限制拓展到更多领域。

机动车发生物损交通事故,车辆能够安全移动并符合自撤现场规定的,当事人若坚持不撤离现场的,执勤民警将责令其撤离;造成交通堵塞的,对当事人处以200元罚款,驾驶人有其他道路交通违法行为的,依法一并处罚。

当事人选择自行协商处理的物损交通事故如果发生在上海,则必须将事故车辆共同移至同一"服务中心"进行财产损失核定并办理保险理赔手续。未经"服务中心"登记的《协议书》无效。需要向保险公司索赔的,应当在撤离现场后立即用电话向保险公司报案,在不影响交通的地方填写有记录交通事故事实及相关内容的《机动车物损交通事故损害赔偿协议书》。

③报警方式。

a. 事故当事人向就近值勤的交通警察报告。

b. 事故当事人拨打122交通事故报警电话或110报警电话。

c. 委托现场目击者、车上乘客、同乘人员、过往车辆驾驶人、过往行人等向值勤的交通警察或公安机关交通管理部门报告。

报警时,应当尽量讲明事故发生的时间、地点、车辆牌号、人员伤亡、损失情况以及处理措施。如果交通事故引起火灾的,应先报119火警,再进行事故报警。

特别提示

1. 在偏远地区,可就近向当地公安机关或其他行政机关报案。
2. 如果交通事故伤亡重大或者造成重大交通影响的,当事人还需向公安管理部门报告。
3. 发生非道路交通事故的,可向当地公安管理部门报告。

(3)抢救伤员。如果交通事故导致人员伤亡的,事故当事人不能一味等待交警的到来,应本着人道主义精神并根据实际情况,立即采取相应的措施抢救受伤人员。另一方当事人应该立即拨打120或999急救电话或选择将受害人送到就近医院进行治疗。

抢救伤员与保护现场应同步进行。如果涉及挪动受害人或事故车辆的,应当标好原位置,但如果受害者已经死亡的,则不应当搬动,要保护现场,等待交警来处理。

> **特别提示**
>
> 　　如果选择将受伤人员送往医院治疗的,应当尽量拦截过往车辆,只有在紧急情况下才可以使用事故车辆,但应标记好停车位置。如果车上还有其他人员时,应当留下保护现场。驾驶人在将受伤人员送到医院后应当立即返回现场。

　　(4)保护现场。交通事故现场是反映道路交通事故前后过程的空间场所,存在大量的事故痕迹和物证,是交警勘验现场、分析原因、认定责任和处理事故的关键。现场的范围通常是指机动车采取制动措施时的地域至停车的地域,以及受害人行进、终止的位置。

　　①保护现场的方法。

　　a.立即确定现场的范围。用白灰、砂石、树枝、绳索等将现场围住,并仔细看护,禁止一切车辆和行人进入。标记现场的时候要尽量做到不妨碍交通。

　　b.如果要在现场抢救伤员,应标记伤员的原始位置。

　　c.遇到下雨、下雪、刮风等自然现象对现场可能造成破坏时,可以用塑料布等防湿工具将现场的尸体、血迹、车痕、制动印痕和其他散落物遮盖起来。

　　d.现场如果有扩大事故的因素,如汽油外溢、车上装有易燃、易爆、剧毒、放射性物品时,应立即设法消除,并向周围行人讲明现场的危险。必要时应将危险车辆驶离现场,同时要注意寻找目击证人,记下证人的身份和地址等信息,以备将来认定事实。

　　②应当重点保护的现场痕迹。

　　a.路面痕迹。如车辆制动印痕、轧压痕迹、侧滑痕迹、行人鞋底与路面擦痕以及血迹、油迹、水迹等。

　　b.车辆与人体擦撞痕迹。如各种车辆造成的剐痕、沟槽、服装搓擦痕、车身浮尘擦痕等。

　　c.路面遗留物。如玻璃、漆片等散落物、人体组织的剥落物等。

　　【案例5-4】

　　车辆驾驶人在交通事故发生后的义务是什么?

　　某年7月,刘某驾驶自己的桑塔纳车从市区到郊区办事。走到某高速路不远时,刚过人行道,突然看到有个行人从路边走出来,那个人可能因为有急事而没有看到刘某的车,低着头继续往前快步走。刘某吓了一跳,按喇叭已经来不及了,赶紧制动车辆并转动转向盘避让,结果车头还是撞到了行人。刘某立即下车查看,只见行人浑身是血躺在地上。刘某急忙拦车,但拦了几分钟也没有车辆停下来。救人要紧,刘某抱起伤者放到自己车上,开车将伤者送往医院。

　　由于刘某及时将行人送往医院,医院抢救及时,行人林某得救了。林某伤好后,双方一起到交警队来处理,刘某看到责任认定书上自己应负事故的全部责任而行人林某却不负责任时,觉得特别冤枉。刘某委屈地说:"行人林某横穿公路不走人行道不负责任,我正常行驶为什么要负全部责任?"对此,刘某提起行政复议,但是,上一级的公安交通管理机关维持了原认定的责任,因此,刘某决定提起行政诉讼。

【法理分析】

①刘某及时抢救伤员是正确的,这也是其必须履行的法定义务。我国《道路交通安全法》第70条第一款规定:"在道路上发生交通事故,车辆驾驶人应当立即停车,保护现场;造成人身伤亡的,车辆驾驶人应当立即抢救受伤人员,并迅速报告执勤的交通警察或者公安机关交通管理部门。"

②刘某为抢救伤员而移动车辆时没有依法标明位置,也没有及时报案,致使现场遭到破坏,为此,刘某应当承担责任。我国《道路交通安全法》第七十条第一款同样规定:"因抢救受伤人员变动现场的,应当标明位置。乘车人、过往车辆驾驶人、过往行人应当予以协助。"根据一般的交通事故处理理论,如果当事人一方有条件报警而没有报警致使交通事故责任无法认定的,应当负全部责任。另外,我国《道路交通安全法》第七十六条规定:"机动车与非机动车驾驶人、行人之间发生交通事故,非机动车驾驶人、行人没有过错的,由机动车一方承担赔偿责任;有证据证明非机动车驾驶人、行人有过错的,根据过错程度适当减轻机动车一方的赔偿责任。"本案中,刘某有条件报警而没有报警,而伤者林某因受伤无法报警。经交警调查,又没有其他证人或证据证明事故的经过,而行人也坚持认为自己是从人行横道线穿过的公路。因此,交警在无法查明事故真实原因的情况下,认定刘某为全责是正确的。

③过往的车辆没有停车救人虽然不符合法律规定,但却不承担法律责任。虽然法律中用了"应当予以协助",但是法律并没有进一步规定处罚条款。所以,这里面的"应当"实际上是对过往车辆驾驶人、过往行人规定的一种无违反后果的义务,这些人即使没有履行这个义务,也不应当受到处罚,更不能凭借本条的规定来要求他们赔偿损失,但会受到社会道德的谴责。

3. 交警对交通事故的处理

处理交通事故是公安机关交通管理部门的主要职责之一,具体地说主要有四个方面的职责:一是处理交通事故现场,二是认定交通事故责任,三是处罚交通事故责任者,四是对损害赔偿进行调节。

凡是属于交通事故的都必须由交通管理部门处理,凡是属于非道路交通事故的,可向当地公安管理部门(如派出所)报告。

《道路交通安全法》第七十七条规定:"车辆在道路以外通行时发生的事故,公安机关交通管理部门接到报案的,参照本法有关规定办理。"也就是说,公安机关交通管理部门对道路以外的事故亦有管辖权,但前提是必须接到报案。

 特别提示

我国地方公安机关交通管理部门通常分为三级:一是省、直辖市、自治区人民政府所属的公安厅(局)交通警察总队(交通管理局),二是地(市)级人民政府所属的公安交通警察支队,三是县级人民政府所属的公安交通警察大队。

交警对交通事故的处理流程如图5-1所示。

(1)受理报警。

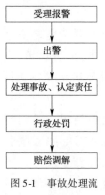

图 5-1 事故处理流程图

①公安机关交通管理部门如果十分明确不属于自己管辖时,应当通知当事人向有管辖权的公安机关交通管理部门报警,并告知其电话等。

②公安机关交通管理部门如果认为属于自己管辖或者认为管辖不明时,应当登记备查并进行记录,如果有可能是交通肇事逃逸的,还应当详细询问报警人有关肇事车辆的颜色、特征及逃逸方向等情况,并立即派交警赶赴事故现场。

③如果事故涉及 3 人以上死亡或者有重大影响的,公安机关交通管理部门应当立即向上一级公安机关交通管理部门报告,而且也应当向当地人民政府报告。

④如果事故涉及营运车辆的,公安机关交通管理部门还应当通知当地人民政府的有关行政管理部门。

(2)出警。公安机关交通管理部门接到报案后,应当根据交通事故的类型、损害情况等及时出警。对于适用简易程序处理的交通事故,可以派一名交通警察处理;对于适用一般程序处理的交通事故,应当派出两名或者两名以上的交通警察处理。

对于涉及死亡的交通事故,县级公安机关交通管理部门负责人应当到场组织、指挥现场救援和调查取证工作;对于涉及 3 人以上死亡及造成其他重大影响的交通事故,地(市)公安机关交通管理部门负责人应当到场组织、指挥现场救援和调查取证工作;对于涉及 10 人以上的交通事故,省级交通警察总队要派有关人员赶赴现场,协调并指导当地的交通事故调查、处理工作。

(3)处理事故、认定责任。交警通过现场调查、现场查勘、事故的检验、鉴定等最后认定事故的责任。采用简易程序处理的交通事故,交警当场制作《事故认定书》;采用一般程序处理的交通事故,交警应当自勘查现场之日起 10 日内制作《交通事故认定书》,交通肇事逃逸的,在查获交通肇事逃逸人和车辆后 10 日内制作《交通事故认定书》,对需要进行检验、鉴定的,应当在检验、鉴定或者重新检验、鉴定结果确定后的 5 日内制作《交通事故认定书》。

(4)行政处罚。责任认定后,交警应当对有关责任方进行处罚。处罚主要包括警告、罚款、暂扣机动车驾驶证、吊销机动车行驶证、扣留等。

①对机动车驾驶人行政处罚的规定。违反道路通行规定的可以处 20 元以上 200 元以下的罚款;饮酒后驾车的处 200 元以上 500 元以下的罚款;醉酒后驾车的处 500 元以上 2000 元以下罚款;对公路客运车辆超载的处 200 元以上 500 元以下的罚款,超载 20% 或者违反规定载货的处 500 元以上 2000 元以下的罚款;货运机动车超载的处 200 元以上 500 元以下罚款,超载 30% 或者违反规定载客的处 500 元以上 2000 元以下的罚款;对无证驾驶,将机动车交给无证人驾驶或被吊销暂扣的人驾驶而造成交通事故后逃逸但尚不构成犯罪的,机动车超过规定时速 50% 的,驾驶无牌无证机动车等严重违法行为的,处 200 元以上 2000 元以下的罚款。

②暂扣机动车驾驶证的规定。饮酒后驾驶机动车的,处暂扣 1 个月以上 3 个月以下机动车驾驶证;醉酒后驾驶机动车的,暂扣 3 个月以上 6 个月以下机动车驾驶证;饮酒后驾驶营运机动车的,处暂扣 3 个月机动车驾驶证;醉酒后驾驶营运机动车的,暂扣 6 个月机动车驾驶证等。

③吊销机动车驾驶证的规定。1 年内有饮酒后或醉酒后驾驶机动车的行为,被处罚两次以上的,吊销机动车驾驶证,5 年内不得驾驶营运机动车;将机动车交由未取得机动车驾驶证或者机动车驾驶证被吊销、暂扣的人驾驶的,可以并处吊销机动车驾驶证;机动车行驶超过规定时速 50% 的,可以并处吊销机动车驾驶证;对驾驶拼装的机动车或者已达到报废标准的机动车上道路行驶的驾驶人,吊销机动车驾驶证;违反道路交通安全法律、法规的规定,发生重大交通事故,构成犯罪的,依法追究刑事责任,并由公安机关交通管理部门吊销机动车驾驶证;造成交通事故后逃逸的,由公安机关交通管理部门吊销机动车驾驶证,且终生不得重新取得机动车驾驶证;执行职务的交通警察认为应当对道路交通违法行为人给予暂扣或者吊销机动车驾驶证处罚的,道路交通违法行为人应当在 15 日内到公安机关交通管理部门接受处理,无正当理由逾期未接受处理的,吊销机动车驾驶证。

(5)赔偿调解。交通事故赔偿权利人、义务人在收到《交通事故认定书》之日起 10 日内,如果一致要求公安机关交通管理部门进行赔偿调解的,当事人可书面申请调解。公安机关交通管理部门应当与当事人约定调解的时间和地点,并于调解时间 3 日前通知当事人,口头通知的应当记入调解记录。调解达成协议的,公安机关交通管理部门应当制作调解书并送交各方当事人签字生效;调解未达成协议的,公安机关交通管理部门应当制作调解终结书并送交各方当事人;当事人不服调解书内容的可以就交通事故赔偿内容提起诉讼。

二、事故责任认定

道路交通事故的责任认定,就交通事故处理而言,处于承上启下的中心环节。公安机关交通管理部门在处理交通事故案件时,要根据事故责任对当事人给予法律制裁。在对交通事故损害赔偿调解时,交通事故责任是承担相应赔偿量的根据。在追究当事人刑事责任时,交通事故责任是重要条件。所以,道路交通事故责任认定在处理交通事故过程中具有相当重要的地位。

1. 道路交通事故责任

所谓道路交通事故责任是指公安机关在查明交通事故责任后,依据道路交通管理的法律、法规和部门规章,对当事人的违章行为与事故之间的因果关系以及违章行为在交通事故中所起的作用作出的结论。

(1)道路交通事故责任的构成要件。道路交通事故责任的构成要件如图 5-2 所示。

图 5-2　道路交通事故责任的构成要件

①必须是道路交通事故责任的主体。只要有交通活动能力,能在道路上行走、乘车、驾车,就可以承担交通事故责任,不受年龄、智力的限制。

值得注意的是,交通事故责任不是指当事人应当承担的法律责任。尽管交通事故责任是依法确定当事人法律责任的重要依据,但作为法律责任的主体,必须符合法定的责任年龄、具有法定的责任能力。所以,承担交通事故责任的人,不一定要承担法律责任。同样,交通事故责任与交通事故损害赔偿责任也不相同,一是责任的归责原则不同,二是主体不同,因为交通事故损害赔偿责任的主体还包括受害人的近亲属、车内物品所有人或支配人、保险公司等。

②有一定的交通行为存在。交通行为可能是违法行为,也可能是意外事故。其中,违法行为可能是事故中某一方当事人的行为,也可能是事故中双方当事人的行为;而意外事故法律并没有要求有违法行为的存在。

③交通行为和事故的发生之间存在因果关系。违章行为或意外事故与损害后果之间必须存在因果关系。与道路交通事故的发生存在因果关系的交通行为是认定道路交通事故责任的关键,如果没有因果关系,即使行为人的行为属于严重的违法行为,也不构成道路交通事故责任。

因果关系不仅能起到定性作用,还可以起到定量作用。这是由于它揭示了当事各方的事故直接原因在形成事故中的责任,这种作用的大小就反映在交通事故责任的大小上。

(2)交通事故责任的类型。交通事故责任的类型如图 5-3 所示。

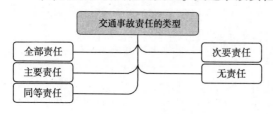

图 5-3　交通事故责任的类型

2.道路交通事故的责任认定

(1)责任认定的基本原则。

①依法定责的原则。作为行政机关的道路交通管理部门,在责任认定时必须以法律为准绳,依法定则。认定道路交通事故责任的法律依据不仅仅是有关道路交通安全方面的法律、法规和规章,还应包括《中华人民共和国刑法》、《中华人民共和国民法通则》、《中华人民共和国刑事诉讼法》、《中华人民共和国民事诉讼法》、《中华人民共和国行政处罚法》、《中华人民共和国行政诉讼法》等相关的法律、法规。

②因果关系原则。责任认定所分析的因果关系,就是作为事故原因的违章行为或意外事故与造成事故之间的因果关系,应分析出与事故发生有直接的、内在的、必然的、主要的违法行为。严禁简单运用"违章是肇事的前因,肇事是违章的后果"这种逻辑关系。

(2)责任认定的主要依据。

①负全部责任的情形。

a.完全是因为一方当事人的过错行为而导致的交通事故。

b.当事人有逃逸行为致使无法认定交通事故责任的。

c.当事人有故意破坏、伪造现场、毁灭证据行为,致使无法认定交通事故责任的。

d.一方当事人故意造成交通事故的,肇事方负事故全部责任。

②负主要责任和次要责任的情形。

a.由两方当事人的违法行为共同造成交通事故的,违法行为在交通事故中作用大的一方负主要责任,另一方负次要责任。

b.由三方以上当事人的违法行为造成的交通事故,按各自违法行为在交通事故中的作用大小划分责任。

③负同等责任的情形。由两方或两方以上当事人的过错发生的交通事故,其各方的违法行为在交通事故中的作用相当的,负同等责任。

④无责任的主要情形。

a. 交通事故是由一方当事人的交通违法行为所导致的,另一方无责任。

b. 一方当事人故意造成的交通事故,另一方无责任。

c. 非机动车或行人与静止车辆发生的事故,机动车一方无责任。

d. 各方均无导致交通事故的过错,属于交通意外事故的,各方均无责任。

 特别提示

因为交通事故赔偿责任和交通事故责任是不同的,所以发生双方均无责任的交通意外事故时,若是发生在机动车之间的,则民事赔偿时应根据公平原则按实际情况分担;若是发生在机动车与非机动驾驶人或行人之间的,则机动车一方承担不超过10%的赔偿责任。

(3)事故现场遭到破坏的责任认定。交通事故现场是能够客观反映交通事故发生前后过程的空间场所,是公安机关交通管理部门正确认定交通事故责任的关键。所以,我国道路交通方面的法律、法规均明确规定了有关人员应当保护现场,不得破坏现场。

现场遭到破坏的情况,要区分不同的情况进行责任认定。

①如果现场是一方当事人故意破坏的,则破坏现场的当事人要承担全部责任。

②如果现场不是被故意破坏的,而是因不小心或其他原因(如由于暴雨等)受到破坏的,则由负有举证责任的一方承担相应的举证责任。

③机动车之间发生交通事故的,则由过错的一方承担责任;双方都有过错的,按照各自过错的比例分担责任。

④机动车与非机动车驾驶人、行人之间发生交通事故的,由机动车一方承担责任;但是有证据证明非机动车驾驶人、行人违反道路交通法律、法规的,机动车驾驶人已采取必要处置措施的,减轻机动车一方的责任。

⑤交通事故的损失是由非机动车驾驶人、行人故意造成的,机动车一方不承担责任。

由此可见,机动车一方负有较重的举证责任,如果在现场遭到破坏后,不能举出有力的证据予以反驳,那么要承担事故的全部责任。

【案例5-5】

事故现场破坏后,机动车驾驶人承担什么责任?

某日,毛某驾驶自己的富康小轿车在某市的主干道由东向西行驶,当时正下着鹅毛大雪,道路特别滑。在一个十字路口,行人曾某闯红灯穿过公路,毛某采取制动措施不及将曾某撞倒在地。毛某为了救人,急忙拦了一辆出租车将曾某送往医院进行治疗,然后拨打122报警电话。在此期间,毛某没有标记曾某被撞倒的位置,也没有对自己的紧急制动的拖印进行遮盖。为了不影响交通的畅通,毛某还将自己的轿车开离了原来的位置,停在了路边。公安机关交通管理部门赶到现场后,大雪已经覆盖了所有的痕迹,完全看不出事故发生的过程。于是根据《道路交通安全法》第七十六条和《道路交通安全法实施条例》第九十二条的规定,判定毛某承担事故的全部责任。

【法理分析】

本案中,毛某积极救人,并抱有不影响交通的心态是对的,但是由于他对交通法律、法规不了解,所以导致现场遭到破坏,尤其是在别人有违章的行为时,居然导致了自己承担事故的全部责任。

(4)对非机动车驾驶人交通事故责任认定说明(上海市)。非机动车驾驶人有下列行为之一的,与事故发生有直接因果关系,在事故中起主要作用的,视为严重过错,一般负事故主要以上责任。

①进入高速公路、全封闭道路诱发事故的。

②通过无信号灯控制的人行横道时与行人发生事故的。

③横过机动车道未下车推行诱发事故的。

④转弯未伸手示意或未顾及后车安全诱发事故的。

⑤后车超越前车时,未与前车保持安全横距诱发事故的。

⑥因酒醉原因诱发事故的。

机动车沿路口中心点左侧左转弯时,与相对方向左转弯的非机动车发生事故的,双方负事故同等责任。

无信号灯控制T形路口,右转弯机动车与同向左转弯非机动车发生事故的,双方负事故同等责任。路口有信号灯为绿灯时,可以调整为右转弯机动车负事故主要责任,左转弯非机动车负事故次要责任。

在没有划分中心线和机动车道与非机动车道的路段上,车辆未按下列行驶路幅行驶,与事故发生有直接因果关系的,一般负事故主要责任。

①车行道宽度在14m以上的,非机动车未在两侧各3.5m以内的路面行驶,机动车未在中间其余路面行驶。

②车行道宽度超过10m,不足14m的,机动车未在中间7m的路面内行驶,非机动车未在两侧其余路面内行驶。

③车行道宽度在10m以下6m以上的,非机动车未在两侧各1.5m(人力或加装动力装置的三轮车、残疾人专车在两侧2.2m内行驶)以内的路面内行驶,机动车未在中间其余路面内行驶。

④车行道宽度不足6m的,机动车和非机动车未靠道路右边顺序行驶。

骑跨中心线的机动车与对向非机动车发生事故的,双方一般负事故同等责任。

非机动车在本车道受阻驶入机动车道,随后行驶的机动车未避让发生事故的,机动车一方一般负事故主要以上责任;非机动车在机动车临近时驶入机动车道诱发事故的,可以调整为双方负事故同等责任。

(5)对行人交通事故责任认定说明(上海市)。行人有下列行为之一的,与事故发生有直接因果关系,在事故中起主要作用的,视为严重过错,一般负事故主要以上责任。

①进入高速公路、全封闭道路诱发事故的。

②信号灯禁行时,横过道路诱发事故的。

③翻、跨、钻隔离设施诱发事故的。

④在没有交通信号灯或人行横道的路口,或在没有人行横道、过街设施的路段,在车辆临近时(紧急制动无法避免事故的情况),急穿公路或中途倒退折返诱发事故的。

⑤夜间在车行道躺卧诱发事故的。

⑥嬉闹、玩耍、突然闯入车行道诱发事故的。

⑦攀爬车辆诱发事故的。

没有人行道的道路,行人未在道路两侧(道路两侧 1m 内)行走发生事故的,应负相应的事故责任。

(6)对乘车人交通事故责任认定说明(上海市)。乘车人有下列行为之一的,与事故发生有直接因果关系,在事故中起主要作用的,视为严重过错,一般负事故主要以上责任。

①行车途中跳车,或将身体伸出车外诱发事故的。

②行车途中干扰驾驶造成车辆失控发生事故的。

3. 交通事故认定书

(1)交通事故认定书的定义。公安机关交通管理部门根据交通事故现场勘验、检查、调查情况和有关的检验、鉴定结论,制作认定当事人责任的一种法律文书即交通事故认定书。

(2)认定书的类型。

①事故认定书。只适用按简易程序处理的交通事故。

②交通事故认定书。只适用按普通程序处理的交通事故。

事故认定书和交通事故认定书两者并无实质区别,只是在名称、记载的内容、适用程序上有些差异,其格式分别如图 5-4、图 5-5 所示。

(此处印制公安机关交通管理部门名称)

事　故　认　定　书

(此处填写文书编号)

事故时间:	事故地点:	天气:		
当事人姓名	联系方式	驾驶证号	车辆牌号	保险凭证号
交通事故事实	当事人签名:			
责任及调解结果	当事人签名: 交通警察:　(签名或盖章) (公安机关交通管理部门印章) 年　月　日			

注:事故认定书存档一份,交付各方当事人各一份。

图 5-4　事故认定书

(此处印制公安机关交通管理部门名称)

交通事故认定书

(此处填写文书编号)

交通事故发生时间、地点、天气:

当事方基本情况:

交通事故基本事实:

交通事故形成原因及当事人责任或者意外原因:

当事人签名:

交通警察:(签名或盖章)

(公安机关交通管理部门印章)

年　月　日

图 5-5　交通事故认定书

(3) 制作期限。

①事故认定书。应当场制作事故认定书。

②交通事故认定书。应当在一定期限内制作。

a. 一般应当在勘查现场之日起的 10 日内制作。

b. 若有交通事故逃逸的,应当在查获交通肇事逃逸人和车辆后的 10 日内制作。

c. 对于未查获交通肇事逃逸的案件,可以暂不出具交通事故认定书。但若受害方要求出具交通事故认定书的,可以在接到书面申请后的 10 日内制作。

d. 对需要进行检验、鉴定或者重新检验、鉴定的,应当在检验、鉴定结果确定后的 5 日内制作完成。

(4) 交通事故认定书的送达。交通事故认定书应当加盖公安机关交通管理部门交通事故专用章,分别送达当事人各方,并告知当事人申请公安机关交通管理部门调解的期限和直接向法院提起民事诉讼的权利。送达的方式有直接送达、留置送达、委托送达、邮寄送达和公告送达。

4. 事故责任的重新认证制度

(1)《认定书》的作用。《认定书》虽然是处理交通事故的证据,也是当事人就民事损害赔偿问题应向法院提交的重要证据,但它仅是一种证据,不具有法律效力。

在处理《认定书》时还应注意如下几个问题。

①《认定书》在民事诉讼中不属于司法审查范围,除非能举出其他有力的相反证据,否则,法院会采信《认定书》。

②因为证据必须查证属实后才能作为定案的依据,所以《认定书》不宜直接作为理赔的证据而采信。

③因为《认定书》只认定责任而不涉及具体的惩处,所以它不属于具体的行政行为。当事人不得向相关机关提出行政复议或行政诉讼。

(2) 对《认定书》不服时的解决途径。

①对事故当事人。

a. 向上级公安机关交通管理部门提起申诉。

b. 向法院起诉,用相反证据证明《认定书》存在错误。

②对保险公司。有权决定是否采信,通过起诉途径达到不采信。

【案例 5-6】

在一个秋雨连绵的日子里,某局交通科的驾驶人胡某驾驶小客车,在去往首都机场接人的途中,以 70km/h 的车速由西向东行驶至望京村附近,此时正好有某厂驾驶人吴某驾驶救护车送孕妇任某和助产护士李某二人到妇产医院,由东向西行驶。当双方车辆相距 40m 左右时,吴某发现胡某的车从对面行驶过来,即试图减速相让。此时,他感觉车身不稳,便采取向右打轮措施,但是由于车速比较快,路面有水,停车不及,同胡某的车发生相撞。

事后,交通管理部门对现场进行了勘验,并作了分析。现场道路系东西方向沥青路面,路面状况良好。同时,交警对车身的一些划痕做了比较细致的检查,最后认为吴某系驾驶不合格救护车并因采取措施不当,驶入逆行线。此外,行政规章规定,救护车在执行救助任务时,应当减速行驶,但是,在下雨的情况下,吴某仍以 60km/h 的车速行驶,这是事故的主要原因。而胡某当时的驾车速度是70km/h,也超过了该路段的限速,因此,对于交通事故的发生也有一定的责任。

交通部门对此出具了交通事故认定书,对当事人之间的责任进行了认定。但是,在交通事故认定书中,并未说明事故的基本事实和形成原因,而是直接对于当事人之间的责任划分作出结论。此后,在胡某对吴某起诉要求民事赔偿过程中,吴某抗辩说交通部门的交通事故认定书有问题,他个人不同意这个交通事故认定书的意见。试回答下列问题:

(1)吴某的抗辩是否成立?

【法理分析】

因为在本案中,交通部门虽然对交通事故作了比较详细的认定和勘验,但是因具体办案人员的疏忽,没有在事故认定书中对事故的形成原因等问题作出说明,因此,在内容和格式上不符合《道路交通安全法》的规定,认定书存在瑕疵。

所以吴某对交通事故认定书提出疑问是有根据的。

(2)吴某可以采取什么办法维护自己的权利?

①向上级公安机关交通管理部门提起申诉,而交通管理部门应当对吴某的意见予以重视,并且改正在工作中的失误。

②以事故认定书不符合法定要求为由,要求人民法院对事故认定书的意见不予考虑。

(3)法院对本案应当如何处理?

【法理分析】

因为认定书仅是一种证据,不具有法律效力。其法律地位只是交通管理部门据以处理交通事故的证据而已,它对于受理交通事故民事赔偿案件的人民法院并没有约束力。

所以法院可以参考事故认定书对事实和责任的认定意见,但并不一定以此为裁判依据。由于吴某对认定书提出异议,法院完全可以抛开事故认定书,自行确定该案件的事实情况和责任分配。

【案例5-7】

对交通事故认定书不服的处理。

2004年5月5日中午11时许,从化某中学的许老师驾驶一辆女式摩托车沿着从化街口镇新村北路前去探亲,车尾搭载着她的婆婆,车头脚踏板上站着她5岁的儿子,在途经北星卫生院门前路段时,突然发生失控,摩托车撞向了右前方的一辆重型载货汽车,摩托车上三人严重受伤。6月1日,许老师拿到了从化市公安局交通警察大队出具的交通事故认定书。认定书认为,事故的发生是由于摩托车自身失控造成的。许老师驾驶的摩托车不仅超过了核定人数,而且乘客未戴安全头盔,应该承担事故的主要责任;而停放在路边的重型载货汽车由于停泊在行车道上,应承担事故的次要责任。对于从化交警大队作出的事实判断与责任判定,许老师难以认同。

许老师认为,摩托车失控是因为有一辆车牌号码为粤AF64××的轻型载货汽车从左边超车时碰撞了坐在车尾的婆婆,而并不是自己驾驶失控。这一事实有跟在轻型载货汽车后面的姓谭的摩托车驾驶员作证。许老师不明白为什么肇事的轻型载货汽车不仅在认定书上一点都没有提及,而且还不需要承担任何责任?

为此,许老师先是在6月7日来到广州市公安局交警支队上访,要求对此进行复议。但广州交警支队有关人士却告知许老师，《道路交通安全法》实施后，交通事故认定书一旦作出，交警部门不再对事故认定书进行复议，许老师可直接向当地法院起诉。

于是，2004年6月9日、10日，许老师两次来到从化市人民法院提出诉讼。但该法院行政庭的法官拿出一份1992年由最高人民法院和公安部下发的《关于处理道路交通事故案件有关问题的通知》，《通知》的第四条明确规定：当事人仅就公安机关作出的道路交通事故责任认定和伤残评定不服，向人民法院提起行政诉讼或民事诉讼的，人民法院不予受理。试回答下列问题：

(1) 许老师对交通事故认定书不服时，能否向广州市公安局交警支队提起行政诉讼？

【法理分析】

因为《认定书》只认定责任而不涉及具体的惩处。

所以它不属于具体的行政行为。当事人不得向相关机关提出行政复议或行政诉讼。而只能向上一级公安机关交通管理部门、公安督察部门和行政监察部门提出申诉。

(2) 当事人对交通事故认定的事实及责任不服时，应当怎么办？

①应当请交通事故办案人员出具有关的证据，说明认定事实和责任的依据和理由。

②若在公安机关出具有关证据说明事实和责任认定的依据和理由后，当事人仍然不服的，有下列两种救济途径：a. 向法院起诉，要求法院进行审查；b. 向上级公安机关提出申诉，由这些机关按规定办理。

(3) 从化市人民法院的处理是否妥当？

【法理分析】

因为在《道路交通安全法》正式实施后，交通事故认定书只是一个技术鉴定，只是一种证据。交警原则上只负责原因分析和责任判定。

所以当事人在向法院提请诉讼时，法院可以根据交警出具的交通事故认定书作出判决，也可以根据当事人提交的证据另行判决，甚至推翻交警的认定。本案处理不妥当。

三、交通事故的索赔途径

交通事故与保险事故有着本质的区别。交通事故是指车辆在道路上因过错或者意外造成人身伤亡或财产损失的事件，交通事故不一定属于意外事故，譬如机动车驾驶人超速驾车伤人属于交通事故但却不属于意外事故，交通事故也不一定能获得保险公司的索赔；而保险事故是指被约定在保险合同中，由保险人负责赔偿的事故。保险事故不包括所有的交通事故或意外事故，只有是属于保险单中约定的"保险事故"时，保险公司才接受客户的索赔。

既然交通事故与保险事故存在差别，那么其索赔的环节是不同的，赔偿的主体也是不同的，要掌握车辆的保险索赔首先要了解交通事故的索赔。

1. 当事人自行协商(私了)

(1) 应用方法。当事人双方在事故现场就损失的赔偿金额及赔付方式达成一致时就算是自行协商解决。但事后有一方反悔、不愿履行的，当事人仍然可以向人民法院提起诉讼。

(2) 注意事项。

①应当形成书面材料,书面材料应当包括事故双方的姓名、住址、联系电话、证件号码、交通事故发生的时间、地点、事故原因、责任分配、损失的情况、双方协商的结果等内容,最后由双方签字。

②最好请交警出具事故认定书(如果报警的话)。

③如果涉及人身伤害的,除要签署上述书面材料外,还应当及时保存相应的证据,以防协商结果得不到履行时无法诉讼。

(3)不能自行协商解决的情形。造成人员重伤、死亡等涉及治安管理处罚或刑事责任的交通事故。

(4)优缺点。

①优点:便捷、快速、费用低。只要协议内容不违反法律规定,应属合法有效。

②缺点:不具有强制的执行力,要依靠当事人的自觉来履行。所以,一旦被拒绝履行时,只有通过诉讼来解决。当然,只要协议不存在欺诈、重大误解、显失公平等法定情节时,法院会判令不履行协议的一方按照约定来履行协议。

【案例5-8】

交通事故只要双方愿意时都能私了吗?

某日,出租车驾驶人李某酒后驾车,当场把王老汉的儿子撞死。望着血淋淋的尸体,李某感到牢狱之灾将降临头上,于是主动提出花15万元私了,并要求王老汉不要声张。在公安机关调查此案时,王老汉按照事先的串通,包庇了李某的全部责任。几经反复,查明真相后,公安机关依法对王老汉进行了刑事拘留,人民法院对其所犯包庇罪判处拘役三个月。

【法理分析】

我国《中华人民共和国刑法》第三百一十条明确规定:"明知是犯罪的人而为其提供隐藏处所、财物、帮助其逃匿或者作假证明包庇的,处三年以下有期徒刑、拘役或者管制;情节严重的,处三年以上十年以下有期徒刑。"本案中,王老汉的主要错误有两个,一是对涉及人员死亡的交通事故进行私了,二是作假证明包庇了犯罪人员。

2.请求交警或公安机关交通管理部门调解

(1)通过交警现场调解解决。本办法适用于交警按简易程序处理的交通事故。按照《交通事故处理程序规定》第十七条的规定:当事人共同请求调解的,交通警察应当当场进行调解,并在事故认定书上记录调解的结果,由当事人签名,交付当事人。但是,根据《交通事故处理程序规定》,如果出现下列情形时,不再适用交通警察的现场调解。

①当事人提供不出交通事故证据,因现场变动、证据灭失、交通警察无法查证交通事故事实的。

②当事人对交通事故认定有异议的。

③当事人拒绝在事故认定书上签名的。

④当事人不同意由交通警察调解的。

(2)通过交通管理部门调解。本办法适用于交警按普通程序处理的交通事故。根据《道路交通安全法实施条例》第九十四条、第九十五条的规定,通过交通管理部门调解交通事故需具备两个条件:一是各方当事人一致请求公安机关交通管理部门调解,二是要在收到交通事故认定书之日起10日内提出书面调解申请。

3. 直接向人民法院提起民事诉讼

根据《道路交通安全法》第七十四条规定:对交通事故损害赔偿的争议,当事人可以请求公安机关交通管理部门调解,也可以直接向人民法院提起民事诉讼。经公安机关交通管理部门调解,当事人未达成协议或者调解书生效后不履行的,当事人可以向人民法院提起民事诉讼。值得注意的是,交警现场调解或交通管理部门的调解不再是向人民法院提起诉讼的前提条件。

4. 保险索赔

发生交通事故后,我们除了用上述索赔方法外,机动车的投保人还可以向保险公司要求赔偿。具体内容请参阅本章第二节。

四、综合实训

1. 判断交通事故训练

在一个下雨天,由于雨小,所以路面未见明显的积水。一辆汽车由南向北正常行驶时,驾驶人王某突然看到前面的路面上有一片积水,于是采取了减速措施,谁知轮胎碾过时还是溅起了水花,水溅到了路边骑自行车的陈某身上,陈某由于突然感到身上一凉,方向把一歪便从自行车上摔了下来,造成了轻微的损伤,花去医疗费用共计720元。试问,该起事故是否属于交通事故?

2. 交通事故的应对训练

2005年6月某天,董某驾驶自己的丰田小轿车从市区到郊区办事。行驶到高速公路入口时,突然看到王某逆行骑车到路口,因为该人骑车速度较快,没有看到董某的汽车。董某当时吓了一跳,按喇叭已经来不及了,赶快采取制动措施并打转向盘避让,结果车头还是撞到了王某。董某立即下车查看,只见行人已经满身是血,出现休克。董某赶忙从自己的车上拿出毛巾将王某身上的伤口捂住,并拨打120急救电话和122交警电话,急救车答复在15min之内赶到。在这期间,董某找了路边的树枝将现场围了起来。急救车将王某拉走后,董某等待交警的到来。经勘验现场后,交警到医院询问王某当时的情况,最后认定王某对于事故负有全部责任。试问董某在事故发生后采取的措施是否正确?

3. 事故责任认定训练

高某于2004年6月2日22时在北京南二环路被一辆桑塔纳轿车撞成重伤,肇事驾驶人驾车逃逸。高某被过路人送往医院治疗,花去医疗费43320元,经医疗鉴定为九级伤残。高某要求公安机关交通管理部门出具交通事故认定书。而公安机关交通管理部门认为,肇事车辆尚未查获,建议高某暂时不要求出具交通事故认定书。而高某坚持要求出具交通事故认定书。于是交警根据相关规定出具了交通事故认定书。试回答下列问题。

(1) 交警应按_____程序对该起交通事故进行处理。

  A. 私了   B. 简易   C. 普通   D. B或C

(2) 该起交通事故中所出具的认定书属于_____。

  A. 调解书   B. 交通事故认定书

  C. 事故认定书   D. 调解终结书

(3) 对于未查获交通肇事逃逸的案件,交警_____出具认定书。

A. 可暂不　　　　　B. 必须　　　　　C. 应当　　　　　D. 不应当

　（4）高某要求出具认定书时,公安机关交通管理部门_____在接到高某的书面申请后的_____内制作认定书。

　　A. 应当、五日　　B. 应当、十日　　C. 可以、五日　　D. 可以、十日

　（5）本案中,若无证据证明高某有过错的,则高某应承担事故的_____责任。

第二节　保　险　索　赔

　　交通事故的损害赔偿,是在未联系保险赔偿的前提下,交通事故各主体之间的经济赔偿。如果事故责任车辆投保了相应的汽车保险险种,则在交通事故各主体之间的经济赔偿完成后,肇事车辆的被保险人可以获得相应的保险赔偿。

　　当保险事故发生后,被保险人可以就自己的事故损失向保险人提出索赔请求,这是被保险人的权利。

一、保险索赔的基本流程

　　1. 保险人在保险事故中的赔偿角色

　　根据《道路交通安全法》第七十六条规定,机动车发生交通事故造成人身伤亡、财产损失的,由保险公司在机动车第三者责任强制保险责任限额范围内予以赔偿;不足的部分,按照下列规定承担赔偿责任。机动车之间发生交通事故的,由有过错的一方承担赔偿责任;双方都有过错的,按照各自过错的比例分担责任。机动车与非机动车驾驶人、行人之间发生交通事故,非机动车驾驶人、行人没有过错的,由机动车一方承担赔偿责任;有证据证明非机动车驾驶人、行人有过错的,根据过错程度适当减轻机动车一方的赔偿责任;机动车一方没有过错的,承担不超过10%的赔偿责任。交通事故的损失是由非机动车驾驶人、行人故意碰撞机动车造成的,机动车一方不承担赔偿责任。

　　《保险法》第六十五条规定:保险人对责任保险的被保险人给第三者造成的损害,可以依照法律的规定或者合同的约定,直接向该第三者赔偿保险金。责任保险的被保险人给第三者造成损害,被保险人对第三者应负的赔偿责任确定的,根据被保险人的请求,保险人应当直接向该第三者赔偿保险金。被保险人怠于请求的,第三者有权就其应获赔偿部分直接向保险人请求赔偿保险金。责任保险的被保险人给第三者造成损害,被保险人未向该第三者赔偿的,保险人不得向被保险人赔偿保险金。

　　《保险法》第六十六条规定:责任保险的被保险人因给第三者造成损害的保险事故而被提起仲裁或者诉讼的,被保险人支付的仲裁或者诉讼费用以及其他必要的、合理的费用,除合同另有约定外,由保险人承担。

　　所以,保险公司在交通事故中承担如下角色。

　　（1）保险公司在交通事故的赔偿中负有先行赔付的义务。

　　（2）受害人以侵权诉讼时,只要受害人不是故意造成交通事故的,受害人可以将保险公司一并列为被告。

　　（3）超过交强险责任限额以外的部分,只有肇事车主有事故责任时保险公司才承担赔偿

责任。

【案例5-9】

2008年7月19日,甲驾驶载货汽车在204国道上与骑自行车的乙相撞,乙经抢救无效而死亡。经公安交管部门认定,甲、乙双方负事故的同等责任。2008年5月9日,甲的载货汽车在丙保险公司投保了交强险、责任限额为20万元的商三险,保险期限为1年。后因赔偿协商未果,乙的近亲属便将丙和甲一同告上法庭。丙保险公司辩称,被告甲与丙存在保险合同关系,而原告乙不是保险合同的当事人,与丙公司没有权利义务关系,原告只能向甲主张权利,再由甲向丙公司申请赔偿,丙公司不应成为本案的被告,请求驳回原告对丙公司的起诉。

【法理分析】

根据《道路交通安全法》第七十六条规定及《保险法》第六十六条规定,尽管原告乙不是保险合同的当事人,但本案属于侵权损害赔偿案件,所以,原告对保险公司的直接请求权是基于法律的直接规定,故丙公司的辩解理由不能成立。丙公司应在交强险的责任限额内先予以赔偿,超过责任限额部分的,按事故责任比例在扣除双方约定的免赔率后予以赔偿。

2.保险索赔的程序

买汽车保险是为了在出险时能获得保险公司的赔偿,被保险人如果了解保险公司的索赔手续,就可以更快地取得赔款。如果能了解保险公司的拒赔规定,就能在车辆使用或索赔时避免不当的行为,减少被拒赔的可能性。

保险索赔流程如图5-6所示。

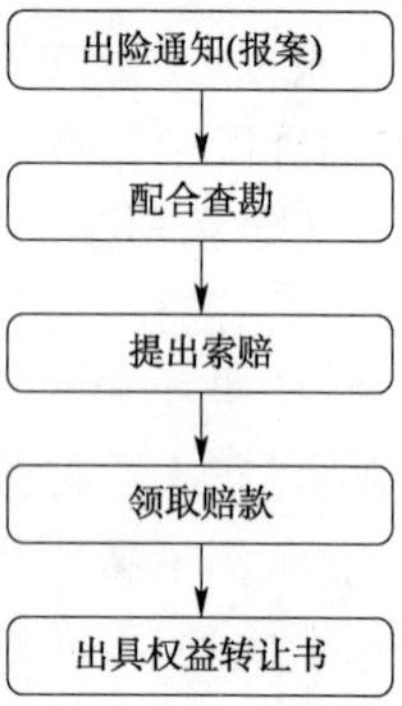

(1)报案。

①报案期限。事故发生后的48h内通知保险公司。如果是盗抢险除了07-B款外,07-A款或07-C款都要求在24h内通知保险公司。

注意:《保险法》(2009版)实施后,迟报案未必导致拒赔。拒赔应满足如下条件。

a.迟报案的原因是由于故意或重大过失引起。

b.迟报案导致的后果影响到了无法核定"该不该赔"、"赔多少"等实质性问题。

c.保险人未能从其他途径(如社会上很关注或媒体已报道)知道保险事故的发生。

依法选择自行协商方式处理的交通事故,也应当立即通知保险人。

②报案方式。报案有上门、电话、传真、网上、业务员转达等方式。其中,电话报案快捷方便,使用最多。保险公司可接受报案的部门有理赔部门、客服中心等。

各大财产保险公司的报案电话见表5-1。

③报案的内容。报案的内容主要包括被保险人姓名、保单号、保险期限、保险险别、出险时间、地点、原因、车牌号码、厂牌车型,人员伤亡情况、伤者姓名、送医时间、医院名称,事故损失及施救情况、车辆停放地点,驾驶人、报案人姓名及与被保险人关系、联系电话等。如果涉及第三者,还需说明第三方车辆的车型、牌照号码等信息。

④外地出险的报案。在异地出险的客户,可向保险公司在当地的分支机构报案,并在48h内通知承保的保险公司。在当地公司代查勘后,再回到投保所在地的保险公司填出险

出险通知(报案)
↓
配合查勘
↓
提出索赔
↓
领取赔款
↓
出具权益转让书

图5-6 保险索赔流程图

通知书后向承保公司办理索赔。值得注意的是,现在有些大公司由于建立了异地理赔便捷网络,一些事故是可以直接在当地保险公司的机构直接领取赔款的,具体公司有不同的相关规定,车主可以咨询保险公司的理赔部门。

各大财产保险公司的报案电话　　　　表5-1

公 司 名 称	报案电话	公 司 名 称	报案电话
中国人民财产保险股份有限公司	95518	安邦财产保险股份有限公司	95569
中国太平洋财产保险股份有限公司	95500	永诚财产保险股份有限公司	95552
中国平安财产保险股份有限公司	95512	阳光财产保险股份有限公司	95510
天安保险股份有限公司	95505	中国人寿财产保险股份有限公司	95519
永安保险股份有限公司	95502	上海安信农业保险股份有限公司	4008200081
华泰财产保险股份有限公司	95509	天平汽车保险股份有限公司	4006706666
中华联合财产保险股份有限公司	95585	都邦财产保险股份有限公司	4008895586
中国大地财产保险股份有限公司	95590	民安保险(中国)有限公司	4008895506
华安财产保险股份有限公司	95556	中银保险有限公司	4006995566

(2)配合查勘。被保险人应接受保险公司或其委托的相关人员在出险现场检查相关车辆的受损情况,并提供相应的协助,以保证保险公司及时准确地查明事故的原因,确认损害的程度和损失的大致金额。

(3)提出索赔。被保险人向保险公司索赔时,应当在公安机关交通管理部门对交通事故处理结案之日或车辆修复起的10天内,向保险公司提供必要的单证(负主责以上事故须提供单证原件)作为索赔证据。

(4)领取赔款。当保险公司确定了赔偿金额后,会通知被保险人领取赔款。根据《保险法》第二十三条规定:保险人收到被保险人或者受益人的赔偿或者给付保险金的请求后,应当及时作出核定;情形复杂的,应当在30日内作出核定,但合同另有约定的除外。保险人应当将核定结果通知被保险人或者受益人;对属于保险责任的,在与被保险人或者受益人达成赔偿或者给付保险金的协议后10日内,履行赔偿或者给付保险金义务。保险合同对赔偿或者给付保险金的期限有约定的,保险人应当按照约定履行赔偿或者给付保险金义务;保险人未及时履行前款规定义务的,除支付保险金外,应当赔偿被保险人或者受益人因此受到的损失。

被保险人应提供身份证明的原件,找他人代领的,需被保险人签署《领取赔款授权书》和代领人身份证明的原件。《保险法》第二十二条规定:保险事故发生后,按照保险合同请求保险人赔偿或者给付保险金时,投保人、被保险人或者受益人应当向保险人提供其所能提供的与确认保险事故的性质、原因、损失程度等有关的证明和资料。保险人按照合同的约定,认为有关的证明和资料不完整的,应当及时一次性通知投保人、被保险人或者受益人补充提供。

《保险法》第二十四条规定:保险人依照本法第二十三条的规定作出核定后,对不属于保险责任的,应当自作出核定之日起3日内向被保险人或者受益人发出拒绝赔偿或者拒绝给付保险金通知书,并说明理由。

《保险法》第二十五条规定:保险人自收到赔偿或者给付保险金的请求和有关证明、资料之日起60日内,对其赔偿或者给付保险金的数额不能确定的,应当根据已有证明和资料可以确定的数额先予支付;保险人最终确定赔偿或者给付保险金的数额后,应当支付相应的差额。

(5) 出具权益转让书。如果事故是由第三方引起的,保险公司可先向被保险人赔偿,但被保险人需将向第三方索赔的权利转让给保险公司,再由保险公司向第三方追偿。

《保险法》第六十三条规定:保险人向第三者行使代位请求赔偿的权利时,被保险人应当向保险人提供必要的文件和所知道的有关情况。

权益转让书如图 5-7 所示。

图 5-7 权益转让书

想一想

1. 当地公安部门有无颁布《交通事故快速处理办法》?

2. 如果事故符合《交通事故快速处理办法》中的规定时,车主如何到保险公司办理索赔手续?

二、保险索赔的单证

保险索赔单证见表 5-2。

汽车保险索赔单证　　　　　　　　　　　　　表 5-2

基本索赔单证		说　明
保单正本及复印件	《驾驶证》、《行驶证》复印件	基本索赔单证是指常规的任何汽车保险事故都需要的材料
《索赔申请书》	《出险证明》	
《损害赔偿调解书》	《被保险人身份证》原件及复印件	
《赔款收据》一式三份	《交通事故认定书》	

续上表

基本索赔单证		说　明
涉及车损案件的索赔还包括以下单证		涉及车损案件的单证是指在基本索赔单证的基础上增加的材料
《定损单》	《汽修发票》	
《施工单》、《材料明细单》	《施救费用清单》	
涉及人伤案件的索赔还包括以下单证		涉及人伤案件的单证是指在基本索赔单证的基础上增加的材料
就医医院《诊断证明》	《护理证明》、《休假证明》	
伤者《医疗、医药费用收据》	用药处方及《住院清单》	
《残疾鉴定书》	《经济赔偿执行凭证》	
《个人缴纳所得税证明》	当事人身体证明复印件	
《书亡证明》及《户籍注销证明》	《抚养关系证明》及《户口簿复印件》	
涉及车辆盗抢的索赔单证		涉及车辆盗抢的单证是指在基本索赔单证的基础上增加的材料
《车辆盗抢证明》	《行驶证》、《驾驶证》、《身份证》复印件	
《机动车辆保单正本》	《车辆购置附加税凭证》	
《购车原始发票》	《权益转让书》	

【案例 5-10】

刘小姐第一次开车,是典型的新人加新车类型。在一次行驶中,被后面的车猛地从侧面超车时轻轻地碰了一下,但由于比较紧张,没有注意到那辆车的车牌号,下车察看后发现右后侧被剐了一片,非常心痛。但因为车已经走了,而自己的车也不影响驾驶,不好意思总是停在公路中间,于是将车开到了路边停车。因为依稀记得保险公司曾经说过出险的时候一定要打电话报险,刘小姐迅速的拨通了保险公司的热线电话,告知保险公司自己出险了,是被别人剐蹭但人已经走了。让刘小姐高兴的是,对于这种情况保险公司说可以给予赔偿。于是在告知保险公司自己的保单号等相关信息后,刘小姐安心地回家了,等待第二天到保险公司定损。

刘小姐到保险公司后,定损人员要求刘小姐出示交通队的事故认定书,刘小姐傻眼了。由于当事肇事车辆已走,并不知道还要证明,于是没有报警。而此时刘小姐也不能再补办,于是保险公司给予免赔30%的裁定。就是因为这么一个过程的疏忽,白白的花了300多元。

【法理分析】

凡是双方事故,在责任无法认定的时候都要报警,获取事故认定书。

三、保险索赔的注意事项

1. 保险索赔遭拒绝的常见情形

(1) 车辆未按期年检。保险合同只对合格车辆生效,对于未按期检测的机动车,保险公司视为不合格。

(2) 车辆无牌照。出险时必须具备公安交通管理部门核发的有效行驶证及号牌,否则保险公司可以拒赔。

(3) 驾驶证未按期审核。驾驶人逾期没有年检,驾驶机动车辆便属违法,保险公司可以根据保险合同拒赔。

(4)驾驶车辆与驾证准驾车型不符的。驾证与驾驶车辆车型不符的,被视为无有效驾证。

(5)车辆在收费停车场或营业性修理厂出险。因为收费停车场或营业性修理厂对车辆负有保管责任,在保管期间因保管人管理不善造成车辆损毁、丢失的,保管人应承担相应责任,所以保险公司可以拒赔。

(6)驾驶人饮酒、吸毒、被药物麻醉后驾车出险的。因饮酒、吸毒等开车的,会降低驾驶人的应急反应能力,增加出事故的概率,所以属于违法行为,保险公司可以拒赔。

(7)被保险人、车辆驾驶人及其家庭成员受害。因为商三险赔偿的对象是第三者,而车辆驾驶人被视为被保险人;又因为商三险的最终赔款不能落入被保险人手中,因此,当他们成为事故的受害者时,保险公司可以拒赔。

(8)非被保险人允许的驾驶人使用保险车辆肇事的。因为保险条款规定,驾驶人员使用保险车辆必须征得被保险人的同意,否则,造成的车辆损失及第三者损害的,保险公司可以拒赔。

(9)利用保险车辆从事违法活动的。因为利用保险车辆从事违法活动不利于社会安定,不符合保险稳定社会生产和社会生活的宗旨,故保险公司可以拒赔。

(10)牵引没有保险的车撞车不赔。如果牵引一辆没有保险的车辆上路,与其他车辆相撞并负事故责任的,保险公司不会对此作任何赔偿。

(11)保险车辆改变使用性质未办理批改手续而出险的。因为保险条款明确规定,在保险合同有效期内,保险车辆变更用途或危险程度增加时,被保险人应事先书面通知保险人办理批改,否则,保险人有权解除合同并不负责赔偿责任。

2. 保险索赔时应注意的重要事项

(1)为了续保时能获得10%的投保优惠,小事故不找保险公司。

(2)不要把以往小事故攒到一起报案。因为每次事故的责任和损失程度均不一样,且车辆发生保险责任范围内的损失后,未经必要的修理继续使用的,致使损失扩大的部分保险公司不负责赔偿。

(3)事故发生后要及时施救,避免损失扩大。根据《保险法》第五十七条规定:保险事故发生时,被保险人应当尽力采取必要的措施,防止或者减少损失。保险事故发生后,被保险人为防止或者减少保险标的的损失所支付的必要的、合理的费用,由保险人承担;保险人所承担的费用数额在保险标的损失赔偿金额以外另行计算,最高不超过保险金额的数额。根据上述规定,被保险人应努力减少事故造成的损失,放任、故意扩大保险事故的损失,经证实保险人不负责赔偿责任。

(4)当保单上的内容发生了变化时,应办理批改手续。新车上牌后要补号,车辆过户或改变使用性质时,要到保险公司办理保单批改手续,保险公司会为您出具批单,记载变更的内容,作为保单的补充部分,否则,有可能被保险人解除合同并不负责赔偿责任。

(5)保险车辆发生的损失由第三方造成时,可用代位追偿向保险公司索赔。保险车辆发生的损失由第三方造成时,应当由第三者负责赔偿。根据《保险法》第六十条的规定:因第三者对保险标的的损害而造成保险事故的,保险人自向被保险人赔偿保险金之日起,在赔偿金额范围内代位行使被保险人对第三者请求赔偿的权利。因此,被保险人在确实找不到第三者或遇第三方不予支付致使自身的利益受损的情况时,被保险人可以选择"代位追偿"方案向保险公司索赔。确实无法找到第三者而向保险公司索赔的,应注意两点,一是保险公司会实行30%的绝对免赔率;二是应以公安交通管理部门认定并出具的证明为准,非道路交通事故以当地公安部门出具的证明为准。

【案例5-11】

2003年8月3日,何某在一家汽车销售公司购买了一辆车。同一天,何某到保险公司投保了车损险、第三者责任险和不计免赔特约险,保险期限为一年。2003年10月国庆放假期间,何某驾车外出郊游。当他在某路段正常行驶时,为躲避同方向一个骑自行车的刘某,因采取措施不当而驶入逆行道,与对面驶来的一辆轻型客车相撞,两车均受损,轻型客车上2人受伤。经当地交通管理部门裁定,何某与骑自行车的人负此次事故的同等责任,轻型客车无责任。该事故造成何某车辆损失5万元、轻型客车车损2万元、拖车费2000元,另有轻型客车上两伤员的医疗费2万元,损失共计9.2万元。但是,何某提出因刘某确无赔偿能力,无法赔付其相应承担的50%的经济赔偿责任,保险公司会拒赔吗?

【法理分析】

本案中,何某和刘某应该各承担何某的车损50%的损失,也就是说,刘某要赔偿何某2.5万(车损的50%),剩下的50%车损款由保险公司向何某支付。但由于刘某没钱,致使何某的另外2.5万元的车损款无法得到赔偿,此时,何某可以将对刘某的2.5万元债权转让给保险公司,此后,刘某的债主就不是何某而是保险公司了。因此,保险公司应当向何某支付经济赔偿4.6万元及本车另外50%的车损款2.5万元,共计赔款7.1万元。

(6)被保险人不要对第三者自行承诺赔偿金额。按照汽车保险条款规定,当保险车辆发生第三者责任事故时,保险公司将按有关规定在责任限额内核定赔偿金额。未经保险公司书面同意,被保险人自行承诺的赔偿金额,保险公司有权重新核定或拒绝赔偿。

(7)被保险人不要在保险公司赔偿前放弃向第三者索赔的权利。《保险法》第六十一条的规定:保险事故发生后,保险人未赔偿保险金之前,被保险人放弃对第三者请求赔偿的权利的,保险人不承担赔偿保险金的责任。保险人向被保险人赔偿保险金后,被保险人未经保险人同意放弃对第三者请求赔偿的权利的,该行为无效。被保险人故意或者因重大过失致使保险人不能行使代位请求赔偿的权利的,保险人可以扣减或者要求返还相应的保险金。

在保险公司支付赔款之前,向第三者请求赔偿的权利属于被保险人。此时,被保险人有权放弃向第三者请求赔偿的权利,但这也意味着放弃了向保险公司索赔的权利。当保险公司向被保险人支付赔款后,被保险人未经保险公司同意放弃对第三者请求赔偿权利的行为无效。

(8)未经保险公司认可不要擅自修复受损车辆。根据汽车保险条款规定,车辆出险后,修理前被保险人应会同保险公司检验车辆,确定修理项目、方式和费用,否则,保险公司有权重新核定或拒绝赔偿。值得注意的是,在车辆被查勘定损后,最好到保险公司的定点修理厂去修理。尽管在哪里修车是客户的权利,但定损单上的维修价格是保险公司认定的汽车修理完好所需要的合理市场均价,若车主自行选择修理厂的,对超出定损的修理费用应由车主自行买单。

(9)索赔时应实事求是。《保险法》第二十七条第三款、第四款的规定：保险事故发生后，投保人、被保险人或者受益人以伪造、变造的有关证明、资料或者其他证据，编造虚假的事故原因或者夸大损失程度的，保险人对其虚报的部分不承担赔偿或者给付保险金的责任。投保人、被保险人或者受益人有前三款规定行为之一，致使保险人支付保险金或者支出费用的，应当退回或者赔偿。

如有隐瞒事实、伪造单证、制造假案等行为发生，被保险人除将有可能因此而受到法律制裁外，还有可能遭到保险公司拒赔。

(10)遭保险公司拒赔时，应让保险公司出具书面理由，以便日后起诉时可将它作为证据。《保险法》第二十四条规定：保险人依照本法第二十三条的规定作出核定后，对不属于保险责任的，应当自作出核定之日起3日内向被保险人或者受益人发出拒绝赔偿或者拒绝给付保险金通知书，并说明理由。

(11)单方事故只需向保险公司报案而无须向公安交通管理部门报警。车辆发生撞墙、撞树、撞水泥柱、撞隔离带或者掉入沟里等不涉及他人赔偿的事故，可以不向交警报案，但要及时向保险公司报案。在事故现场附近等候保险公司来人查勘，或电话与保险公司沟通确认后，直接将车辆开到保险公司报案、验车。

(12)保险索赔不要超过索赔时效。《保险法》第二十六条的规定：人寿保险以外的其他保险的被保险人或者受益人，向保险人请求赔偿或者给付保险金的诉讼时效期间为两年，自其知道或者应当知道保险事故发生之日起计算。人寿保险的被保险人或者受益人向保险人请求给付保险金的诉讼时效期间为五年，自其知道或者应当知道保险事故发生之日起计算。因此，超过索赔时效被保险人或受益人不向保险公司提出索赔或不提供必要的单证或不领取保险金的，视为放弃权利。

(13)受害者可直接向保险公司索赔。两车相撞，如果遇上其中一方是"老赖"，这样的损失在《保险法》(2009版)出台之前，解决问题肯定是遥遥无期。在《保险法》(2009版)出台之后，即使真的遇上这样的"老赖"，也可以直接向保险公司索赔。

《保险法》第六十五条的规定：保险人对责任保险的被保险人给第三者造成的损害，可以依照法律的规定或者合同的约定，直接向该第三者赔偿保险金。责任保险的被保险人给第三者造成损害，被保险人对第三者应负的赔偿责任确定的，根据被保险人的请求，保险人应当直接向该第三者赔偿保险金。被保险人怠于请求的，第三者有权就其应获赔偿部分直接向保险人请求赔偿保险金。责任保险的被保险人给第三者造成损害，被保险人未向该第三者赔偿的，保险人不得向被保险人赔偿保险金。

所以，直接向保险公司索赔主要有三种情况。

①车主直接赔付给第三者，然后拿到相关的票据后找保险公司报销。

②被保险人没有赔付给第三者时，作为受害方的第三者，有权利直接向对方的保险公司请求赔偿。

③被保险人请求保险公司直接赔付给第三者。

注意：被保险人未赔偿的，限制保险人对其进行支付；受害的第三者将保险公司作为道路交通事故案件的被告有了法律依据。

特别提示

《保险法》第六十六条规定：责任保险的被保险人因给第三者造成损害的保险事故而被提起仲裁或者诉讼的,被保险人支付的仲裁或者诉讼费用以及其他必要的、合理的费用,除合同另有约定外,由保险人承担。

【案例 5-12】

刘先生在路上与车辆发生了碰撞事故,对方负全责。责任界限清楚了,然后,刘先生索赔起来却是异常艰难。原来,对方车主由于理赔次数过多,怕再添新案被保险公司上了"黑名单",没有向保险公司报案,进而导致刘先生索赔无门。

【法理分析】

在《保险法》(2009 版)实施后,像刘先生这样的麻烦问题会越来越少。只要事故责任明确,肇事车辆又买了相关的保险,刘先生完全可以撇开肇事方,直接向对方的保险公司索赔,或者将对方及保险公司一并告上法庭。

四、综合实训

1. 二手车过户保险索赔训练

2010 年 3 月,杨先生为自己的别克轿车向某保险公司购买了交强险、车损险、商三险、全车盗抢险,共交保费 4000 多元,保险期限自 2010 年 3 月 28 日至 2011 年 3 月 27 日止。

2010 年 7 月,杨先生将该车转让给了李先生。但李先生并未及时到保险公司办理保险过户。一周后,张某向李先生借车用,车子在路上发生了车祸,车辆受损严重。报案后,保险公司立即派相关人员到事故现场进行勘察,并作了机动车辆保险定损报告,确定维修费用共计 2.3 万余元。不过,保险公司以李先生未及时办理保险过户属除外责任为由,向李先生发出拒赔通知书。试回答下列问题。

(1)保险公司的拒赔有道理吗？为什么？

(2)杨先生的私家车卖给李生生后,李先生将车辆用途改为营运车,保险公司的拒赔有道理吗？为什么？

(3)假如保险公司可以拒赔的话,那么,拒赔通知书有时限规定吗？

(4)假如李先生超过了 48h 后才向保险公司报案,保险公司的拒赔有道理吗？为什么？

2. 车主保险索赔训练

周日,石某觉得爱车该维护了,正好自己有时间,于是石某将车开到甲修理厂对爱车进行维护,修理厂说当天取不了车,请石某转天来取。但当石某来取车时,发现自己的汽车不见了。甲修理厂解释说,昨晚修理厂被盗了,而石某的车也在其内。石某要求修理厂赔偿,修理厂说车丢并非他们的责任,他们不承担保管义务。石某心想,还好刚上了保险,于是向保险公司报案,保险公司接到报案后,立即派理赔人员赶到修理厂。

一切查勘工作完成了,保险公司的理赔员说,根据保险条款规定,非常抱歉地告诉您,您的爱车遭受的损失,保险公司没办法赔偿。石某一听急了,"为什么,我上了盗抢险,我的车被盗了,应该属于你们条款中的'全车被盗抢'责任呀!你们为什么不赔?"请你帮助石某解除疑惑。

第三节 保险事故的纠纷处理

被保险人与保险人之间如果就赔偿问题达不成一致时,可以协商解决、由仲裁机构仲裁或向人民法院起诉。

一、交通事故损害赔偿的主体

交通事故发生后,只要有损失就需要有人赔偿,这是受害者在赔偿诉讼前首先要明确的问题。那么,交通事故损害赔偿的主体如何认定呢?

1. 损害赔偿责任的主体确定

(1)相关法律规定。

①《道路交通安全法》第七十六条规定,机动车发生交通事故造成人身伤亡、财产损失的,由保险公司在机动车第三者责任强制保险责任限额范围内予以赔偿;不足的部分,按照下列规定承担赔偿责任:(一)机动车之间发生交通事故的,由有过错的一方承担赔偿责任;双方都有过错的,按照各自过错的比例分担责任。(二)机动车与非机动车驾驶人、行人之间发生交通事故,非机动车驾驶人、行人没有过错的,由机动车一方承担赔偿责任;有证据证明非机动车驾驶人、行人有过错的,根据过错程度适当减轻机动车一方的赔偿责任;机动车一方没有过错的,承担不超过10%的赔偿责任。交通事故的损失是由非机动车驾驶人、行人故意碰撞机动车造成的,机动车一方不承担赔偿责任。

由此可见,交通事故的损害赔偿涉及交通事故的双方当事人和保险公司。

②《人伤司法解释》第一条规定:因生命、健康、身体遭受侵害,赔偿权利人起诉请求赔偿义务人赔偿财产损失和精神损害的,人民法院应予受理。本条所称"赔偿权利人"是指因侵权行为或者其他致害原因直接遭受人身损害的受害人、依法由受害人承担扶养义务的被扶养人以及死亡受害人的近亲属。本条所称"赔偿义务人"是指因自己或者他人的侵权行为以及其他致害原因依法应当承担民事责任的自然人、法人或者其他组织。

由此可见,交通事故的损害赔偿主体涉及事故受害人、由受害人承担扶养义务的被扶养人、死亡事故受害人的近亲属以及肇事方或肇事车辆有关的自然人、法人或其他组织。

③《最高人民法院关于贯彻执行〈中华人民共和国民法通则〉若干问题的意见(试行)》第十二条规定:民法通则中规定的近亲属包括配偶、父母、子女、兄弟姐妹、祖父母、外祖父母、孙子女、外孙子女。

④《中华人民共和国民事诉讼法》(以下简称《民事诉讼法》)第四十九条规定:公民、法人和其他组织可以作为民事诉讼的当事人。

⑤《中华人民共和国民法通则》(以下简称《民法通则》)第七十一条规定:财产所有权是指所有人依法对自己的财产享有占有、使用、收益和处分的权利。

⑥2010年7月1日实施的《侵权责任法》第四十九条规定:因租赁、借用等情形,机动车所有人与使用人不是同一人时,发生交通事故后属于该机动车一方责任的,由保险公司在机

动车强制保险责任限额范围内予以赔偿。不足部分，由机动车使用人承担赔偿责任；机动车所有人对损害的发生有过错的，承担相应的赔偿责任。第五十条规定：当事人之间已经以买卖等方式转让并交付机动车但未办理所有权转移登记，发生交通事故后属于该机动车一方责任的，由保险公司在机动车强制保险责任限额范围内予以赔偿。不足部分，由受让人承担赔偿责任。第五十一条规定：以买卖等方式转让拼装或者已达到报废标准的机动车，发生交通事故造成损害的，由转让人和受让人承担连带责任。第五十二条规定：盗窃、抢劫或者抢夺的机动车发生交通事故造成损害的，由盗窃人、抢劫人或者抢夺人承担赔偿责任。保险公司在机动车强制保险责任限额范围内垫付抢救费用的，有权向交通事故责任人追偿。第五十三条规定：机动车驾驶人发生交通事故后逃逸，该机动车参加强制保险的，由保险公司在机动车强制保险责任限额范围内予以赔偿；机动车不明或者该机动车未参加强制保险，需要支付被侵权人人身伤亡的抢救、丧葬等费用的，由道路交通事故社会救助基金垫付。道路交通事故社会救助基金垫付后，其管理机构有权向交通事故责任人追偿。

由此可见，财产所有权人可以作为交通事故的赔偿权利人要求肇事方承担赔偿责任。而且，对物品拥有使用、收益权利的其他人，也可在其支配物品期间要求加害人承担赔偿责任，因为在现实生活中，有可能出现物品和所有权人发生分离的情况，譬如将物品质押、租赁、借用等情况。

【案例5-13】

保险公司能作为交通事故损害赔偿的被告吗？

2005年7月4日，马某驾驶自己的丰田小轿车在十字路口由西向南转弯时，将正在人行道由南向北行走的吴某撞倒。经公安交通管理部门认定，马某应承担事故的全部责任。事后，双方当事人因赔偿数额未达成一致，吴某将马某及马某所投保的保险公司一起告上法庭，要求保险公司在责任限额内先行赔付5万元，余下部分的2万元由马某赔偿。法院在调查核实后支持了吴某的诉讼请求。

【法理分析】

因为《道路交通安全法》第七十六条规定：机动车发生交通事故造成人身伤亡、财产损失的，由保险公司在机动车第三者责任强制保险责任限额范围内予以赔偿。所以，保险公司可以作为诉讼的参加人。另外，在交强险颁布实施前，旧版第三者责任险的赔偿限额中，有5万元（上海为4万元）属于强制险部分，剩余部分属于商业险部分，所以，吴某的诉讼请求合法。

【案例5-14】

肇事车辆的单位能作为交通事故损害赔偿的被告吗？

刘某驾驶公司的中型客车在执行公务途中将正常行驶的楼某撞伤。经公安机关交通管理部门认定，刘某应负事故的全部责任。楼某因交通事故造成了腿部、颈部等多处受伤，且其驾驶的小客车也严重损毁。事后，楼某因赔偿有争议而将刘某及其所在的公司一起告上法院，要求两个被告赔偿其医疗费、误工费、交通费、护理费等损失，并要求赔偿其修车费及拖车费。最终，法院认定刘某的行为属于职务行为，赔偿责任应该由其公司承担。

【法理分析】

赔偿义务人并不单指直接造成事故发生的人，也可能是其他应当承担责任的自然人、法人或者其他组织。本案中,受害人楼某属于赔偿权利人,如果楼某在事故中不幸身亡的话,楼某的被抚养人和其近亲属都可以作为赔偿权利人,而刘某所在的公司属于赔偿义务人。

(2)损害赔偿的主体。

①交通事故造成人身伤亡的情形。如果受害人只是受到人身伤害,赔偿权利人为受害者;如果受害人死亡,赔偿权利人是受害者的近亲属,包括受害人的配偶、父母、子女、兄弟姐妹、祖父母、外祖父母、孙子女、外孙子女。而赔偿义务人是肇事驾驶人或肇事车辆的车主。

②交通事故造成财产损失(包括车内物品的损失)的情形。赔偿权利人既可以是车主或车内物品的所有权人,也可以是车辆或车内物品的实际支配人。赔偿义务人是肇事驾驶人或肇事车辆的车主。

③保险公司在赔偿中的地位。因为《道路交通安全法》明确规定了保险公司的先行赔付义务,所以,受害者可将保险公司作为赔偿义务人对待。

【案例 5-15】

如何确定赔偿权利人?

黄某驾驶重型载货汽车帮助胡某运送水果途中,被其后方邓某驾驶的运煤车追尾,致使黄某的重型载货汽车受损,黄某受伤,车上的水果也遭到损坏。经公安机关交通管理部门认定,此次事故责任是由于邓某的车未与黄某的车保持适当距离所致,因此邓某承担事故的全部责任。事后,双方当事人没有达成一致意见,黄某提起诉讼,要求邓某赔偿其医疗费、误工费、车辆损失费及水果损失费等。

【法理分析】

本案中,赔偿义务人是邓某,黄某和胡某均是赔偿权利人。但由于黄某不是水果的所有权人,只是帮胡某运送水果,所以,黄某只能主张医疗费、误工费和车辆损失费,而水果的损失费只能由水果的权利人胡某起诉,黄某不能作为原告起诉邓某赔偿水果的损失。

2. 特殊情况下赔偿义务人的确定

(1)雇员驾驶单位或雇主的车发生的交通事故。根据《民法通则》的规定,在发生交通事故造成损害时,应当由机动车的所有人向受害人承担赔偿责任,机动车所有人履行赔偿责任后,可根据单位的内部规定或者雇佣合同向机动车使用人追偿。但是,如果在交通事故中,雇员因故意或重大过失致人损害的,应与雇主一起对受害人承担连带赔偿责任。另据《人伤司法解释》第九条规定:雇员在从事雇佣活动中致人损害的,雇主应当承担赔偿责任;雇员因故意或者重大过失致人损害的,应当与雇主承担连带赔偿责任。雇主承担连带赔偿责任的,可以向雇员追偿。前款所称"从事雇佣活动"是指从事雇主授权或者指示范围内的生产经营活动或者其他劳务活动。雇员的行为超出授权范围,但其表现形式是履行职务或者与履行职务有内在联系的,应当认定为"从事雇佣活动"。

①如果雇员是在执行单位或雇主指派的运输任务中发生的交通事故,则赔偿义务人是单位或雇主。不过,如果雇员存在故意或重大过错时,雇员和单位或雇主应承担连带赔偿责任,雇主在承担连带赔偿责任后,可向雇员适当追偿已赔偿的费用。

②如果雇员虽然是办私事但受害人有理由相信其是履行职务行为的,则赔偿义务人是单位或雇主。不过单位或雇主在履行赔偿责任后,可根据单位的内部规定或者雇佣合同向机动车使用人追偿。

③如果雇员是在办私事且受害人没有理由相信其是履行职务行为时,则赔偿义务人应是雇员。

 特别提示

在实践中,受害人为了保证受到的损失能够得到赔偿,应该将雇主和雇员一起列为共同的被告,要求二者承担连带责任,这样可以最大限度地保护受害人的合法权益。这是一个诉讼技巧问题。

【案例 5-16】
雇员驾驶车辆的赔偿义务人如何确定?

2004年7月7日上午,河北省某汽车运输公司的临时工连某驾驶公司的重型载货汽车替单位从石家庄到保定去拉蔬菜。由于是空车,道路上的车辆也不多,连某开足了马力在道路上飞奔,在离保定市7km处将路边行人刘某碾成重伤。刘某被送往医院治疗,花去医疗费74 000元。经公安机关交通管理部门认定,连某承担事故的全部责任。出交通事故的第二天,汽车运输公司将连某开除。当刘某要求汽车运输公司承担赔偿责任时,公司认为连某已经不是该公司的员工,且其开的是空车,无法证明其是在履行职务,因此拒绝承担赔偿责任。

【法理分析】
本案中由于连某开车去保定属于职务行为,且发生交通事故时,连某是公司的员工,连某被解雇的行为并不影响公司应承担赔偿责任。同时,由于连某在事故中存在重大过错,因此,公司和连某应承担连带赔偿责任。受害人刘某可以将公司和连某一同作为被告,当然也可以将公司或连某单独作为被告,要求赔偿损失。不过,如果公司单独承担了赔偿责任,事后公司可以向连某适当追偿已赔偿的费用。

(2)车主主动让没有驾驶资格的人驾驶发生的交通事故。车主及肇事驾驶人应承担连带赔偿责任,即受害人可以请求车主承担责任,也可以请求肇事驾驶人承担责任,或者请求车主及肇事驾驶人共同承担责任。但任何一方承担责任后可以向另一方追偿。

(3)车主通过承包经营、租赁等方式将车转给别人驾驶发生的交通事故。所谓承包经营就是车主通过承包协议将自己所有的车辆转由他人经营,且承包人在承包期间负责车辆维修、检测等情况。租赁就是指车主将自己的车辆交给承租人使用,并负责车辆维修,承租人支付租金的行为。只要车主从中收取利益的,收取利益就应当承担相应的风险,则车主及承包人或租赁人应承担连带赔偿责任。不过由于车主对内只需在收益范围内承担赔偿责任,所以,车主在承担责任后可以向另一方追偿。

如果车主没有从中获取利益的,由于承包者或者承租人是车辆运行的支配者和运行利益的享有者,则赔偿责任应由承包人或承租人承担,但发生交通事故后属于该机动车一方责任的,由保险公司在机动车强制保险责任限额范围内予以赔偿,不足部分,才由机动车使用人承担赔偿责任。但如果车主明知承包者或承租人驾驶资格、驾驶技能存在瑕疵,而仍然将车承包或租赁,应视为车主主观上有过错,则车主及承包人或租赁人应承担连带赔偿责任。

【案例 5-17】

出租车辆的赔偿义务人如何确定?

王某有一辆出租车,用于从事出租营运,为了尽快偿还贷款,王某将出租车夜间营运权发包给李某,约定李某每天交款 50 元。一日,李某在夜间营运中发生交通事故,将刘某撞伤致残,公安机关交通管理部门认定李某应承担事故的全部责任。事发后,保险公司向王某支付了保险理赔款 29000 元,王某将该款交给李某处理事故。但刘某的实际损失多达 7 万多元,对于保险限额以外的部分,双方当事人达不成一致意见,故刘某向法院提起诉讼,要求王某、李某支付剩余赔偿费用。王某认为自己已经把车交给李某使用,所以其并不实际控制车辆,责任应当由李某承担。刘某则认为,由于王某是将出租车夜间运营权发包给李某,而且从中获取利益,因此,王某应对事故承担赔偿责任。

【法理分析】

本案中,虽然李某在夜间享有车辆的控制权和收益权,但是王某将车交由李某夜间运营是为了获得利益,因此,王某作为车主与李某应对事故承担连带赔偿责任。

(4) 挂靠车辆发生的交通事故。所谓挂靠是指车辆为个人出资购买,但为了服从车辆管理要求或者经营需要或者其他现实因素,车辆所有人将车辆挂靠于某个具有运输经营权的民事主体。由于我国对车辆的年检手续以及其他各项费用的缴纳之间存在差别,所以造成交通运输领域的挂靠现象还很普遍。

只要被挂靠的公司从中收取利益的,则被挂靠的民事主体和挂靠车辆的车主应承担连带赔偿责任。不过由于被挂靠的民事主体对内只需在收益范围内承担赔偿责任,所以,被挂靠的民事主体在承担责任后可以向另一方追偿。

【案例 5-18】

挂靠车辆的赔偿义务人如何确定?

2005 年 4 月 1 日下午,驾驶人熊某驾驶一辆制动力不合格的重型载货汽车沿上海市国顺东路由东向西行驶至黄兴路向北右转弯时,恰遇江苏昆山来沪工作的顾某骑自行车同向行驶至上述地点,两车相撞致顾某倒地后被汽车碾压造成顾某当场死亡。经查,该车登记的车主为市容环卫汽车运输处,实际车主为金某,金某将车挂靠在运输处名下并按时上交费用,驾驶人熊某系金某雇佣。上海市公安局杨浦分局交警支队对事故的认定为,由于事发时信号灯事实无法查证,而该事实与本起事故的发生有直接的因果关系,故本起事故责任无法认定。

2005 年 6 月 14 日,交警支队因事故双方未能就民事赔偿问题达成协议,终结了本起交通事故损害赔偿的调解。2005 年 8 月 3 日,顾某的丈夫、女儿和母亲向上海市杨浦区法院提起诉讼,要求驾驶人熊某、实际车主金某以及车辆挂靠单位运输处承担赔偿责任。

法院经审理后认为,虽然交警部门对本起事故责任无法认定,但根据《道路交通安全法》第七十六条有关规定,机动车与行人之间发生的交通事故,由机动车一方承担赔偿责任。而在本案审理中,被告无法举证顾某有违反道路交通法律法规的行为,因此,本次事故的赔偿责任应由机动车一方全部承担。驾驶人熊某系被告金某所雇佣,而雇员在从事雇佣活动中致人损害的,雇主应当承担赔偿责任,所以金某应当承担相应的赔偿责任,而肇事车辆又挂靠在运输处名下,因此运输处对该起事故也应承担连带赔偿责任。虽然顾某不是上海市户籍,系外地农村户口,被告方也提出按农村标准计算其死亡赔偿金,但顾某生前在上海市连续居住5年以上,有法定的经常居住地,且其生前在上海某单位有稳定的工作,故应依据上海市上一年度城镇居民人均可支配收入依法确定死亡赔偿金。

据此,该院一审判决被告金某赔偿原告死亡赔偿金2.9万余元、丧葬费用1.2万余元、交通费2000元、住宿费5400元、物损费700元、律师代理费5000元、精神损害抚慰金4万元,并赔偿顾某女儿的抚养费5010元、顾母的扶养费1.3万余元;被告市容环卫汽车运输处对上述义务承担连带赔偿责任。一审判决后,原、被告双方均未提起上述。

【法理分析】

本案中,驾驶人熊某系被告金某所雇佣,事发时其从事的驾驶行为系职务行为,而熊某也不存在故意或者重大过失致人损害的行为,所以肇事驾驶人熊某本人在这次诉讼中并不需要承担民事赔偿责任,而应由其雇主金某承担赔偿责任。另外,肇事车辆又挂靠在运输处名下,且定期收取管理费,因此,运输处对该起事故也应承担连带赔偿责任。

(5) 被盗、抢车辆发生的交通事故。根据《最高人民法院关于被盗机动车肇事后由谁承担损害赔偿责任的批复》规定,使用盗窃的机动车辆肇事,造成被害人物质损失的,肇事人应当依法承担损害赔偿责任,被盗机动车辆的所有人不承担损害赔偿责任。另据《侵权责任法》第五十二条规定:盗窃、抢劫或者抢夺的机动车发生交通事故造成损害的,由盗窃人、抢劫人或者抢夺人承担赔偿责任。保险公司在机动车强制保险责任限额范围内垫付抢救费用的,有权向交通事故责任人追偿。

因此,交通事故的受害人只能依法向交通事故的肇事人要求赔偿。因为车辆已被盗窃,此时机动车辆所有人或持有人已失去了对该机动车的支配权,也丧失了该车辆的运行利益,在这种情况下发生交通事故,如果还让该机动车的所有人或持有人承担赔偿责任,显然不符合法理,也与我国的法律精神相违背。

想一想

1. 失窃车辆肇事后,肇事人逃逸,受害人如何才能获得赔偿?
2. 失窃车辆肇事后,肇事人已逃逸,若车主未投保全车盗抢险时,车辆本身的损失能得到赔偿吗?

值得注意的是,这里所说的"肇事人"并不单指盗窃车辆的人,也可能是盗窃机动车的人在窃得后让他人驾驶,在这种情况下,肇事驾驶人是否要承担责任呢?这就要看肇事驾驶人在主观上是否知道该车是盗窃车辆,而且其驾驶该车是为谁服务。若肇事驾驶人不知道该车为盗窃车辆,而且其只是受盗窃机动车的人或者他人指派从事运输活动,则肇事驾驶人不应该承担责任,盗窃者才是赔偿义务人,因为肇事驾驶人实质上只是一个雇员;若肇事驾驶人虽不知道该车是盗窃的,但是驾驶该车是为自己谋利的,则肇事驾驶人也应当在一定范围内承担责任,因为他在驾驶该车时没有审查该车的资格,而且他通过该车获得了利益;若肇事驾驶人明知是盗窃车辆还驾驶的,则应当与盗窃者一起承担连带赔偿责任。

【案例5-19】

失窃车辆肇事谁承担赔偿责任?

2008年5月,田某停放在某停车场的载货汽车被盗,事后田某向当地公安局报了案。几天后,该车在他市出现,因违章行驶,造成一行人伤亡,驾车人逃逸后不知去向。后死者家属通过查证,得知田某是车主,故起诉要求田某承担车辆肇事的赔偿责任。

【法理分析】

本案中,田某不应当承担赔偿责任。因为车主虽然是田某,但该车已被盗,他无法保证车辆的实际控制;同时,作为交通事故的第三者,田某对该车被盗后发生的损害后果没有过错,更不存在由田某来承担赔偿责任的依据。另外,《最高人民法院关于被盗机动车肇事后由谁承担损害赔偿责任的批复》规定,使用盗窃的机动车辆肇事,造成被害人物质损失的,肇事人应当依法承担损害赔偿责任,被盗机动车辆的所有人不承担损害赔偿责任。因此,田某应将其车辆失窃已向公安机关报案的有关情况提交给法院即可,法院就会驳回原告的起诉。

(6)擅自驾驶他人机动车辆发生的交通事故。所谓擅自驾驶,是指未经车主同意就驾驶他人车辆的行为。擅自驾驶造成的交通事故,机动车所有人或者车辆管理人不承担赔偿责任,赔偿责任应由擅自驾驶人承担。因为机动车所有人或者车辆管理人对车辆已失去控制,且驾驶人驾驶车辆未经其同意,甚至对他人擅自驾驶的行为根本不知情,在这种情况下要求机动车所有人或者车辆管理人来承担责任显然不合理。但是,如果机动车所有人或者车辆实际管理人对其车辆的保管存在重大的瑕疵时,那么,赔偿义务人应是擅自驾驶人和机动车所有人或者车辆管理人。

【案例5-20】

驾驶人陈某是成都市某模具厂的驾驶人,2005年1月25日夜,陈某将本厂的一辆黄色载货汽车停放在模具厂内。2月3日上午10点左右,在某建筑工地打工的汤某、姜某二人(均无驾驶证)发现停在该厂内的载货汽车车门没锁,钥匙还插在车上,于是汤某打开车门,二人都上了车。汤某先驾驶该车几分钟后由姜某驾驶该车,二人玩得兴起时将该车驶离厂外上了公路。当姜某驾驶该车到某交叉路口时,与行人唐某发生碰撞,致使唐某受伤。唐某被送去医院治疗,住院31天,共花去医疗费25000元,其他各项费用2300元。经公安交警部门认定,姜某应负事故的全部责任,唐某不负事故责任。那么,本次事故中汤某及模具厂是否也应承担赔偿责任呢?

【法理分析】

本案中,行为人姜某及汤某未经车辆所有人或者车辆管理人的允许,将停放在模具厂厂区内的载货汽车驾离该厂,因没有偷窃该机动车的动机和行为,故不能认定为偷盗而应属擅自驾驶。二人在擅自驾驶该车时均无驾驶证,他们驾驶车辆应视为一种危险行为,对唐某所造成的损害应由他们二人共同承担,但根据交警的事故责任认定,此次事故明显由姜某负全部责任,根据《人伤司法解释》第四条规定,二人以上共同实施危及他人人身安全的行为并造成损害后果,不能确定实际侵害行为人的,应当依照《民法通则》第一百三十条规定承担连带责任。共同危险行为人能够证明损害后果不是由其行为造成的,不承担赔偿责任。所以,汤某不应承担赔偿责任。另外,模具厂对具有较大危险性的机动车辆在停放七八天内都没把钥匙取走,车门也开着,模具厂在管理上有重大过失,属于保管不善,所以也应承担一定的赔偿责任。因此,本案应由姜某和模具厂共同承担赔偿责任。

(7)未过户车辆发生的交通事故。由于我国办理过户的手续比较繁杂,而且费用较高,所以有的人在进行二手车交易时往往不过户。但根据我国的有关法律法规的规定，机动车买卖必须办理过户手续。如果机动车在买卖之后不办理过户手续，原机动车车主可能要承担很多风险。2001年12月31日，最高人民法院就江苏省高级人民法院的请示在《关于连环购车未办理过户手续，原车主是否对机动车发生交通事故致人损害承担责任的请示的批复》中明确指出：连环购车未办理过户手续，因车辆已支付，原车主既不能支配汽车的运营，也不能从该车的运营中获得利益，故原车主不应对机动车发生交通事故致人损害承担责任。但是，连环购车未办理过户手续的行为，违反行政管理法规的，应受其规定的调整。据此，赔偿义务人应当是支配车辆运营和取得运营利益的现行车主，而不是原车主。另据《侵权责任法》第五十条规定：当事人之间已经以买卖等方式转让并交付机动车但未办理所有权转移登记，发生交通事故后属于该机动车一方责任的，由保险公司在机动车强制保险责任限额范围内予以赔偿。不足部分，由受让人承担赔偿责任。

值得注意的是，机动车买卖不过户的，原车主并不是百分之百不承担任何责任。因为一旦发生交通事故，原车主必须有证据可以证明该车已经出卖，否则要承担赔偿责任。如果原车主与现任车主只是口头进行交易而无任何买卖证据，或者现任车主在肇事后逃逸时，因为原车主很难证明该车已经出卖，所以，原车主承担责任的可能性就较大，因为车辆登记的是原车主。

【案例5-21】

王某有一辆开了多年的奥拓车，一直想把此车卖了之后再买一辆新车。2004年9月，王某经中介介绍认识了钟某，并于2004年10月签订了车辆买卖协议，协议中约定，钟某在拿到该车后尽快办理过户手续。2005年4月，王某接到交警的电话，说自己的车撞伤了他人。王某赶紧找到了钟某，并询问其情况，钟某表示该车在没有过户的情况下已经又转让给了夏某。之后，钟某经多方打听才找到了夏某。那么，此事故的赔偿责任应由谁承担呢？

【法理分析】

由于夏某是车辆的实际控制人和受益人，所以，夏某应承担赔偿责任。由于王某有车辆买卖协议，所以王某肯定不用承担赔偿责任。但是，如果钟某没有与夏某签订车辆买卖协议的话，而且夏某不承认车辆归自己所有时，钟某就得承担赔偿责任，因为夏某可以看成是钟某的雇员。

(8) 出借车辆发生的交通事故。由于车辆在出借中不收取费用，所以车主对车辆既没有支配运营权，也不享有运营利益，因此，赔偿义务人应是借用人而不是车主。另外，借用关系中发生的交通事故，由借用人承担赔偿责任的，如果借用人的财产不足清偿的，为保护受害人的利益，不足部分应由出借人在出借车辆的价值范围内承担赔偿责任。

另据《侵权责任法》第四十九条规定：因租赁、借用等情形机动车所有人与使用人不是同一人时，发生交通事故后属于该机动车一方责任的，由保险公司在机动车强制保险责任限额范围内予以赔偿。不足部分，由机动车使用人承担赔偿责任；机动车所有人对损害的发生有过错的，承担相应的赔偿责任。

值得一提的是，如果出借人明知借用人不具备使用、驾驶车辆的资格或技能而仍然出借的，则出借人和借用人应当承担连带赔偿责任。

(9) 驾校的学员学车时发生的交通事故。根据《道路交通安全法实施条例》第二十条第二款规定:在道路上学习机动车驾驶技能应当使用教练车,在教练员随车指导下进行,与教学无关的人员不得乘坐教练车。学员在学习驾驶中有道路交通违法行为或者造成交通事故的,由教练员承担责任。因为学员是不完全具有驾驶技能的人,他无法独立处理各种交通情况,同时在教练员指导的情况下,学员也不能独立地驾驶,他应当听从教练的指导。而驾校作为专门培训学员且收费的部门,教练员有义务正确指导学员驾驶车辆,并排除各种交通险情。从客观上讲,教练才是教练车的实际支配人。因此,如果学员在学习驾驶中有道路交通违法行为或者造成交通事故的,是教练员没有尽到自己的义务,由此产生的后果理应由教练员承担。

值得一提的是,如果学员已取得驾驶证,驾驶陪练公司的陪练车发生交通事故时,应由学员承担赔偿责任,但陪练员主观上也有过错的,也应承担一定的责任。

【案例 5-22】

某驾校的教练场内,一批学员正在张某的带领下学开车,学员傅某开着一辆重型载货汽车练习移库倒车。开了一段时间后张教练下了车,跟在载货汽车旁边让傅某继续练习。当张某要求傅某练倒挡时,傅某在慌乱中挂了前挡,张某就叫傅某停车,他一边说一边跟着车跑,当他跑到车的斜前方时,没想到傅某突然踩了加速踏板,张某躲闪不及被撞到不远处的墙上,被撞成重伤,重型载货汽车的头部也被撞瘪,风窗玻璃震碎。在场的人赶紧打120急救电话并把教练送到医院。张教练共花去医疗费等费用38000元,重型载货汽车修理费4800元。

【法理分析】

根据《道路交通安全法实施条例》第二十条第二款规定,学员在学习驾驶中有道路交通违法行为或者造成交通事故的,由教练员承担责任。本案中,由于张教练是驾校的雇员,其教傅某开车是履行工作职责,因此,有关民事赔偿责任应当由驾校承担。

(10)在乘车过程中发生的交通事故。根据《中华人民共和国合同法》及相关法律的规定,不管是已购票的,还是按规定可以免票的、持优待票的或经承运人许可搭乘的无票人员,承运人都有义务保证将其安全运到约定的目的地。对于在乘车过程中发生的交通事故,若乘车人人身受到伤害的,不管承运人有无过错,乘车人均可以违约为由要求承运人承担赔偿责任;但如果责任在于其他车辆而不是自己乘坐的车辆时,乘车人既可以以违约为由起诉承运人,也可以以侵权为由起诉其他车辆,或要求承运人和其他车辆共同承担侵权责任。

若乘车人财产受到损失的,只有承运人有过错时才承担赔偿责任,若承运人没有过错的,则承运人不承担赔偿责任。这一点与乘车人遭受人身伤害不同。

【案例 5-23】

在打车过程中受伤谁承担赔偿责任?

某日,刘某下班后因赶着去参加同学聚会,所以到了路口就招手上了一辆出租车。当该出租车由南向北正常行驶时,与李某驾驶的右转弯的小客车相撞,两车受损,刘某受伤。经公安机关交通管理部门认定,李某负有事故的全部责任。在这种情况下,刘某的损失由谁负担呢?

【法理分析】

由于刘某与出租车公司之间存在合同关系,不管事故中出租车驾驶人有无过错,刘某遭受的人身伤害可以由承运人某出租车公司来承担。但出租车公司在赔偿后可以向责任人李某追偿。如果选择以这种方式赔偿时,优点在于出租车公司有较强的经济实力,可以及时得到赔偿;缺点在于一般不能主张精神损害的赔偿。

另外,由于刘某的损失是李某的过错行为所造成的,所以,刘某可以以侵权为由要求李某赔偿。但缺点是李某是个人,不一定能获得及时的赔偿,况且还存在找不到李某的风险;优点在于刘某可以主张精神损害的赔偿。

综上所述,最佳的赔偿方式是刘某将出租车公司和李某作为共同的赔偿义务人。

(11)搭顺风车造成的交通事故。所谓顺风车,一般是指私家车在不影响自己行进方向的情况下,顺路捎带他人到目的地且不以盈利为目的(无偿或收取少量成本费用)的民事行为。首先,车辆所有人对无偿搭乘者应当承担在运输过程中保障其人身和财产安全的义务;其次,无偿搭乘者在搭乘他人车辆时并不意味着自己甘愿承担风险,所以,无偿搭乘者的行为不能作为车辆所有人的免责事由。

对于搭顺风车造成的交通事故,第一,如果交通事故由对方车辆造成,则应当由对方车辆承担赔偿责任,而车辆所有人不承担赔偿的连带责任;第二,如果交通事故由顺风车造成,则:

①若无偿搭乘者无过错,由承运人承担赔偿大部分责任,具体数额要综合考虑交通事故对双方的影响及双方的经济条件等情况;

②若无偿搭乘者有过错,可按其过错程度再适当减轻承运人的赔偿责任;

③若无偿搭乘者有重大过错或由其故意造成,承运人可以免责。

【案例5-24】

2004年3月24日,孔某驾驶自己购买的天津130型双排座客货两用车,去外地送货途经某村时,曾某在路边拦车,请求孔某带其进城。孔某起初不同意,后在曾某的一再请求下,孔某同意让其搭顺风车。曾某上车后,孔某让其坐后排。曾某不听孔某的劝告坚持坐在前排,致使前排两个座位上挤了3人,当车行驶到某县城城乡接合部时,因车速太快,客货两用车与前面行驶的载货汽车追尾。两车相撞造成的冲击力将坐在外侧的曾某摔出车外,导致其身上多处骨折和外伤。在抢救和治疗过程中,共花去医疗费18670元。曾某要求孔某赔偿其医疗费和其他经济损失。但孔某认为曾某是无偿搭车,并且自己曾告诫曾某不要坐到前排,以免发生危险,曾某由于不听劝告才导致损害结果的发生,曾某的损失应当由其自行承担。多次协商未果后,曾某向法院起诉。

【法理分析】

曾某虽是无偿搭乘孔某的车辆,但这并不能免除孔某的义务,孔某既然同意曾某搭乘自己的车辆,就和搭乘人之间形成了一种无偿服务合同关系,孔某为此而产生安全运送的义务,而孔某在运送过程中未能履行此义务,所以就应当承担赔偿责任。

本次事故中孔某由于存在重大过错,所以应当承担此次交通事故造成的经济损失。但由于曾某不听孔某的劝阻而坚持坐在前排座位,这给交通事故的发生埋下了隐患,其造成的经济损失与自己的行为存在一定的因果关系,为此,曾某对自己的损失也应承担部分责任。法院最后宣判,孔某与曾某各承担50%的经济损失。

(12)造成工伤的交通事故。根据《工伤保险条例》第十四条第六项规定:在上下班途中受到机动车事故伤害的,应当认定为工伤。另外,根据《工伤保险条例》的规定,在职工上下班途中受到机动车事故伤害的,可以向相应劳动保障行政部门请求工伤认定,如果受害职工存在残疾、影响劳动能力的,还应当进行劳动能力鉴定。在经过劳动能力鉴定后,按照确定的劳动能力鉴定等级享受相应的工伤保险待遇。另据《人伤司法解释》第十二条第二款规定:因用人单位以外的第三人侵权造成劳动者人身损害,赔偿权利人请求第三人承担民事赔偿责任的,人民法院应予以支持。显然,受害职工在上下班途中因机动车侵权造成的损害,可以请求机动车方承担赔偿责任。因此,如果职工在上下班途中受到机动车事故伤害的,可以享受两种请求权,即请求工伤保险待遇的请求权和人身损害赔偿请求权。实际上,在上下班途中受到机动车事故伤害的职工可以得到双份赔偿。

至于具体的交通事故损害赔偿,应当在确定受害职工与致害机动车方的责任程度的基础上,根据我国人身损害赔偿的有关规定来确定。如果受害职工也是驾驶机动车上下班的,则应当适用机动车之间的赔偿责任处理;如果受害职工是非机动车驾驶人或行人,则应当适用机动车与非机动车、行人之间的赔偿责任处理。

【案例5-25】
浙江省湖州市一家禽业公司的驾驶人马某在送货途中撞死、撞伤各一人,并因此被判刑。由于马某本人也在车祸中受伤,因此劳动仲裁部门认为他属于工伤。然而,湖州市吴兴区人民法院的判决却认定马某不能享受工伤待遇。

2001年6月29日5时许,受公司指派开车送货的马某在途中与一辆拖拉机碰撞,载货汽车上的押车员当场死亡,拖拉机驾驶人和马某均受伤。事后,交警部门作出事故责任认定:马某负事故的全部责任,2002年8月1日,马某因交通肇事罪被判处有期徒刑2年,缓刑3年执行。

2002年9月13日,马某与公司签订一份协议书,约定解除劳动合同关系,公司一次性支付马某医药费、误工费和一次性伤残补助金等共计16.7万元。双方约定了分期付款的期限。然而此后,公司并未支付这笔款项,于是马某于2003年11月提起劳动仲裁,要求公司支付这笔款项。湖州市劳动争议仲裁委员会委托湖州市劳动鉴定委员会对马某的伤残进行了鉴定,确定其伤势已构成五级伤残。并且劳动仲裁委员会认为,马某受伤时是受公司的指派,在履行工作,于是便根据有关规定,裁决公司赔偿马某14.2万余元。这家公司因不服裁决而向法院提起诉讼。

【法理分析】
如果马某没被判刑,只要符合工伤致害的条件,而且经过了工伤认定与劳动能力鉴定程序时,就应当享有请求工伤保险待遇的权利,有关保险经办机构或者用人单位就应当向其支付工伤保险待遇的费用。本案中,由于马某已构成交通肇事罪并被判刑,根据《工伤保险条例》第十六条的规定,马某属于不得认定为工伤或者视同工伤的情形,因此不能享受相应工伤待遇。最后法院判决:驳回马某要求享受工伤待遇的请求。

(13)发生逃逸的交通事故。个别驾驶人为了逃避自己应承担的责任,发生交通事故后,驾车逃逸,导致受害人死亡或者伤残,这不仅给受害人的身心造成了极大的痛苦,而且逃逸者要承担更大的责任,甚至是刑事制裁。

为了惩戒交通肇事逃逸的行为,我国有关法律、法规对"交通肇事逃逸"进行了明确的规定。所谓"交通肇事逃逸"是指发生交通事故后,交通事故当事人为了逃避法律的追究,驾驶车辆或者遗弃车辆逃离交通事故现场的行为。根据有关规定,如果交通肇事后逃逸的,要承担以下主要责任。

①发生交通事故后,当事人逃逸,造成现场变动、证据灭失,公安机关交通管理部门无法查证交通事故事实的,逃逸的当事人承担全部责任。

②造成交通事故逃逸的,公安机关交通管理部门吊销机动车驾驶证,且终生不得重新取得机动车驾驶证。

③因交通肇事逃逸构成犯罪的,应承担相应的刑事责任。只要发生交通肇事后逃逸的,处3年以上7年以下有期徒刑;如果因逃逸致人死亡的,处7年以上有期徒刑。

【案例5-26】

肇事逃逸未成功,保险公司会拒赔吗?

王某为了方便出去办事,于2003年4月购买了一辆吉普车。2003年5月1日,王某向保险公司投保了责任限额为5万元的第三者责任险,保险期限为2003年5月1日至2004年4月30日。2003年7月,王某驾车在路口撞倒一位骑自行车的人,他下车察看,发现行人奄奄一息。但王某此时并没有想办法将伤者送到医院尽力抢救,而是害怕负责任而上车逃逸,但驶出不远便被交警截获。交警扣押了王某及事故车辆并对现场进行了勘查。王某一看要承担责任,便向保险公司报了案,保险公司也派人赶到现场。两周之后,交警部门作出处理:事故发生后王某驾车逃逸,严重违反了《道路交通事故处理办法》,应承担本案全部责任,并赔偿受害者21万元,同时吊销驾驶执照。接到上述处理决定后,王某向保险公司提出索赔,认为本案属于第三者责任险项下的保险事故,保险公司应当补偿自己对被撞车辆所承担的赔款。

保险公司认为,王某驾驶过程中由于过失导致撞车事件的发生,并因此承担了一定的赔偿责任,属于保险事故;但是,王某在肇事之后有逃逸行为,"肇事逃逸"构成保单规定的免责事由,保险公司可以免除赔偿责任。因此,本次事故造成的损失应由王某自行承担。经过多次交涉双方未能达成一致意见,王某向法院提起了诉讼。

法院经审理后认为,王某与保险公司之间的保险合同合法有效,双方均应按照合同行使自己的义务。王某由于过失导致事故的发生,并承担了相应的经济责任,构成第三者责任险项下的保险事故,保险公司应当予以赔偿。第三者责任险保单"责任免责"中笼统地规定了"肇事逃逸"一项,保险公司能否据此免责,不能一概而论,须结合个案作具体分析。就本案而言,王某肇事后有逃逸行为,但未实施完毕即被交警截获,其行为没有造成事故损失的扩大,也没有影响保险公司对现场的勘查或加重保险公司的义务。根据权利义务相平衡的原则,保险公司不能一概拒赔,王某承担的21万元赔偿金,应由保险公司予以补偿。

【法理分析】

本案中,虽然王某肇事逃逸未成功,但没有立即停车标明车辆位置,事实上已经造成现场变动、证据灭失,公安机关交通管理部门无法查证交通事故事实,所以交警对王某的处理是正确的。

王某由于过失导致事故的发生,并及时向保险公司报了案和承担了相应的经济责任,保险公司也派人到现场进行了查勘,由于王某与保险公司之间签订的保险合同合法有效,所以双方均应按照合同要求,履行各自的权利和义务。王某已履行了合同规定的义务,而且本事故构成第三者责任险项下的保险事故,保险公司应予以赔偿。

王某肇事逃逸,虽然严重违反了道路交通管理方面的法律规定,理应受到一定的惩罚,但他并不丧失自己在保险合同中的权利,王某与保险公司的权利和义务仍应依据保单和《中华人民共和国合同法》(以下简称《合同法》)加以确定。保险公司虽然在第三者责任险保单中笼统地将肇事逃逸列为免责事由,但并没有申明具体情况,只能解释为当事人的逃逸行为客观上加重了保险人的合同义务时,保险公司才能免责。否则,如果允许保险公司一概拒赔,无形中便扩大了责任免除的范围,违反了合同法权利义务相平衡的原则。本案中,王某肇事后虽有逃逸行为,但未实施完毕即被交警截获,其行为并没有造成事故损失的扩大,也没有影响保险公司对现场的勘查或加重保险公司的义务。所以,保险公司应就5万元第三者责任险向王某予以赔偿。

二、保险合同的争议处理

1. 汽车保险合同的解释

所谓汽车保险合同的解释,是指当事人对汽车保险合同的内容出现争执时,由法院或仲裁机构根据法定原则,对保险合同的有关条款的内容和含义作出阐释和说明。保险合同生效后,双方当事人履行各自的义务、保障自身权利的前提是对保险合同有一致的理解。如果保险双方当事人由于种种原因对保险合同中的语言文字有不同的解释,那么会直接影响双方当事人各自的权利和义务,并可能引起保险纠纷。当保险合同当事人对保险合同条款的内容有争议时,应当根据《保险法》和《合同法》的规定,按照下列原则进行解释。

(1)文义解释原则。文义解释就是对保险合同中条款的文字用最通常、一般的文字意义并结合上下文进行解释。文义解释原则是解释保险合同条款最主要的方法。

(2)意图解释原则。意图解释是指当保险合同的某些条款含义不清、用词混乱或含糊,无法应用文义解释原则时,应根据双方当事人订立合同时的真实意图来进行解释。运用意图解释原则时,要根据合同的文字、订约的背景等客观情况进行综合分析,以探究当事人在订约时的真实意图,从而准确地对保险合同内容进行解释。

(3)不利解释原则。由于保险合同是格式合同,其主要条款是由保险人事先拟订的,保险人在制定保险合同条款时,会更多地考虑其自身的利益。而投保人在订立保险合同时只有作出接受或不接受的选择,极少能够反映投保人的意思;而且由于投保人对保险知识了解甚少,在客观上使保险人处于有利地位。因此,为了保护被保险人和受益人的基本利益,对保险合同有争议的条款,人民法院或仲裁机构会作出对保险人不利的解释,也即会作出对有利于被保险人或受益人的解释。这不仅是我国《合同法》和《保险法》所规定的,而且有利于保护弱势群体。

《保险法》第三十条规定:采用保险人提供的格式条款订立的保险合同,保险人与投保人、被保险人或者受益人对合同条款有争议的,应当按照通常理解予以解释。对合同条款有两种以上解释的,人民法院或者仲裁机构应当作出有利于被保险人和受益人的解释。

注意:《保险法》明确了有利解释原则的适用条件。

①有利解释只适用于保险人提供的格式条款的解释,不适用保险人与投保人协商确定

条款的解释。

②只有格式条款有两种以上通常解释的,才能适用有利解释原则。

想一想

《保险法》明确了有利解释原则的适用条件,对保险公司而言会带来什么影响?

（4）尊重保险惯例的解释原则。保险业是一个专业性极强的行业,在长期的保险实践中,保险业产生了许多专业用语和行业习惯用语,这些用语为世界各国保险经营者所承认和接受。在对这些用语做解释时,应考虑其在保险合同中的特别含义,即在这种情况下,用尊重保险惯例的原则来解释保险合同。

2.保险合同争议的处理方式

当保险合同发生争议时,处理的方法通常有协商、仲裁和诉讼三种。

（1）协商。协商是指双方当事人本着互谅互让、实事求是的原则,在平等互利、合法的基础上自行解决争议。协商解决的好处是双方气氛友好、处事灵活和节省仲裁或诉讼的费用。

（2）仲裁。仲裁是指双方当事人把保险合同的纠纷诉至仲裁机关进行裁决。仲裁解决方式的费用要比诉讼低,且不公开进行,不至于损害双方的利益;另外,仲裁结果为终局制,一经作出便产生法律效力。但由于仲裁组织是民间机构,没有采取强制措施的权力,所以,如果一方拒不执行,只有向法院申请强制执行。

（3）诉讼。诉讼是指双方当事人请求人民法院依照法定程序,对于保险纠纷予以审查,并作出判决。由于诉讼解决方式是司法活动,司法判决具有国家强制力,当事人必须予以执行。

三、诉讼索赔的流程

诉讼索赔的流程如图5-8所示。

1.诉前准备

（1）明确赔偿主体,确定原、被告。在进行诉讼索赔时,首先要明确赔偿的主体。谁的利益受到了侵犯,谁就是原告;谁侵害了原告的利益,谁就是被告。在确定原告、被告时,我们应当尽可能详细地提供原告、被告的住所和联系方式,便于法院联系,加快诉讼节奏。

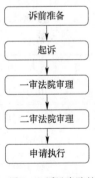

图5-8 诉讼索赔的流程图

（2）选择有管辖权的法院。我国的法院分为四级:即国家设最高人民法院,省、自治区、直辖市设高级人民法院,地区和地级市设中级人民法院,县、区设基层人民法院。那么,交通事故索赔案件应向哪一级法院起诉呢? 根据《民事诉讼法》的规定,基层人民法院管辖第一审民事案件,中级人民法院管辖的第一审民事案件包括重大涉外案件、最高人民法院确定由中级人民法院管辖的案件,高级人民法院管辖在本辖区有重大影响的第一审民事案件,最高人民法院管辖的第一审民事案件包括在全国有重大影响的案件、认为应当由其审理的案件。因此,从我国的法律规定可以看出,对于一般的交通事故赔偿案件,一审通常为基层人民法院;涉及国外及港、澳、台地区且当事人数量较多的案件,一审通常为中级人民法院。

(3)确定自己的诉讼请求。诉讼请求是当事人请求人民法院予以保护的具体内容。诉讼请求必须明确、具体、清楚。因为法院是根据诉讼请求的金额收取诉讼费的,而最终的诉讼费在原、被告之间如何分配也是根据原告的诉讼请求得到法院支持的情况确定。

(4)收集证据。对应法律规定,根据自己的诉讼请求找好证据。如人伤案件中的医疗费票据、单位的误工证明等。

(5)书写起诉书(状)。根据法律规定,起诉书和证据材料都应按照当事人的人数提交法院。

2. 起诉

(1)提交起诉状。根据《民事诉讼法》第一百零九条规定:起诉应当向人民法院递交起诉状,并按照被告人数提出副本。书写起诉状有困难的,可以口头起诉,由人民法院记入笔录,并告知对方当事人。

根据民事诉讼的"不告不理"原则,起诉状是当事人申请法院保护的意思表示,也是法院受理起诉和行使审判权的依据。

(2)交纳诉讼费用。根据《民事诉讼法》第一百零七条规定:当事人进行民事诉讼,应当按照规定交纳案件受理费。财产案件除交纳案件受理费外,应按照规定交纳其他诉讼费用。案件受理费的收费标准,财产类和非财产类案件是不同的,财产类案件按照标的收费,非财产类案件则一般按件收费。交通事故赔偿案件属于财产类案件,应预交的案件受理费(诉讼费)按表5-3所示的方法计算。

财产类案件受理费速算方法 表5-3

诉讼标的金额	费率	速算数
1000元以下	50元/件	—
1000～5万元	4%	+10元
5万～10万元	3%	+510元
10万～20万元	2%	+1510元
20万～50万元	1.5%	+2510元
50万～100万元	1%	+5010元
超过100万元	0.5%	+10010元

交纳诉讼费 = 诉讼标的 × 费率 + 速算数

例如,如果原告请求法院判令被告赔偿各项损失共计80万元,则他应预交的诉讼费为:80万元×1%+5010元=13010元。

值得注意的是,诉讼费由原告、反诉人、上诉人预交后,实际上并非最终都由其负担。根据《人民法院诉讼收费办法》规定,当事人一方败诉的,由败诉的一方当事人负担诉讼费。双方都有责任的由双方负担。

撤诉案件,案件受理费由原告负担,减半收取。如果在人民法院调解下双方当事人达成了调解协议的,诉讼费用的负担由双方协商解决,协商不成的再由人民法院决定。就诉讼费的负担,当事人不可以上诉。当事人的起诉如果被法院裁定驳回,法院收取50元诉讼费。

在交通事故损害赔偿案件中,还可能出现其他的诉讼费用,这主要是指人民法院在审理过程中实际支出的,应当由当事人支付的费用。其主要包括以下几项。

①勘验费、鉴定费、公告费、翻译费。应按相关部门的收费标准交纳。

②复制本案有关的材料或法律文书。应按实际成本收。

③采取财产保全措施所实际支出的费用。应按实际支出收取。

④证人、鉴定人、翻译人员在法院规定日期出庭的交通费、食宿费、生活费和误工补贴。应根据国家有关规定和实际情况决定。

3. 一审法院审理

(1)受理。法院审核起诉材料,会在7日内决定是否受理。

(2)通知应诉。法院经过审核,如果认为该案件属于自己管辖且起诉材料符合规定的,通知被告应诉。

(3)开庭审理。开庭审理包括几个相对独立又相互联系的阶段,它们的顺序是:庭审准备→法庭调查→法庭辩论→合议庭评议→宣告判决。

庭审准备是法院在开庭审理前进行的通知当事人及其他诉讼参与人、发布开庭公告等一系列准备活动;法庭调查是当事人对案情的充分陈述、出示各种证据、对对方证据质证的阶段,法庭通过这一阶段了解案件真相;法庭辩论是当事人、第三人及其诉讼代理人就案件事实和适用法律向法庭阐明观点、申明理由的过程;合议庭评议和宣告判决是由合议庭的人员在法庭调查和法庭辩论后基础上,认定案件事实、确定适用的法律,最后宣告案件的审理结果。宣判有当庭宣判和定期宣判两种方式。

(4)上诉。判决书送达当事人后,任何一方不服,在15日内都可以提起上诉,上诉到一审法院的上级人民法院。如果双方当事人均未在上诉期内提起上诉,一审判决书即可作为生效的文书。

4. 二审法院审理

上诉后,二审法院将组织开庭审理,并在事实清楚的前提下依法予以判决,其结果无非是维持原判和改判或发回重审。二审法院的判决即为终审判决,判决书送达后即生效,双方当事人不得上诉。但如果属于发回一审法院重审的情况,则一审法院必须另行组结合议庭进行重新审理,重新审理后作出的判决仍然属于一审判决,当事人是可以上诉的。

5. 申请执行

如果当事人拒绝履行判决书内容,原告可以向法院申请强制执行。不过要注意在法定的期限内申请。根据《民事诉讼法》第二百一十九条规定,申请执行的期限,双方或一方当事人是公民的为1年,双方是法人或者其他组织的为6个月。上述期限,从法律文书规定履行期间的最后一日起计算;法律文书规定分期履行的,从规定的每次履行期间的最后一日起计算。申请强制执行应当向一审法院提出,并要交申请执行书。申请执行的费用按表5-4的计算方式确定。当事人申请执行,不必预交费用,而是在执行结束后由被申请人负担。

$$申请执行的费用 = 执行标的 \times 相应的收费率 + 速算数$$

例如,法院判决赔偿金额为80万元时,则申请执行的费用为:80万元×0.001+2000元=2800元。

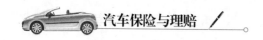

申请执行的费用   表 5-4

执行标的	收费率	速算数
1 万元以下的	50 元/件	—
1 万~50 万元之间的部分	0.005	0 元
超过 50 万元的部分	0.001	2000 元

四、诉讼应注意的问题

到法院进行诉讼,情况比较复杂,诉讼方面的问题也较专业,一着不慎,满盘皆输。有时非但得不到损害赔偿,还要搭上诉讼费,并且浪费时间和精力,所以在诉讼时应特别小心、谨慎。

1. 要选择一个有利于自己的法院起诉

根据《民事诉讼法》第二十九条规定:因侵权行为提起的诉讼,由侵权行为地或被告住所地人民法院管辖。由于交通事故案件是典型的侵权案件,所以,交通事故案件既可以向事故发生地的法院起诉,也可以向被告住所地的法院起诉。有一点必须注意,确定起诉的法院不仅仅是为了选择一家公正的司法机关,更重要的是它还决定赔偿费用的适用标准,因为残疾赔偿金、死亡赔偿金、被抚养人生活费、丧葬费都是按受诉地法院所在地的标准计算的。所以,在某些情况下,选择甲法院起诉和选择乙法院起诉赔偿会有天壤之别。

如果选择被告住所地的法院起诉,还涉及如何确定被告住所的问题。公民的住所地是指公民的户籍所在地,法人的住所地是指法人的主要营业地或主要办事机构所在地。被告住所地与经常居住地不一致的,由经常居住地的法院管辖。公民的经常居住地是指公民离开住所地至起诉时已经连续居住一年的地方,但公民住院就医的地方除外。如果存在多个被告的情况,那么各个被告住所地的法院都有管辖权,当事人可以选择其中的一个法院起诉。

受诉地法院的可选择性,给了当事人一个主动权。如何选择法院应根据实际情况而定,其基本原则是:若事故发生地的赔偿标准高,则选择事故发生地的法院管辖;若被告住所地的赔偿标准高,则选择被告住所地的法院管辖。值得注意的是,若赔偿权利人的住所地或者经常居住地的赔偿标准比受诉地更高的,可按更高的标准计算。出现这种情况时,应赶快去统计局拿统计数据提交给法院,要求法院按该标准判决。

【案例 5-27】

交通事故索赔时如何选择法院?

A 市吴某驾车去 B 县办事,行至 B 县的一个十字路口,与一辆闯红灯的载货汽车相撞。吴某的车当时报废,人也受了重伤。经医院奋力抢救,吴某脱离了危险,但下肢瘫痪并失去了生活自理能力。吴某向对方索赔 30 万元,但对方只同意赔偿 15 万元,最后吴某准备向 B 县人民法院提起诉讼。这时吴某的律师提出,如果在 A 市起诉会更好一点,因为由 A 市法院判决的话,30 万元的诉讼请求可能更容易得到法院的支持,而且载货汽车车主来自 A 市。吴某很困惑,法律都是一样的,法院和法院还有什么不同吗?

【法理分析】

交通事故导致的人身损害,大多数人都觉得应该向交通事故的发生地人民法院起诉。其实,由于交通事故属于典型的侵权案件,因侵权行为提起的诉讼,由侵权行为地或被告住所地人民法院管辖。不仅仅交通事故发生地的法院可以管辖,被告所在地的法院也有权管辖。

由于受诉地具有可选择性,且赔偿标准是按照受诉地法院所在地的标准计算的,所以,选择不同管辖地将直接导致赔偿标准的差别。本案中,由于A市的消费水平要比B县高,所以,如果选择向A市的人民法院起诉,获得的赔偿金额将更高一点,况且吴某也是A市人,按照A市的生活标准来赔偿也是符合实际情况的。

2. 及时起诉,不要超过诉讼时效

根据《民法通则》的规定,财产损失的诉讼时效期限为2年,人身损害赔偿的诉讼时效为1年。在交通事故损害赔偿诉讼中,诉讼时效因不同情况有不同的起算时间。根据有关规定,人身损害赔偿的诉讼时效起算时间,伤害明显的,从受伤害之日起算;伤害当时未曾发现,后经检查确诊并能证明是由侵害引起的,从伤势确诊之日起算;对经过公安交通管理部门调解而未达成调解协议的,诉讼时效从调解终结之日起算;对于达成调解协议或双方自行协商达成调解协议后逾期不履行的,诉讼时效按照调解协议确定的履行期满之日起算。

3. 受害人生活困难的可以向法院申请诉讼费的减交、免交或者缓交

根据《民事诉讼法》第一百零七条和《人民法院诉讼收费办法》第二十七条规定,当事人交纳诉讼费确有困难的,可以向人民法院申请缓交、减交或免交。是否减交、免交、缓交由人民法院审查决定。在审判实践中,交通事故损害赔偿通常适用缓交和减交诉讼费用。

4. 可以申请先予执行

根据《民事诉讼法》第九十七条规定,人民法院对下列案件,根据当事人的申请,可以裁定先予执行。

(1)追索赡养费、扶养费、抚育费、抚恤金、医疗费用的案件。

(2)追索劳动报酬的案件。

(3)因情况紧急需要先予执行的案件。

对于先予执行请求的范围,根据《最高人民法院关于适用〈民事诉讼法〉若干问题的意见》第一百零六条的规定,先予执行请求的范围,应当限于当事人诉讼请求的范围,并以当事人的生活、生产经营的急需为限。另外,人民法院采取先予执行措施的,可以要求申请人提供担保,一旦法院作出责令申请人提供担保的,申请人如果不提供担保的,法院将裁定驳回申请。

5. 可以申请诉前财产保全

交通事故发生后,如果担心对方逃避履行赔偿义务,预先转移或者处分其财产的,可以向法院申请诉前财产保全。申请诉前财产保全应向财产所在地人民法院申请,并且申请人应当提供担保。用于担保的财产可以是属于自己的财产,如房产、存折等,也可以经过他人同意,提供他人的财产作为担保。在实践中,因为被申请人的财产情况不易掌握,所以通常是对造成损失的肇事车辆进行财产保全。法院受理诉前财产保全的,必须在48h内作出是否保全的裁定。

值得注意的是,如果申请诉前财产保全被法院批准的,申请人应在法院采取保全措施后

的15日内起诉,否则法院会解除财产保全;申请人因申请错误造成被申请人遭受损失的,应由申请人进行赔偿。

6. 可以申请诉讼财产保全

由于诉讼往往要经历几个月甚至更长的时间,为了避免赔偿义务人逃避赔偿义务或者增加执行的困难,在法院受理案件后,赔偿权利人可以向法院申请诉中的财产保全。在交通事故的索赔中,申请诉讼财产保全的应向受理案件的法院申请。如果法院要求申请人提供担保的,申请人应当及时提供,否则法院会驳回申请人的保全申请。

无论是申请诉前财产保全还是诉中财产保全,申请人都要交纳一定的费用,见表5-5。具体的计算方法如下:

申请保全的申请费 = 申请保全的金额 × 相应的收费率 + 速算数

诉讼保全申请费 表5-5

保全财产金额	收费率	速算数
1000元以下	30元/件	—
1000~10万元	0.01	20元
10万元以上	0.005	520元

7. 可寻求法律援助

在交通事故中,如果受害人或生前抚养对象经济困难的,可以寻求法律援助。根据《法律援助条例》的规定,公民请求给付赡养费、抚育费、扶养费,因经济困难没有委托代理人的;请求支付劳动报酬,因经济困难没有委托代理人的;主张因见义勇为行为产生的民事权益,因经济困难没有委托代理人的可以申请法律援助。请求给付抚养费的,向给付抚养费的义务人住所地的法律援助机构提出,法律援助机构在收到申请后,应当进行审查,对符合法律援助条件的,应当及时决定提供法律援助;对不符合法律援助条件的,应当书面告知申请人理由。

五、综合实训

1. 确定交通事故损害赔偿的主体训练

2005年6月20日,余某乘坐出租车公司的出租车去首都机场。当出租车行驶至首都机场高速路路口时,一辆逆行的桑塔纳将出租车撞翻,造成余某重伤,余某所带的价值2万元的手表毁损。余某经某医院医治完全康复,但花去了各种费用56 000元,经公安机关交通管理部门认定,桑塔纳车负全责。

余某要求出租车公司及桑塔纳车主赔偿其医疗费等费用及损坏的手表。出租车公司以交通事故属于驾驶人单某造成为由拒绝承担赔偿责任。桑塔纳车主以其没有钱为由拒绝承担赔偿责任。余某于是向法院提起诉讼。试问该事故的赔偿责任应由谁承担?

2. 交通事故损害赔偿的受诉法院训练

(1)若四川人A某,在四川某地与深圳人B某驾驶的车辆碰撞,导致A某受到人身伤害,问如何选择法院起诉?

(2)若深圳人 A 某,在北京与山西人 B 某驾驶的车辆碰撞,导致 A 某受到人身伤害,问应如何选择法院起诉?

思考与练习

一、单选题

1. 责任保险的被保险人给第三者造成损害,被保险人对第三者应负的赔偿责任确定的,根据被保险人的请求,保险人应当直接向该第三者赔偿保险金。被保险人怠于请求的,第三者有权就其(　　)部分直接向保险人请求赔偿保险金。
   A. 应获赔偿　　　B. 实际损失　　　C. 约定金额　　　D. 合理合法

2. 保险事故发生后,被保险人为防止或者减少保险标的的损失所支付的必要的、合理的费用,由(　　)承担。
   A. 投保人　　　B. 保险人　　　C. 被保险人　　　D. 受益人

3. 因第三者对保险标的的损害而造成保险事故的,保险人自向被保险人赔偿保险金之日起,在(　　)范围内代位行使被保险人对第三者请求赔偿的权利。
   A. 赔偿金额　　　B. 赔偿标准　　　C. 赔偿限度　　　D. 赔偿责任

4. 责任保险的被保险人给第三者造成损害,被保险人对第三者应负的赔偿责任确定的,根据被保险人的请求,保险人应当直接向(　　)赔偿保险金。
   A. 该投保人　　　B. 该受益人　　　C. 该第三者　　　D. 该被保险人

5. 在财产保险中,在合同有效期内保险标的的危险显著增加时,保险人可以按照合同约定解除合同,下列保险人的做法符合《保险法》的规定的是(　　)。
   A. 将收取的保险费扣除手续费后退还给投保人
   B. 将自保险责任开始之日起至合同解除之日止的保险费退还投保人
   C. 将已收取的保险费按照合同约定扣除自保险责任开始之日起至合同解除之日止应收的部分后,退还投保人
   D. 以上皆不对

6. 在一份保险合同履行过程中,当事人就保险公司提供的格式合同所规定的"意外伤害"条款的含义产生了不同理解。在此情形下,法官解释条款的含义的正确做法是(　　)。
   A. 按照公平原则进行解释
   B. 按照通常理解进行解释,如有两种以上理解的,按照对保险公司不利的原则进行解释
   C. 按照法理进行解释
   D. 直接按照对保险公司不利的原则进行解释

7. 责任保险是指以被保险人对第三者依法应负的(　　)为保险标的的保险。
   A. 保险责任　　　B. 经济责任　　　C. 理赔责任　　　D. 赔偿责任

8. 保险人对赔偿或者给付保险金的请求作出核定后,对不属于保险责任的,《保险法》规

定,保险人应当自作出核定之日起( )向被保险人或者受益人发出拒绝赔偿或者拒绝给付保险金通知书,并说明理由。

  A. 三日内   B. 七日内   C. 一月内   D. 半年内

9. 下列关于保险单的说法不正确的是( )。

  A. 保险单由保险人签发并交给被保险人

  B. 保险单是保险合同的主要书面形式

  C. 保险单是被保险人索赔的主要依据

  D. 保险单是保险人理赔的主要依据

10. 在财产保险保险期限内发生保险责任范围内的损失,应由第三者负责赔偿的,如果被保险人向保险人提出赔偿要求,保险公司应( )处理。

  A. 应由第三者负责赔偿,保险人不予赔偿

  B. 在第三者无力赔偿时,保险人才予以赔偿

  C. 保险人与第三者协商按比例承担赔偿责任

  D. 保险人先予赔偿,然后取得代位求偿权

11. 私有车辆的保险金额确定的标准是( )。

  A. 按投保时的实际价值确定   B. 按重置价值确定

  C. 比照市场贸易价格确定   D. 由投保人与保险人协商确定

12. 陈某将自己的轿车投保于保险公司。一日,其车被房东之子(未成年)损坏,花去修理费1500元。陈遂于房东达成协议:房东免收陈某2个月房租1300元,陈某不再要求房东赔偿修车费。后陈某将该次事故报保险公司要求赔偿。对此,保险公司( )。

  A. 应赔偿200元   B. 应赔偿1300元

  C. 应赔偿1500元   D. 不再承担赔偿责任

13. 人寿保险以外的其他保险的被保险人或者受益人向保险人请求给付保险金的诉讼时效期间为( )年。

  A. 1   B. 2   C. 3   D. 5

14. 采用保险人提供的格式条款订立的保险合同,保险人与投保人、被保险人或者受益人对合同条款有争议的,应当按照( )予以解释。

  A. 文义理解   B. 整体理解   C. 平常理解   D. 通常理解

15. 甲有一辆名牌轿车,价值200万元。甲分别向A、B保险公司投保车辆损失险200万元,后该车坠落山崖,全部损坏。此情形下,甲最多可以获得的保险赔偿金是( )。

  A. 400万   B. 300万   C. 200万   D. 100万

16. 最高人民法院在适用《保险法》的过程中,对于具体应用法律问题所作的解释属于( )。

  A. 仲裁解释   B. 立法解释   C. 司法解释   D. 行政解释

二、多选题

1. 关于责任保险的认识,下列说法正确的是( )。

  A. 责任保险直接保障被保险人利益,间接保障第三者利益

  B. 责任保险的保险标的是被保险人对第三者依法应负的赔偿责任

C. 责任保险的被保险人给第三者造成损害,被保险人未向该第三者赔偿的,保险人不得向被保险人赔偿保险金

D. 在保险事故发生后,保险人必须直接向第三者赔付保险金

2. 保险事故发生后,按照保险合同请求保险人赔偿或者给付保险金时,(　　)应当向保险人提供其所能提供的与确认保险事故的性质、原因、损失程度等有关的证明和资料。

　　A. 投保人　　　　　　　　　　B. 被保险人
　　C. 受益人　　　　　　　　　　D. 事故责任人

三、判断题

1. 保险事故发生后,投保人、被保险人或者受益人以伪造、变造的有关证明、资料或者其他证据,编造虚假的事故原因或者夸大损失程度的,保险人对其虚报的部分不承担赔偿或者给付保险金的责任。（　　）

2. 保险人对责任保险的被保险人给第三者造成的损害,可以依照法律的规定或者合同的约定,直接向被保险人赔偿保险金。（　　）

3. 责任保险的被保险人因给第三者造成损害的保险事故而被提起仲裁或者诉讼的,被保险人须承担仲裁费用或者诉讼费用。（　　）

4. 《保险法》规定,投保人、被保险人或者受益人知道保险事故发生后,应当及时通知保险人。如不及时通知,保险公司将不承担赔偿责任或者给付保险金的责任。（　　）

参 考 文 献

[1] 荆叶平,王俊喜.汽车保险与公估[M].北京:人民交通出版社,2009.
[2] 杨磊.汽车保险与理赔操作指南[M].北京:法律出版社,2007.
[3] 杨立新.道路交通事故索赔全程操作[M].北京:法律出版社,2006.
[4] 刘红宇.如何获取交通事故赔偿[M].北京:法律出版社,2006.
[5] 刘轶鹏.法律帮助一点通——汽车购买与使用[M].北京:中国检察出版社,2005.
[6] 张晓明,欧阳鲁生.机动车辆保险定损员培训教程[M].北京:首都经济贸易大学出版社,2007.
[7] 李景芝,赵长利.汽车保险与理赔[M].北京:国防工业出版社,2007.
[8] 祁翠琴.汽车保险与理赔[M].北京:机械工业出版社,2005.
[9] 杨文明.保险公估实务[M].北京:中国金融出版社,2004.